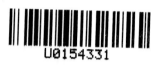

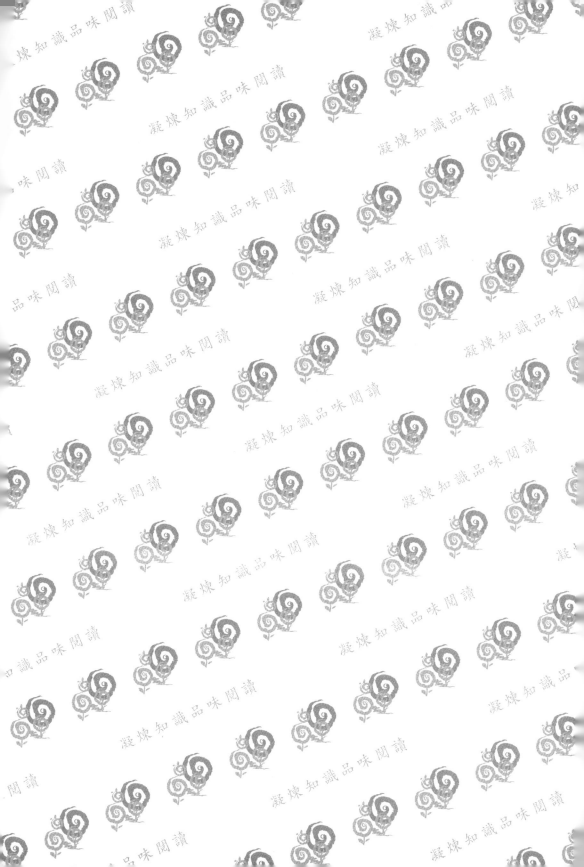

土地登記

第6版

陳淑美 著

五南圖書出版公司 印行

六版序

《土地登記》自 2021 年五版以來，感謝各校不動產相關科系與房地產業界朋友之愛護及採用，使筆者受到莫大的鼓勵。本書是國內少見將土地登記的相關法令、學理架構、實務案例、解釋函令予以有系統整理，且將重點提示與歷屆國家考試之選擇題與問答題予以蒐羅、歸納集合理論、實務與應考需要集大成之教科書，除了適用於土地登記科目之教學與應考準備之外，也適合業界當作不動產登記之重要參考書。

由於土地登記規則、地籍測量實施規則、民法、平均地權條例等相關法規陸續修法，筆者致力於提供讀者更新、更符合現行法令之內容，因此希望本書的再度改版，以符合各界教學及應考之需要、提供讀者參考。

最後筆者要感謝五南圖書出版公司專業和高品質之編排協助，使本書得以再次修改，另外也要感謝黃馨慧協助校對的辛勞，也感謝許多讀者的垂詢及支持。本書如有任何疏漏或疑問之處，尚祈各界賢達不吝指教。

陳淑美 2023 年 10 月
於崑山科技大學

目錄

歷屆國家考試題庫下載

第1章 土地登記總論

第一節　土地登記之意義

土地登記係登記機關依土地法第 37 條及土地登記規則與其他有關法律規定，將應登記之事項，包括土地及建築改良物之標示、所有權及他項權利之取得設定、喪失、變更情形，記載於專備之登記簿，以產生效力及方便日後處分其物權，並藉以管理地籍，課徵土地稅賦及推行土地政策之行政行爲。

一、定義

土地法第 37 條：「土地登記，謂土地及建築改良物之所有權與他項權利之登記。土地登記之內容、程序、規費、資料提供、應附文件及異議處理等事項之規則，由中央地政機關定之。」土地登記規則第 2 條：「土地登記，謂土地及建築改良物（以下簡稱建物）之所有權與他項權利之登記。」

二、法源

土地登記規則第 1 條：「本規則依土地法第 37 條第 2 項規定訂定之。」

三、登記機關

土地法第 39 條：「土地登記，由直轄市或縣（市）地政機關辦理之。但各該地政機關得在轄區內分設登記機關，辦理登記及其他有關事項」。土地登記規則第 3 條：「土地登記，由土地所在地之直轄市、縣（市）地政機關辦理之。但該直轄市、縣（市）地政機關在轄區內另設或分設登記機關者，由該土地所在地之登記機關辦理之。建物跨越兩個以上登記機關轄區者，由該建物門牌所屬之登記機關辦理之。直轄市、縣（市）地政機關已在轄區內另設或分設登記機關，且登記項目已實施跨登記機關登記者，得由同直轄市、縣（市）內其他登記機關辦理之。經中央地政機關公告實施跨直轄市、縣（市）申請土地登記之登記項目，得由全國任一登記機關辦理之。」

四、應登記之標的物

㈠土地。

㈡建築改良物。

五、應登記之權利客體

土地登記規則第 4 條：「下列土地權利之取得、設定、移轉、喪失或變更，應辦理登記：⑴ 所有權。⑵ 地上權。⑶ 中華民國 99 年 8 月 3 日前發生之永佃權。⑷ 不動產役權。⑸ 典權。⑹ 抵押權。⑺ 耕作權。⑻ 農育權。⑼ 依習慣形成之物權。土地權利名稱與前項第 1 款至第 8 款名稱不符，而其性質與其中之一種相同或相類者，經中央地政機關審定為前項第1款至第8款中之某種權利，得以該權利辦理登記，並添註其原有名稱。」

六、應登記之法律關係

因法律行為或法律事實，使得不動產物權產生取得、設定、喪失、變更者，應辦登記。

(一)民法第758條：「不動產物權，依法律行為而取得、設定、喪失及變更者，非經登記，不生效力。前項行為，應以書面為之。」

(二)民法第759條：「因繼承、強制執行、徵收、法院之判決或其他非因法律行為，於登記前已取得不動產物權者，應經登記，始得處分其物權。」

第二節　土地登記之目的

一、地籍整理

土地法第36條規定：「地籍除已依法律整理者外，應依本法之規定整理之。地籍整理之程序，為地籍測量及土地登記。」土地法第38條第1項規定：「辦理土地登記前，應先辦地籍測量。」調查地籍之目的，在於明瞭土地之客觀狀態、標示與權屬關係，包括各宗土地之坐落、界址、面積、地價、使用狀況、改良物情形、土地所有權人、他項權利人等相關資料，故土地登記時可將地籍整理完整，為土地登記之一大目的，是各項政務推行之基礎工作。

二、確定產權

民法第758條規定：「不動產物權，依法律行為而取得、設定、喪失及變更者，非經登記，不生效力。」同法第759條：「因繼承、強制執行、徵收、法院之判決或其他非因法律行為，於登記前已取得不動產物權者，應經登記，始得處分其物權。」土地法第43條規定：「依本法所為之登記，有絕對效力。」土地一經登記，權利即被確定，合法產權受到法律之保障與限制，足以對抗第三人。

三、規定地價

憲法第142條：「國民經濟應以民生主義為基本原則，實施平均地權，節制資本，以謀國計民生之均足。」土地法第153條規定：「標準地價之公布，應於開始土地總登記前分區行之。」土地法第156條規定：「土地所有權人聲請登記所有權時，應同時申報地價，但僅得為標準地價20%以內之增減。」而照價徵稅、照價收買、漲價歸公等皆以規定地價為本。故土地登記辦理時，同時辦理規定地價，可作為地稅課徵及實施平均地權之依據。

四、稅賦公平

現代社會、政府為國民提供各項公共財及服務，無不需要各種財政收入以應支出之需，賦稅收入是政府取得財政收入的最主要途徑。基於量能課稅原則，擁有之不動產價值高者，應繳較多的稅賦，擁有不動產價值低者，繳較少的稅，此即垂直的公平。因此土地登記後，確定所有權人土地的面積，並規定地價，確定土地價值，所據以課徵之稅賦方屬公平。

五、推行土地政策

土地登記後，不論公、私所有土地，已詳盡登載於土地登記簿上，且有地價冊及地籍總歸戶冊可資查詢。土地政策之改革或推行皆以土地之分配與利用兩方面著手，臺灣地區過去實施耕地三七五減租、公地放領、耕者有其田以及平均地權諸政策，能夠順利施行，成效顯著，實以完備之地籍資料為基礎。今後國土計畫及區域計畫、都市計畫之修訂、農地釋出、重大開發工程的建設，仍須以完備之地籍資料為藍本。

第三節　土地登記之原則

完善之土地登記制度，應具備下列六項條件：

一、穩固

土地登記的目的在於確定產權，登記完畢後有絕對效力。為使民眾充分信賴登記的結果，且有所依循，故登記結果必須穩固。

二、簡易

為便利人民申請登記，申請手續必須簡易使人人能易懂、以便民為原則。土地權利關係人、一般社會大眾，可自行申請，必要時得委託土地登記專業代理人代理。

三、精確

土地登記倘未能精確登記，則土地權利易滋生糾紛爭端，且土地價值高昂，面積差之毫釐、價值失之千里，故土地登記必須精確，登記結果影響人民財產權益甚大。

四、省費

土地登記在確定產權，反映土地權利的眞實歸屬與狀態，故登記費用必須減至最低限度，使一般民眾不會因登記規費過於昂貴，而怠於登記產權的變動狀態，產生閉鎖效果，以利登記結果的更新。

五、迅速

土地法第 75 條規定：「聲請為土地權利變更登記之案件，經該管直轄市或縣（市）地政機關審查證明無誤，應即登記於登記總簿，發給土地所有權狀或土地他項權利證明書，並將原發土地權利書狀註銷或就該書狀內加以註明。」登記完畢即產生絕對效力，發生法律上的效果。因此權利人、義務人或土地登記專業代理人皆希望土地登記應以迅速為原則。

六、適境

我國的登記制度，兼有德國權利登記制及澳洲托崙斯登記制的特色，登記相關之法令規定必須合乎本國國情及民眾需要。此外，土地登記必須全國普遍辦理，避免各地方環境不盡相同，制度有所差異，優良的土地登記制度必須能適合當地環境，入境隨俗，以使理論與實際狀況相容，可普遍推行於全國。

第四節　土地登記制度之比較

一、契據（法國制）登記制度

契據登記制係法國所首創，又稱法國登記制，土地權利之得、喪、變更，採意思主義，即雙方當事人間意思合致，訂立契約，即可發生物權變動之效力，並不以登記為生效要件，登記機關證明契據已經訂立，依照契據所載內容辦理登記，不加以實質審查，並不發生公信力。契據之內容是否真實、有無瑕疵等均不予審核。

㈠ 以登記爲對抗要件

即土地權利之取得或變更，依當事人意思之合致，訂立契約，即已發生法律上之效力，但是向政府機關提出登記公示爲對抗第三人之要件。

㈡ 形式審查主義

登記官署對於登記之聲請，採用形式上之審查，如申請登記之手續完備，即依照契據內容，登載於登記簿。至於契據所載權利事項有無瑕疵，則不予作實質之審查。

㈢ 登記與否不予強制

土地權利登記與否，由當事人決定，法律並無強制之規定。

㈣ 登記無公信力

土地權利之變動不強制登記，且只採形式審查，登記無公信力。已登記權利事項，如有第三人出面主張權利，仍應依實體法確定其權利之歸屬，若實體上認爲其權利不成立，或有無效，或得撤銷之原因時，則得以判定其不成立或無效。

㈤ 登記簿之編製，採人的編成主義

契據登記制度登記簿編成不以土地的次序爲準，而以土地權利人登記次序之先後編成之。

㈥ 以登記土地權利之動態爲主

土地權利之現在狀態本應予登記，而對土地權利之變動情形也予以登記。

二、權利（德國制）登記制度

權利登記制為德國之登記制度，不動產物權變動之行為，當事人之意思表示及訂立契據尚不生效，必須經實質審查確定，並履行法定登記之形式，始生效力，非經登記不生效力且不能對抗第三人，此制與契據登記制度幾乎完全相反。

㈠ 登記為生效要件

不動產物權之取得或變更，以登記為發生效力之必要條件，如不登記，不能對抗第三人，而在法律上亦不發生物權變動之效力。

㈡ 實質審查主義

登記官署對於公有、私有登記案件之申請，有實質之審查權，不僅審查申請案件是否符合形式要件，土地權利變動之原因與事實是否相符，也須詳加審核，證明無誤後才予以登記。

㈢ 採強制登記

不動產物權之取得、設定、變更、喪失、非經登記不生效力。

㈣ 登記具有公信力

公眾可信賴已登記之權利，具有確定之效力。登記簿所載之權利事項，對於善意第三人，在法律上有絕對效力。

㈤ 登記簿之編製，採取物的編成主義

登記簿依土地地段、地號先後之次序編成之。登記完畢，不發權利書狀，僅在契約上加以註記登記之經過。

㈥ 以登記土地權利之靜態爲主

登記簿先辦理登記土地權利之現在狀態，再及於土地之變動情形。

三、托崙斯（澳大利亞制）登記制度

托崙斯登記制又稱爲澳洲登記制，此制爲托崙斯爵士於 1858 年在澳洲首創。托崙斯登記制乃指以土地一經登記後，其土地權利具有確定性質，而使移轉便利。官署先作一次土地權利之總清理，以代替私人間之調查徵信追究權源，並以政府交付之權狀，代替私人間之契約行爲。此制之基本精神與權利登記制相同者甚多，但交付權狀與損害賠償爲本制獨有的特色。

㈠ 登記之生效

土地申請第一次登記後，日後如有土地移轉或變動，非經登記，不生效力。

㈡ 實質審查主義

登記官署對於登記之申請，有實質審查之權限。

㈢ 採強制登記

即強制一切土地，必須向政府申請登記，私人所有之一切土地權利均予以強制登記。

㈣ 登記具有公信力

土地一經登記，即有不可推翻之效力，由國家保證之。任何人均得信賴其登記。

㈤ 地上如有設定所有權以外的他項權利，應爲負擔登記

已登記之土地上如有設定他項權利時，應辦理他項權利設定、變更等登記。

㈥ 交付土地權狀

土地爲所有權第一次登記時，登記機關依權利狀態製發土地權狀一式二份，一份交給申請人收執，以爲確認權利之證明；一份存於登記機關，以備編成登記簿。

㈦ 登記官署因登記之錯誤負有損害賠償責任

登記之土地權利，既有不可推翻之效力，則登記如有遺漏或錯誤，致眞正權利人遭受損害時，登記官署負損害賠償責任。

四、我國的土地登記制度

我國之登記法規，始於不動產登記條例，繼之爲民法物權編及土地法第二編之規定，以及現有土地登記規則的具體規定。我國土地登記制度係擷取德國權利登記制及澳洲托崙斯登記制之優點，融合成爲一新的土地登記制度。此外，登記完成同時規定地價、地籍圖簿公開發給，則是我國獨有之特點。

㈠ 登記要件主義

土地法第 72 條、土地登記規則第 4 條規定，土地權利之取得、設定、移轉、喪失或變更，應辦理登記。民法第 758 條，不動產物權因法律行爲之變動，非經登記，不生效力。民法第 759 條，因繼承、強制執行、徵收、法院之判決或其他非因法律行爲，於登記前已取得不動產物權者，非經登記，不得處分其物權。故爲了產生絕對效力或

爲了日後處分方便，土地權利以登記爲要件。

㈡ 實質審查主義

地政機關對於登記案件之申請，對於申請人之權利能力、行爲能力，法律行爲或事實、附繳文件是否虛僞，均須予以依法實質的審查認定，如有瑕疵，應令其補正或駁回，否則不予登記。（土地登記規則55、56、57）

㈢ 採強制登記

土地法第38條規定，凡已辦理地籍測量之直轄市或縣（市）土地之全部，依法辦理土地總登記。土地法第72條規定，土地總登記後，土地權利有移轉、分割、合併、設定、增減或消滅時，應爲變更登記。建物所有權第一次登記，目前並未規定應採強制登記。

㈣ 登記具有絕對效力

土地登記有絕對效力的目的乃在於保護善意之第三人，將登記事項賦予絕對眞實之公信力，登記完畢後非經法院判決塗銷確定，不得任意塗銷。

㈤ 登記簿之編製採物的編成主義

登記簿應按地號或建號順序，就登記機關轄區情形按鄉（鎭、市、區）或地段登記之。並應於簿面標明某鄉（鎭、市、區）某地段土地或建物登記簿冊次及起止地號或建號，裡面各頁蓋土地登記之章。同一地段經分編二冊以上登記簿時，其記載方式與前項同。（土地登記規則17）

㈥ 登記確定後發給權利書狀

地政機關於確定登記後，分別依登記類別發給所有權狀或他項權利證明書，作爲權利人取得權利之憑證。（土地法 62、75）

㈦ 地政機關設置登記儲金，作損害賠償之用

登記錯誤、遺漏或虛僞致受損害者，由該地政機關負損害賠償責任。但該地政機關證明其原因應歸責於受害人時，不在此限。地政機關所收的登記費，應提撥 10% 作爲登記儲金，專備損害賠償之用。（土地法 68、70）

㈧ 登記同時規定地價

土地法第 156 條規定，土地所有權人聲請登記所有權時，應同時申報地價。故申請登記時，規定地價爲其法定程序。

㈨ 地籍圖簿公開發給

地籍資料之公開，係我國土地登記制度之特點，基於土地登記爲不動產物權之公示方法，公示土地登記資料爲維護不動產交易安全之必要措施。

任何具行爲能力之自然人或法人均可向地政機關申請閱覽或發給登記簿謄本或地籍圖謄本，惟爲保護個人資料，登記謄本因申請資格或目的的不同，分爲三類。依土地登記規則第 24 條之 1：「申請提供土地登記及地價資料，其資料分類及內容如下：

1. 第一類：顯示登記名義人全部登記資料。

2. 第二類：隱匿登記名義人之出生日期、部分姓名、部分統一編號、債務人及債務額比例、設定義務人及其他依法令規定需隱匿之資料。但限制登記、非自然人之姓名及統一編號，不在此限。

3. 第三類：隱匿登記名義人之統一編號、出生日期之資料。

前項第 2 款資料，得依登記名義人之請求，隱匿部分住址資料。但為權利人之管理人及非自然人，不適用之。

登記名義人或其他依法令得申請者，得申請第 1 項第 1 款資料；任何人得申請第 1 項第 2 款資料；登記名義人、具有法律上通知義務或權利義務得喪變更關係之利害關係人得申請第 1 項第 3 款資料。

土地登記及地價資料之申請提供，委託代理人為之者，準用第 37 條第 1 項規定。」

惟申請閱覽抄錄或影印登記申請書及其附件者，以登記名義人、原申請人、代理人或其利害關係人為限。土地登記規則第 24 條：「申請閱覽、抄寫、複印或攝影登記申請書及其附件者，以下列之一者為限：一、原申請案之申請人、代理人。二、登記名義人。三、與原申請案有利害關係之人，並提出證明文件。」

第五節　土地登記之效力

一、土地登記具有絕對效力

(一)土地法第 43 條：「依本法所為之登記，有絕對效力。」土地登記完畢，在善意第三人已取得新登記後，均不得再主張其無效或因虛偽詐欺而予以推翻。

(二)所謂「登記完畢」，依土地登記規則第 6 條規定：「土地權利經登記機關依本規則登記於登記簿，並校對完竣，加蓋登簿及校對人員名章後，為登記完畢。土地登記以電子處理者，經依系統規範登錄、校對，並異動地籍主檔完竣後，為登記完畢。」

(三)申請登記而未經該管轄地政機關將應登記之事項記入登記簿

者，即不得謂已依土地法完成登記，土地登記所定之效力，即無由發生。

㈣土地登記規則第 7 條規定：「依本規則登記之土地權利，除本規則另有規定外，非經法院判決塗銷確定，登記機關不得為塗銷登記。」

㈤登記有絕對效力，目的係為保護「善意第三人」，將登記事項賦予絕對眞實之公信力，眞正權利人在已有第三人取得權利之新登記後，雖得依法請求損害賠償，不得為塗銷登記之請求，而在未有第三人取得權利之新登記前，對於登記名義人仍有塗銷登記之請求權。

㈥依最高法院判決要旨綜合說明：

1. 登記有絕對效力，係為保護因信賴登記取得土地權利之第三人而設，故登記原因無效或得撤銷時，在第三人未取得土地權利前，眞正權利人對於登記名義人自得主張之。

2. 若至已有第三人本於現存之登記而為取得權利之新登記以後，則除得依土地法第 68 條規定請求損害賠償外，不得為塗銷登記之請求，因之眞正權利人對於第三人依此取得之不動產，訴請返還，自無法律上之根據。

3. 惡意第三人不受保護，例如：明知房屋已被查封竟予買受，顯有惡意，其所為登記自難認為信賴登記而為新登記，應不受土地法第 43 條之保護。

二、維護土地登記效力之救濟措施

為維護土地登記具有絕對效力，我國土地法對土地登記因錯誤、遺漏或虛僞，有救濟措施。其一，依土地法第 69 條規定為更正登記。其二，依土地法第 68 條規定為請求損害賠償。

㈠ 更正登記

1. 意義

依土地法第 69 條規定：「登記人員或利害關係人，於登記完畢後，發見登記錯誤或遺漏時，非以書面聲請該管上級機關查明核准後，不得更正。但登記錯誤或遺漏，純屬登記人員記載時之疏忽，並有原始登記原因證明文件可稽者，由登記機關逕行更正之。」

2. 要件

⑴ 登記完畢後書面申請。

⑵ 須因登記錯誤或遺漏：土地法第 68 條第 1 項及第 69 條所稱登記錯誤，係指登記事項與登記原因證明文件所載之內容不符者；所稱遺漏，係指應登記事項而漏未登記者。（土地登記規則 13）

⑶ 由利害關係人申請或登記機關逕為登記：如係土地標示部及所有權部錯誤或遺漏，由所有權人提出申請更正。如係他項權利部錯誤或遺漏，由他項權利人提出申請更正。如該項之錯誤或遺漏，涉及原設定人之權利義務時，應由他項權利人會同原設定人申請更正登記。但登記錯誤或遺漏，純屬登記人員記載時之疏忽，並有原始登記原因證明文件可稽者，由登記機關逕行更正之。

⑷ 須經有利害關係之第三人同意：更正登記常涉及當事人或第三人之權益，須有第三人的同意。若以登記名義人自行申請更正，未影響他人權益則免經他人同意。

⑸ 須不妨害原登記之同一性：係指更正後仍為原登記之同一權利、同一標的、同一登記權利人，並不得變更原登記所示之法律關係。例如：應登記為甲誤登記為乙，係權利主體之變更，不得為更正登記。應為地上權登記，誤為永佃權登記，不得為更正登記。如因面積、地號等標示之漏誤，而證明其屬同一土地，或姓名、住址、身分

證統一編號、出生年月日、地租、存續期間之漏誤、權利持分漏誤等，而有原始證明文件足以證明其眞實情形，或登記權利人之漏誤而能證明其確係爲同一人時，應准予更正登記。

⑹須經上級機關查明核准：登記之更正，須報經上級機關核准，爲求迅捷便於作業起見，土地更正登記案件授權縣市政府辦理。土地登記之錯誤或遺漏，如純屬登記人員記載時之疏忽，並有原始登記之原因證明文件可稽者，上級地政機關得授權登記機關逕行更正之。前項授權登記機關逕行更正之範圍由上級地政機關定之。

㈡請求損害賠償

1. 意義

土地法第 68 條規定因登記錯誤遺漏或虛僞致受損害者，由該地政機關負損害賠償責任。但該地政機關證明其原因應歸責於受害人時，不在此限。前項損害賠償，不得超過受損害時之價值。

2. 要件

⑴須有錯誤、遺漏或虛僞，例如：地政事務所未將重測前已登記之抵押權轉載於重測後新設之土地登記簿，自屬登記有遺漏，某乙不知情，抵押權未獲清償，應賠償之。所謂登記虛僞，係指基於虛僞的登記原因所爲之登記，虛僞與否其認定權乃司法機關之職權。

⑵須實際上受有損害。

⑶須不可歸責於受害人：登記損害之發生，如係可歸責於受害人本身之故意或過失者，登記機關可以免責。

⑷地政人員負間接賠償責任：土地法第 70 條第 2 項規定，地政機關所負之損害賠償，如因登記人員之重大過失所致者，由該人員償還，撥歸登記儲金。所謂重大過失，係指顯然欠缺普通人之注意

者，為重大過失。地政人員審查登記文件時，如依其專業知識已盡善良管理人之注意，猶不能發現其瑕疵時，即難認其有何故意或過失。

⑸須損害之發生與登記錯誤遺漏或虛僞之事實有相當的因果關係：損害賠償之責任，須有損害之發生及有責任原因之事實，且二者之間有相當因果關係才成立。所謂相當因果關係，就其實際情形而言，指損害之發生與錯誤遺漏或虛僞登記間須有直接性。

3. 時效

自請求權人知有受損害之時起 2 年內行使。不知受損害時，自損害發生起，逾 5 年內不行使則消滅。（國家賠償法 8）

4. 救濟

⑴向該管地政機關為之。
⑵受拒絕時申請人得向司法機關起訴。

5. 責任

⑴由地政機關負損害賠償之責。
⑵但因登記人員重大過失者，由該登記人員償還。

6. 基金

⑴地政機關所收登記費應提出 10% 為登記儲金。
⑵專作登記損害賠償之用。

7. 標準

⑴為維護登記之效力，採金錢賠償主義。
⑵只賠償所受損害，不賠償所失利益。
⑶賠償價值不得逾受損害時之價值。

第六節　土地登記之種類

一、依登記的方式分類

㈠ 主登記

1. 指土地權利於登記簿上獨立存在之登記。關係到人之權利取得、設定、移轉、喪失、變更；例如：移轉登記、抵押權設定登記、建物所有權第一次登記等。

2. 主登記的次序，應依登記之先後，同一土地為他項權利登記時，其權利次序，除法律另有規定外，應依登記之先後。但於土地總登記期限內申請登記者，依其原設定之先後。（土地登記規則8、9）

㈡ 附記登記

附屬於主登記之登記，係就主登記事項予以一部之變更或更正等所為之登記，權利主體並未變更。例如：住址變更登記、書狀換給登記、更名登記等，非為獨立順序之登記。依土地登記規則第8條後段：「附記登記之次序，應依主登記之次序。但附記登記各依其先後。」

二、依土地登記規則之規定分類

㈠ 土地總登記

1. 係指對已依法辦竣地籍測量之地方，於一定期間內就直轄市或縣（市）土地之全部所為之登記，故土地總登記屬強制登記。（土地法38）

2. 土地總登記，所有權人應於登記申請期限內提出登記申請

書，檢附有關文件向登記機關申請之。（土地登記規則71前段）

㈡ 建物所有權第一次登記

1. 係指新建或舊有之合法建物的所有人，第一次向地政事務所申辦所有權第一次登記（俗稱保存登記），準用土地總登記之程序辦理之。（土地登記規則84）

2. 申請建物所有權第一次登記，應先向登記機關申請建物第一次測量，再提出有關證明文件申請登記。（土地登記規則78、79）

㈢ 標示變更登記

土地總登記後，因分割、合併、增減及其他標示之變更，應爲標示變更登記，例如：地號變更、面積增減等。（土地登記規則85）

㈣ 所有權變更登記

1. 指土地或建物完成所有權第一次登記後，因法律行爲或法律事實，使所有權發生移轉、權利主體變更，依法向登記機關申辦之變更登記，例如：買賣、贈與、交換、分割、法院判決等。

2. 土地總登記後，土地所有權移轉、分割、合併、增減或消滅時，應爲變更登記。（土地登記規則93）

㈤ 他項權利登記

係指地政事務所已完成登記之土地或建物，設定有地上權、永佃權、不動產役權、典權、抵押權、耕作權等他項權利，或已設定之他項權利有移轉或內容變更時所申辦之登記。

㈥ 繼承登記

係指土地或建物權利人有死亡的事實發生，自繼承開始之時起，即生繼承之效力；惟非經登記不得處分其物權。

㈦ 土地權利信託登記

土地登記規則第 124 條：「本規則所稱土地權利信託登記（以下簡稱信託登記），係指土地權利依信託法辦理信託而爲變更之登記。」

㈧ 更正登記

登記人員或利害關係人，於登記完畢後，發見登記錯誤或遺漏時，非以書面聲請該管上級機關查明核准後，不得更正。但登記錯誤或遺漏，純屬登記人員記載時之疏忽，並有原始登記原因證明文件可稽者，由登記機關逕行更正之。（土地法 69）

㈨ 限制登記

土地法第 78 條第 8 款所稱限制登記，謂限制登記名義人處分其土地權利所爲之登記。前項限制登記，包括預告登記、查封、假扣押、假處分或破產登記，及其他依法律所爲禁止處分之登記。（土地登記規則 136）

㈩ 塗銷登記

1. 權利塗銷

依本規則登記之土地權利，因權利之拋棄、混同、終止、存續期間屆滿、債務清償、撤銷權之行使或法院之確定判決等，致權利消滅時，應申請塗銷登記。

前項因拋棄申請登記時，有以該土地權利爲標的物之他項權利者，應檢附該他項權利人之同意書，同時申請他項權利塗銷登記。私

有土地所有權之拋棄，登記機關應於辦理塗銷登記後，隨即爲國有之登記。（土地登記規則143）

2. **登記錯誤的塗銷**

依本規則登記之土地權利，有下列情形之一者，於第三人取得該土地權利之新登記前，登記機關得於報經直轄市或縣（市）地政機關查明核准後塗銷之：

⑴ 登記證明文件經該主管機關認定係屬僞造。

⑵ 純屬登記機關之疏失而錯誤之登記。

前項事實於塗銷登記前，應於土地登記簿其他登記事項欄註記。（土地登記規則144）

⑾ 消滅登記

土地滅失時應申請消滅登記。（土地登記規則148前段）

⑿ 更名登記

1. 土地權利登記後，權利人之姓名或名稱有變更者，應申請更名登記。設有管理人者，其姓名變更時，亦同。（土地登記規則149）

2. 法人或寺廟於籌備期間取得之土地所有權或他項權利，已以籌備人之代表人名義登記者，其於取得法人資格或寺廟登記後，應申請爲更名登記。（土地登記規則150）

⒀ 住址變更登記

1. 係指已登記之土地或建物權利，因權利人或登記名義人之住址於登記完畢後發生變動，而向地政事務所申辦之登記。

2. 登記名義人之住址變更者，應檢附國民身分證影本或戶口名簿影本，申請住址變更登記。如其所載身分證統一編號與登記簿記載不符或登記簿無記載統一編號者，應加附有原登記住址之身分證明文件。

3. 登記名義人爲法人者，如其登記證明文件所載統一編號與登記簿不符者，應提出其住址變更登記文件。（土地登記規則 152）

㈥ 書狀換給或補給登記

土地所有權狀或他項權利證明書損壞或滅失，應由登記名義人申請換給或補給。（土地登記規則 154）

三、依登記之時間先後分類

㈠ 土地總登記

土地法第 38 條規定：「辦理土地登記前，應先辦地籍測量，其已依法辦理地籍測量之地方，應即依本法規定辦理土地總登記。前項土地總登記，謂於一定期間內就直轄市或縣（市）土地之全部爲土地登記。」

㈡ 土地權利變更登記

土地法第 72 條及土地登記第 93 條規定：「土地總登記後，土地所有權移轉、分割、合併、增減或消滅時，應爲變更登記。」故土地總登記在前，而土地權利變更登記在後。

第 2 章　登記書表簿冊圖狀

第一節　登記機關應備置之書表簿冊圖狀

一、登記機關應備下列登記書表簿冊圖狀（土地登記規則14）

㈠登記申請書。

㈡登記清冊。

㈢契約書。

㈣收件簿。

㈤土地登記簿及建物登記簿。

㈥土地所有權狀及建物所有權狀。

㈦他項權利證明書。

㈧地籍圖。

㈨地籍總歸戶冊（卡）。

㈩其他必要之書表簿冊。

二、填載須知及格式

㈠ 格式

本規則所需登記書表簿冊圖狀格式及其填載須知，由中央地政機關定之。（土地登記規則 156）

㈡ 土地法施行法第 17 條規定

「土地登記書表簿冊格式及尺幅，由中央地政機關定之。」

三、說明

㈠ 登記申請書

乃登記申請人因土地或建物權利取得、喪失、變更時，向登記機關申請登記之用紙。

㈡ 登記清冊

各類申請之不動產標示欄位於契約書或其他登記原因證明文件記載時，以登記清冊填寫，記載土地及建物標示及權利範圍。例如：繼承登記、更正登記、住址變更登記、更名登記、書狀補換給登記等。

㈢ 契約書

現行公定契約書格式，為申請登記所專用，與民間的私契約不同，計 14 種如下列所示：

1. 土地建築改良物買賣所有權移轉契約書。
2. 土地建築改良物贈與所有權移轉契約書。
3. 土地建築改良物交換所有權移轉契約書。
4. 共有土地建築改良物所有權分割契約書。

5. 抵押權設定契約書。
6. 地上權設定契約書。
7. 農育權設定契約書。
8. 土地建築改良物典權設定契約書。
9. 不動產役權設定契約書。
10. 土地建築改良物他項權利移轉變更契約書。
11. 土地建築改良物抵押權移轉變更契約書。
12. 土地建築改良物他項權利（金融資產信託）移轉契約書。
13. 土地建築改良物信託契約書。
14. 土地建築改良物信託內容變更契約書。

㈣ 收件簿

依土地登記規則第 15 條：收件簿按登記機關、鄉（鎮、市、區）、地段或案件性質設置，依收件之先後次序編號記載之。收件簿主要記載收件號數、收件日期、土地座落、地號、筆數、建號、棟數、權利人、義務人、代理人姓名、登記原因、及其他辦理之有關情形。

㈤ 登記簿

1. 依土地登記規則第 16 條：登記簿用紙除第 81 條第 2 項規定外，應分標示部、所有權部及他項權利部，依次排列分別註明頁次，並於標示部用紙記明各部用紙之頁數。

2. 登記簿爲登記機關永久保存之簿冊，採物之編成。登記簿就登記機關轄區情形，按鄉（鎮、市、區）或地段登記之，並應於簿面標明某鄉（鎮、市、區）某地段土地或建物登記簿冊次及起止地號或建號，裡面各頁蓋土地登記之章。同一地段經分編二冊以上登記簿時，其記載方式與前項同（土地登記規則 17）。登記簿應按地號或

建號順序，採用活頁裝訂之，並於頁首附索引表。（土地登記規則18）

㈥ 權利書狀

權利書狀爲土地登記完畢後，登記機關發給權利人之土地權利憑證，有土地所有權狀、建物所有權狀、他項權利證明書三種。以電子處理之權狀，按每一登記案件爲單元，在該案件異動作業完成後，須即時依案件之需要，列印權狀或他項權利證明書。土地登記規則第25 條：「土地或建物所有權狀及他項權利證明書，應蓋登記機關印信及其首長職銜簽字章，發給權利人。」

㈦ 地籍圖

地籍圖爲表示宗地位置、坵形、面積及地號之圖集，土地登記前應先行辦理地籍測量，繪製地籍圖。臺灣地區早期之地籍圖，係於日據時期所測繪，由於時間久遠，現已全面辦理地籍圖重測。

㈧ 地籍總歸户册（卡）

地籍總歸戶乃將同一所有權人在各縣市之土地歸於一戶名下，以爲課稅依據及實行土地政策之用。依據冊（卡）內記載資料，如面積、地價、權利人使用情形，予以分類統計，用以了解土地的分配情形，作爲核課土地稅及制定土地政策之依據。

㈨ 其他必要之書表簿册

例如：土地登記規則第 54 條之收件收據，土地登記規則第 51 條駁回理由書及地政規費收據等。

第二節　書表簿冊之保存、抄錄及謄本公開發給

一、登記書表簿冊之保存

㈠ 定期保存

土地登記規則第19條規定：「收件簿、登記申請書及其附件，除土地所有權第一次登記案件應永久保存外，應自登記完畢之日起保存15年。前項文件之保存及銷毀，由登記機關依檔案法相關規定辦理。」地政機關辦妥登記後，收件簿、登記申請書及其附件應妥善保存，以備當事人發生糾紛時，得以調閱查證之用。

㈡ 永久保存

土地登記規則第20條規定：「登記簿及地籍圖由登記機關永久保存之。除法律或中央地政機關另有規定或為避免遭受損害外，不得攜出登記機關。」因登記簿為記載土地或建物權利內容之簿冊，地籍圖則為表示宗地位置、形狀、面積及使用情形之圖冊，永久保存不得銷毀，並應確保該項圖籍資料之安全。

㈢ 地籍資料庫之管理

1. 土地登記規則第23條規定：「登記機關應建立地籍資料庫，指定專人管理。其管理事項，由直轄市、縣（市）地政機關定之。」

2. 地籍資料庫之管理範圍：地籍資料庫之管理範圍，不外乎包括對人（如進出人員之管制）、物（如圖表簿冊之歸檔保存）及空間（如防火、防潮、防盜之設計）之管理等。

⑴ 人之管理：

① 地籍資料庫之管理應設專人負責，管理人員應隨時注意門

禁，嚴守圖簿不離庫規定。

② 地籍資料庫之進入人員，原則上應以執行公務所需爲限，若爲上級人員巡查業務或經地政事務所主任准許進入參觀之來賓，應由主管或其指定人員陪同進入。

③ 管理人員對於進入資料庫人員，應確實核對其身分並予以登記，始得准其進入，並由管理人員提供所需資料於指定地點閱覽或描繪，完畢後應將調閱資料交還管理人員點收，不得擅自取放。

④ 嚴禁攜帶私人提袋、物品進入資料庫，宜於入口或適當地點設置存放處，供工作人員放置私人物品。

⑵ 物之管理：

① 空白權利書狀應確實管制，按月清點，並將清點結果列表；每日所用之空白權利書狀用紙號數，應逐日依序登載於書狀用紙管理簿，並由領用人員與管理人員蓋章。

② 登記簿、地籍圖應永久妥善保存，除有土地登記規則第21條規定情事外，不得攜離地政事務所，如需攜離時，應塡寫調用單向管理人員調用。

③ 地籍資料庫內存放之地籍資料應每年定期清查，並將清查結果陳報直轄市、縣（市）政府備查。

④ 逾保管年限或無須再保管之檔案如欲銷毀，應由地政事務所編造銷毀清冊，並由政風人員監毀，銷毀後報直轄市、縣（市）政府備查。

⑤ 各類地籍資料均應編造管理清冊，連同檔案銷毀清冊，一併列入移交，以備查考。

⑶ 空間之管理：

① 地籍資料庫應有防火、防潮、防盜、防蟲等安全設備，並應嚴禁煙火，不得存放易燃、易爆物品，平時應注意保持

整齊、清潔、通風，消防設備並應定期檢驗，以確保地籍資料之安全。

② 管理人員於每天下班時應全面檢視資料庫門窗並親自上鎖；備用鑰匙應由專人保管，非經事先簽准不得啓用，但遇偶發緊急狀況而啓用時，事後應簽報。

二、申請書及其附件之閱覽或複製

㈠申請閱覽、抄寫、複印或攝影登記申請書及其附件者，以下列之一者爲限：

1. 原申請案之申請人、代理人。

2. 登記名義人。

3. 與原申請案有利害關係之人，並提出證明文件。（土地登記規則24）

㈡原登記申請人係指權利人及義務人而言。

㈢查申請抄錄或複印登記申請書及其附件者，原僅限於原登記申請人或其繼承人，惟因該登記案件而涉訟（如調解、仲裁或行政救濟）之當事人或其代理人亦有申請查閱之必要。又民衆欲申請使用執照影本者，應向原核發使用執照之主管機關申請補發，惟常因基地號不符、地址不符或檔案喪失等原因遭致駁回。且大部分建物係由起造人（多爲建設公司）申辦建物所有權第一次登記，每因經多次移轉致現所有權人已非原申請人，基於建築改良物使用執照係該「建物」之原始證件，而非原申請人之身分證件，因爲尚無涉及原申請人隱私之處，爲求簡政便民，利害關係人亦得申請。

三、地籍圖簿謄本之公開發給

地籍資料之公開，係我國土地登記制度之特點，無論任何人皆得申請發給登記簿全部謄本、節本或地籍圖謄本，亦得申請閱覽地籍藍晒圖或複製圖，或閱覽電子處理地區之謄本。

為保障民眾個人資料之隱私權，兼顧土地整合利用及處理不動產事務等需要，以達到不動產物權公示及維護不動產交易安全目的，依照土地登記規則第24條之1，登記簿謄本的種類及內容如下：

㈠第一類謄本：顯示登記名義人全部登記資料。

㈡第二類謄本：隱匿登記名義人（自然人）之出生日期、部分姓名及統一編號、債務人及債務額比例、設定義務人等資料及其他依法令規定需隱匿之資料。

㈢第三類謄本：隱匿登記名義人之統一編號、出生日期。

例外情形：

前項第二款資料，得依登記名義人之請求，隱匿部分住址資料。但為權利人之管理人及非自然人，不適用之。

登記名義人或其他依法令得申請者，得申請第一項第一款資料；任何人得申請第一項第二款資料；登記名義人、具有法律上通知義務或權利義務得喪變更關係之利害關係人得申請第一項第三款資料。

土地登記及地價資料之申請提供，委託代理人為之者，準用第37條第1項規定。

第三節　登記簿之補造、重造及防止偽造

一、登記簿補造

㈠登記簿「滅失」時，登記機關應即依土地法施行法第17條之1規定辦理。

㈡登記機關應依有關資料補造之，並應保持原有之次序。補造登記總簿時，應經公告、公開提供閱覽30日，並通知登記名義人，及

將補造經過情形「層報」中央地政機關備查。

二、登記簿重造

依土地登記規則第22條：「一宗土地之登記簿用紙部分損壞時，登記機關應依原有記載全部予以重造。登記簿用紙全部損壞、滅失或其樣式變更時，登記機關應依原有記載有效部分予以重造。」

三、防止偽造

近年來偽造登記案件型態有：

㈠假借買賣或承租取得所有權人權狀資料，再將不動產不法轉售或設定抵押。

㈡偽造登記名義人已死亡，將其所有不動產辦理繼承於偽造人或其人頭戶名下。

㈢偽造法院確定判決，辦理所有權移轉登記。

而防範偽造登記方法，如下列所示：

㈠收件：地政事務所於收件時，應依規定確實查核送件人身分。

㈡審查：接收登記案件時，應確實核對所附之文件。

附錄表格

表 2-1　土地登記申請書

表 2-2　登記清冊

表 2-3　土地建築改良物所有權買賣移轉契約書

表 2-4　土地建築改良物所有權贈與移轉契約書

表 2-5　土地建築改良物所有權交換移轉契約書

表 2-6　共有土地建築改良物所有權分割契約書

表 2-7　土地建築改良物抵押權設定契約書

表 2-8　地上權設定契約書

表 2-9　農育權設定契約書

表 2-10　土地建築改良物典權設定契約書

表 2-11　不動產役權設定契約書

表 2-12　土地建築改良物他項權利移轉（變更）契約書

表 2-13　土地建築改良物抵押權移轉變更契約書

表 2-14　土地建築改良物他項權利（金融資產信託）移轉變更契約書

表 2-15　土地建築改良物信託契約書

表 2-16　土地建築改良物信託內容變更契約書

表 2-1　土地登記申請書

S0700000200-1

收件	日期	年　月　日　時　分	收件者章	
	字號	字第　　號		

連件序別（非連件者免填）	共　件	第　件

登記費	元	合　計	元
書狀費	元	收　據	字　號
罰　鍰	元	核算者	

土　地　登　記　申　請　書

(1)受理機關	縣　市　地政事務所　□跨所申請	資料管轄機關	縣　市　地政事務所	(2)原因發生日期	中華民國　年　月　日

(3)申請登記事由（選擇打✓一項）	(4)登記原因（選擇打✓一項）
□ 所有權第一次登記	□ 第一次登記
□ 所有權移轉登記	□ 買賣　□ 贈與　□ 繼承　□ 分割繼承　□ 拍賣　□ 共有物分割　□
□ 抵押權登記	□ 設定　□ 法定　□
□ 抵押權塗銷登記	□ 清償　□ 拋棄　□ 混同　□ 判決塗銷　□
□ 抵押權內容變更登記	□ 權利價值變更　□ 權利內容等變更　□
□ 標示變更登記	□ 分割　□ 合併　□ 地目變更　□
□	□

(5)標示及申請權利內容	詳如　□ 契約書　□ 登記清冊　□ 複丈結果通知書　□ 建物測量成果圖　□

(6)附繳證件	1.　份	4.　份	7.　份
	2.　份	5.　份	8.　份
	3.　份	6.　份	9.　份

(7)委任關係	本土地登記案之申請委託　代理。　複代理。 委託人確爲登記標的物之權利人或權利關係人，並經核對身分無誤，如有虛僞不實，本代理人(複代理人)願負法律責任。	(8)聯絡方式	權利人電話	
			義務人電話	
			代理人聯絡電話	
(9)備註			傳眞電話	
			電子郵件信箱	
			不動產經紀業名稱及統一編號	
			不動產經紀業電話	

S0700000200-1

(10) 申請人	(11) 權利人或義務人	(12) 姓名或名稱	(13) 出生年月日	(14) 統一編號	(15) 住所 縣市	鄉鎮市區	村里	鄰	街路	段	巷	弄	號	樓		(16) 簽章

本案處理經過情形（以下各欄申請人請勿填寫）	初審	複審	核定	登簿	校簿	書狀列印	校狀	書狀用印
				地價異動	通知領狀	異動通知	交付發狀	歸檔

表 2-2 登記清冊

S0700000003

登記清冊 申請人 簽章									
土地標示	(1)坐落	鄉鎮市區							
		段							
		小段							
	(2)地號								
	(3)面積（平方公尺）								
	(4)權利範圍								
	(5)備註								

S0700000003

建物標示	(6)建號					
	(7)門牌	鄉鎮市區				
		街路				
		段巷弄				
		號樓				
	(8)建物坐落	段				
		小段				
		地號				
	(9)面積（平方公尺）	層				
		層				
		層				
		層				
		共計				
	(10)附屬建物	用途				
		面積（平方公尺）				
	(11)權利範圍					
	(12)備註					

表 2-3　土地建築改良物所有權買賣移轉契約書

S0700000203

土地／建築改良物 所有權買賣移轉契約書

下列 土地／建物 經 買受人／出賣人 雙方同意所有權買賣移轉，特訂立本契約：

土地標示	(1) 坐落	鄉鎮市區				
		段				
		小段				
	(2) 地號					
	(3) 面積（平方公尺）					
	(4) 權利範圍					

建物標示	(5) 建號						
	(6) 門牌	鄉鎮市區					
		街路					
		段巷弄					
		號樓					
	(7) 建物坐落	段					
		小段					
		地號					
	(8) 面積（平方公尺）	層					
		層					
		層					
		層					
		共計					
	(9) 附屬建物	用途					
		面積（平方公尺）					
	(10) 權利範圍						

(11) 買賣價款總金額　新臺幣

S0700000203

(12)申請登記以外之約定事項	1. 他項權利情形： 2. 3. 4. 5.	(13)簽名或簽證	

訂立契約人	(14)買受人或出賣人	(15)姓名或名稱	(16)權利範圍		(17)出生年月日	(18)統一編號	(19)住所										(20)蓋章
			買受持分	出賣持分			縣市	鄉鎮市區	村里	鄰	街路	段	巷弄	號	樓		

(21)立約日期	中　華　民　國　　年　　月　　日

表 2-4　土地建築改良物所有權贈與移轉契約書

S0700000204

土地／建築改良物 所有權贈與移轉契約書

下列 土地／建物 經 受贈人／贈與人 雙方同意所有權贈與移轉，特訂立本契約：

土地標示	(1)坐落	鄉鎮市區				
		段				
		小段				
	(2)地號					
	(3)面積（平方公尺）					
	(4)權利範圍					

建物標示	(5)建號					
	(6)門牌	鄉鎮市區				
		街路				
		段巷弄				
		號樓				
	(7)建物坐落	段				
		小段				
		地號				
	(8)面積（平方公尺）	層				
		層				
		層				
		層				
		共計				
	(9)附屬建物	用途				
		面積（平方公尺）				
	(10)權利範圍					

S0700000204

(11)申請登記以外之約定事項	1. 他項權利情形： 2. 贈與權利價值： 3. 4. 5.						(12)簽名或簽證										
訂立契約人	(13)受贈人或贈與人	(14)姓名或名稱	(15)權利範圍		(16)出生年月日	(17)統一編號	(18)住所										(19)蓋章
			受贈持分	贈與持分			縣市	鄉鎮市區	村里	鄰	街路	段	巷弄	號	樓		
(20)立約日期	中華民國　年　月　日																

表 2-5 土地建築改良物所有權交換移轉契約書

S0700000208

土地／建築改良物 所有權交換移轉契約書

下列 土地／建物 經所有權人雙方同意所有權交換移轉，特訂立本契約：

土地標示			交換前		交換後	
	(1)坐落	鄉鎮市區				
		段				
		小段				
	(2)地號					
	(3)面積（平方公尺）					
	(4)所有權人姓名					
	(5)權利範圍					
	(6)權利價值					

建物標示			交換前		交換後	
	(7)建號					
	(8)門牌	鄉鎮市區				
		街路				
		段巷弄				
		號樓				
	(9)建物坐落	段				
		小段				
		地號				
	(10)面積（平方公尺）	層				
		層				
		層				
		層				
		共計				
	(11)附屬建物	用途				
		面積（平方公尺）				
	(12)所有權人姓名					
	(13)權利範圍					
	(14)權利價值					

S0700000208

(15)申請登記以外之約定事項		(16)簽名或簽證	
	1. 他項權利情形及處理方法： 2. 交換權利差額及補償情形： 3. 4. 5.		

訂立契約人	(17)姓名或名稱	(18)出生年月日	(19)統一編號	(20)住所 縣市	鄉鎮市區	村里	鄰	街路	段	巷弄	號	樓		(21)蓋章

(22)立約日期	中華民國　　年　　月　　日

表 2-6 共有土地建築改良物所有權分割契約書

S0700000207

共有 土地／建築改良物 所有權分割契約書

下列 土地／建物 經全體共有人同意分割，特訂立本契約：

土地標示		分割前		分割後	
(1) 坐落	鄉鎮市區				
	段				
	小段				
(2) 地號					
(3) 面積（平方公尺）					
(4) 所有權人姓名					
(5) 權利範圍					
(6) 權利價值					

建物標示		分割前		分割後	
(7) 建號					
(8) 門牌	鄉鎮市區				
	街路				
	段巷弄				
	號樓				
(9) 建物坐落	段				
	小段				
	地號				
(10) 面積（平方公尺）	層				
	層				
	層				
	層				
	共計				
(11) 附屬建物	用途				
	面積（平方公尺）				
(12) 所有權人姓名					
(13) 權利範圍					
(14) 權利價值					

S0700000207

(15)申請登記以外之約定事項	1. 他項權利情形及處理方法： 2. 分割權利差額及補償情形： 3. 4. 5.	(16)簽名或簽證	

	(17)姓名或名稱	(18)出生年月日	(19)統一編號	(20)住所										(21)蓋章
訂立契約人				縣市	鄉鎮市區	村里	鄰	街路	段	巷弄	號	樓		

(22)立約日期	中華民國　年　月　日

表 2-7　土地建築改良物抵押權設定契約書

S0700000212

土地、建築改良物抵押權設定契約書

下列 土地/建物 經 權利人/義務人 雙方同意設定（1）□普通 □最高限額 抵押權，特訂立本契約：

土地標示						
(2)坐落	鄉鎮市區					
	段					
	小段					
(3)地號						
(4)面積（平方公尺）						
(5)設定權利範圍						
(6)限定擔保債權金額						
(7)流抵約定						

建物標示						
(8)建號						
(9)門牌	鄉鎮市區					
	街路					
	段巷弄					
	號樓					
(10)建物坐落	段					
	小段					
	地號					
(11)總面積（平方公尺）						
(12)附屬建物	用途					
	面積（平方公尺）					
(13)設定權利範圍						
(14)限定擔保債權金額						
(15)流抵約定						

S0700000212

(16)提供擔保權利種類	
(17)擔保債權總金額	
(18)擔保債權種類及範圍	
(19)擔保債權確定期日	
(20)債務清償日期	
(21)利息（率）	
(22)遲延利息（率）	
(23)違約金	
(24)其他擔保範圍約定	
(25)申請登記以外之約定事項	1. 2. 3.

訂立契約人	(26)權利人或義務人	(27)姓名或名稱	(28)債權額比例	(29)債務額比例	(30)出生年月日	(31)統一編號	(32)住所 縣市	鄉鎮市區	村里	鄰	街路	段	巷弄	號	樓		(33)蓋章

(34)立約日期	中華民國　　年　　月　　日

表 2-8　地上權設定契約書

S0700000215

地上權設定契約書							
下列土地經 權利人 義務人 雙方同意設定（1）□普通 □區分 地上權，特訂立本契約：							
	（2）坐落			（3）	（4）	（5）	（6）
	鄉鎮市區	段	小段	地號	面積（平方公尺）	設定權利範圍	地租
土地標示							
（7）權利價值							
（8）存續期間							
（9）設定目的							

<table>
<tr><td colspan="4">（10）預付地租情形</td><td colspan="13"></td></tr>
<tr><td colspan="4">（11）使用方法</td><td colspan="13"></td></tr>
<tr><td colspan="4">（12）讓與或設定抵押權之限制</td><td colspan="13"></td></tr>
<tr><td>（13）申請登記以外之約定事項</td><td colspan="5">1.
2.
3.
4.</td><td>（14）簽名或簽證</td><td colspan="10"></td></tr>
<tr><td rowspan="6">訂立契約人</td><td rowspan="2">（15）權利人或義務人</td><td rowspan="2">（16）姓名或名稱</td><td rowspan="2">（17）權利範圍</td><td rowspan="2">（18）出生年月日</td><td rowspan="2">（19）統一編號</td><td colspan="10">（20）住所</td><td rowspan="2">（21）蓋章</td></tr>
<tr><td>縣市</td><td>鄉鎮市區</td><td>村里</td><td>鄰</td><td>街路</td><td>段</td><td>巷弄</td><td>號</td><td>樓</td><td></td></tr>
<tr><td></td><td></td><td></td><td></td><td></td><td></td><td></td><td></td><td></td><td></td><td></td><td></td><td></td><td></td><td></td><td rowspan="4"></td></tr>
<tr><td></td><td></td><td></td><td></td><td></td><td></td><td></td><td></td><td></td><td></td><td></td><td></td><td></td><td></td><td></td></tr>
<tr><td></td><td></td><td></td><td></td><td></td><td></td><td></td><td></td><td></td><td></td><td></td><td></td><td></td><td></td><td></td></tr>
<tr><td></td><td></td><td></td><td></td><td></td><td></td><td></td><td></td><td></td><td></td><td></td><td></td><td></td><td></td><td></td></tr>
<tr><td colspan="2">（22）立約日期</td><td colspan="15">中華民國　　年　　月　　日</td></tr>
</table>

表 2-9　農育權設定契約書

S0700000215

農育權設定契約書

下列土地經 權利人 / 義務人 雙方同意設定農育權，特訂立本契約：

	（1）坐落			（2）	（3）	（4）	（5）
	鄉鎮市區	段	小段	地號	面積（平方公尺）	設定權利範圍	地租
土地標示							
（6）權利價值							
（7）存續期間							

（8）設定目的	
（9）預付地租情形	
（10）使用方法	
（11）讓與或設定抵押權之限制	

（12）申請登記以外之約定事項	1. 2. 3. 4.	（13）簽名或簽證	

訂立契約人	（14）權利人或義務人	（15）姓名或名稱	（16）權利範圍	（17）出生年月日	（18）統一編號	（19）住所 縣市	鄉鎮市區	村里	鄰	街路	段	巷弄	號	樓		（20）蓋章

（21）立約日期	中　華　民　國　　年　　月　　日

表 2-10　土地建築改良物典權設定契約書

S0700000214

土地／建築改良物 典權設定契約書

下列 土地／建物 經 權利人／義務人 雙方同意設定典權，特訂立本契約：

土地標示						
(1)坐落	鄉鎮市區					
	段					
	小段					
(2)地號						
(3)面積（平方公尺）						
(4)設定權利範圍						
(5)典價金額						
(6)絕賣條款						

建物標示						
(7)建號						
(8)門牌	鄉鎮市區					
	街路					
	段巷弄					
	號樓					
(9)建物坐落	段					
	小段					
	地號					
(10)面積（平方公尺）	層					
	層					
	層					
	層					
	共計					
(11)附屬建物	用途					
	面積（平方公尺）					
(12)設定權利範圍						
(13)典價金額						
(14)絕賣條款						

S0700000214

(15)典價總金額	
(16)存續期間	
(17)典物轉典或出租之約定	

(18)申請登記以外之約定事項	1. 2. 3. 4.	(19)簽名或簽證	

	(20)權利人或義務人	(21)姓名或名稱	(22)權利範圍		(23)出生年月日	(24)統一編號	(25)住所										(26)蓋章
訂立契約人			承典持分	出典持分			縣市	鄉鎮市區	村里	鄰	街路	段	巷弄	號	樓		
訂立契約人																	
訂立契約人																	
訂立契約人																	
訂立契約人																	
訂立契約人																	

(27)立約日期	中華民國　　年　　月　　日

表 2-11　不動產役權設定契約書

S0700000213

<table>
<tr><td colspan="12">不 動 產 役 權 設 定 契 約 書</td></tr>
<tr><td colspan="12">下列 土地
建物 經 權利人
義務人 雙方同意設定不動產役權，特訂立本契約：</td></tr>
<tr><td rowspan="8">供役不動產標示</td><td rowspan="4">土地標示</td><td colspan="5">（1）坐　落</td><td colspan="3" rowspan="2">（2）
地　號</td><td rowspan="2">（3）面　積
（平方公尺）</td><td rowspan="2">（4）
設定權利範圍</td></tr>
<tr><td>鄉鎮市區</td><td colspan="2">段</td><td colspan="2">小段</td></tr>
<tr><td></td><td colspan="2"></td><td colspan="2"></td><td colspan="3"></td><td></td><td></td></tr>
<tr><td></td><td colspan="2"></td><td colspan="2"></td><td colspan="3"></td><td></td><td></td></tr>
<tr><td rowspan="4">建物標示</td><td rowspan="2">（5）建號</td><td colspan="4">（6）門牌</td><td colspan="3">（7）建物坐落</td><td rowspan="2">（8）總面積
（平方公尺）</td><td rowspan="2">（9）
設定權利範圍</td></tr>
<tr><td>鄉鎮市區</td><td>街路</td><td>段巷弄</td><td>號樓</td><td>段</td><td>小段</td><td>地號</td></tr>
<tr><td></td><td></td><td></td><td></td><td></td><td></td><td></td><td></td><td></td><td></td></tr>
<tr><td></td><td></td><td></td><td></td><td></td><td></td><td></td><td></td><td></td><td></td></tr>
<tr><td rowspan="8">需役不動產標示</td><td rowspan="4">土地標示</td><td colspan="5">（10）坐　落</td><td colspan="3" rowspan="2">（11）
地　號</td><td rowspan="2">（12）面　積
（平方公尺）</td><td>（13）</td></tr>
<tr><td>鄉鎮市區</td><td colspan="2">段</td><td colspan="2">小段</td><td>使用需役不動產
權利關係</td></tr>
<tr><td></td><td colspan="2"></td><td colspan="2"></td><td colspan="3"></td><td></td><td></td></tr>
<tr><td></td><td colspan="2"></td><td colspan="2"></td><td colspan="3"></td><td></td><td></td></tr>
<tr><td rowspan="4">建物標示</td><td rowspan="2">（14）
建號</td><td colspan="4">（15）門牌</td><td colspan="3">（16）建物坐落</td><td rowspan="2">（17）
總面積
（平方公尺）</td><td>（18）</td></tr>
<tr><td>鄉鎮市區</td><td>街路</td><td>段巷弄</td><td>號樓</td><td>段</td><td>小段</td><td>地號</td><td>使用需役不動產
權利關係</td></tr>
<tr><td></td><td></td><td></td><td></td><td></td><td></td><td></td><td></td><td></td><td></td></tr>
<tr><td></td><td></td><td></td><td></td><td></td><td></td><td></td><td></td><td></td><td></td></tr>
</table>

（19）權利價值	
（20）存續期間	
（21）設定目的	
（22）地租	
（23）預付地租情形	
（24）使用方法	

（25）申請登記以外之約定事項	1. 2. 3. 4.	（26）簽名或簽證	

訂立契約人	（27）權利人或義務人	（28）姓名或名稱	（29）權利範圍	（30）出生年月日	（31）統一編號	（32）住所 縣市	鄉鎮市區	村里	鄰	街路	段	巷弄	號	樓		（33）蓋章

（34）立約日期	中　華　民　國　　年　　月　　日

表 2-12　土地建築改良物他項權利移轉（變更）契約書

S0700032402 ※抵押權登記不適用

土地／建築改良物 他項權利 移轉／（變更） 契約書

下列 土地／建物 經 權利人／義務人 雙方同意 移轉／變更，特訂立本契約：

土地標示	(1)坐落	鄉鎮市區				
		段				
		小段				
	(2)地　號					
	(3)面　積（平方公尺）					
	(4)原設定權利範圍					
	(5)原設定權利價值					

建物標示	(6)建　號					
	(7)門牌	鄉鎮市區				
		街　路				
		段巷弄				
		號　樓				
	(8)建物坐落	段				
		小段				
		地號				
	(9)面積（平方公尺）	層				
		層				
		層				
		共　計				
	(10)附屬建物	用　途				
		面　積（平方公尺）				
	(11)原設定權利範圍					
	(12)原設定權利價值					

S0700032402 **※抵押權登記不適用**

(13)權利種類		
(14)原權利總價值		
(15)移轉或變更	原因	
	內容	
(16)申請登記以外之約定事項	1. 2. 3. 4.	

訂立契約人	(17)權利人或義務人	(18)姓名或名稱	(19)出生年月日	(20)統一編號	(21)住所 縣市	鄉鎮市區	村里	鄰	街路	段	巷弄	號	樓		(22)蓋章

(23)立約日期	中華民國　　年　　月　　日

表 2-13　土地建築改良物抵押權移轉變更契約書

S0700000216-1

土地／建築改良物　抵押權　移轉／變更　契約書

下列 土地／建物 經 權利人／義務人 雙方同意 移轉／變更，特訂立本契約：

土地標示	(1)坐落	鄉鎮市區				
		段				
		小段				
	(2)地號					
	(3)面積（平方公尺）					
	(4)原設定權利範圍					
	(5)原限定擔保債權金額					
	(6)原流抵約定					

建物標示	(7)建號					
	(8)門牌	鄉鎮市區				
		街路				
		段巷弄				
		號樓				
	(9)建物坐落	段				
		小段				
		地號				
	(10)總面積（平方公尺）					
	(11)附屬建物	用途				
		面積（平方公尺）				
	(12)原設定權利範圍					
	(13)原限定擔保債權金額					
	(14)原流抵約定					

S0700000216-1

(15)原擔保債權總金額		
(16)移轉或變更	原因	本最高限額抵押權所擔保之原債權已/未確定。
	內容	
(17)申請登記以外之約定事項	1. 2. 3. 4.	

	(18)權利人或義務人	(19)姓名或名稱	(20)出生年月日	(21)統一編號	(22)住所 縣市	鄉鎮市區	村里	鄰	街路	段	巷弄	號	樓		(23)蓋章
訂立契約人															

(24)立約日期	中華民國　　年　　月　　日

表 2-14 土地建築改良物他項權利（金融資產信託）移轉變更契約書

S0700000240

土地／建築改良物他項權利（金融資產信託）移轉／變更契約書

下列 土地／建物 經 權利人／義務人 雙方同意 移轉／變更 ，特訂立本契約：

土地標示	(1)坐落	鄉鎮市區				
		段				
		小段				
	(2)地號					
	(3)面積（平方公尺）					
	(4)原設定權利範圍					

建物標示	(5)建號					
	(6)門牌	鄉鎮市區				
		街路				
		段巷弄				
		號樓				
	(7)建物坐落	段				
		小段				
		地號				
	(8)面積（平方公尺）	層				
		層				
		層				
		共計				
	(9)附屬建物	用途				
		面積（平方公尺）				
	(10)原設定權利範圍					

S0700000240

(11)權利種類		
(12)信託總金額		
(13)移轉或變更之原因及內容	原因	
	內容	
(14)信託主要條款	1. 信託目的： 2. 受益人姓名： 3. 信託監察人姓名（無者免填）：　統一編號：　住址： 4. 信託期間： 5. 信託關係消滅事由： 6. 信託財產之管理或處分方法： 7. 信託關係消滅時，信託財產之歸屬人： 8. 其他約定事項：	

訂立契約人	(15)權利人或義務人	(16)姓名或名稱	(17)出生年月日	(18)統一編號	(19)住所 縣市	鄉鎮市區	村里	鄰	街路	段	巷弄	號	樓		(20)蓋章

(21)立約日期	中華民國　　年　　月　　日

表 2-15 土地建築改良物信託契約書

土地／建築改良物 信託契約書 S0700000239

下列 土地／建物 經 受託人／委託人 雙方同意，特 訂立 本契約：

土地標示	(1)坐落	鄉鎮市區				
		段				
		小段				
	(2)地 號					
	(3)面 積(平方公尺)					
	(4)信託權利種類					
	(5)信託權利範圍					

建物標示	(6)建 號					
	(7)門牌	鄉鎮市區				
		街 路				
		段 巷 弄				
		號 樓				
	(8)建物坐落	段				
		小 段				
		地 號				
	(9)面積(平方公尺)	層				
		層				
		共 計				
	(10)附屬建物	用 途				
		面 積(平方公尺)				
	(11)信託權利種類					
	(12)信託權利範圍					

(13) 信託權利價值總金額　新臺幣

(14)信託主要條款

1. 信託目的：
2. 受益人姓名：　　　　　　　　　　　　住址：
3. 信託監察人姓名(無者免填)：　　　　　住址：
4. 信託期間：
5. 信託關係消滅事由：
6. 信託財產之管理或處分方法：
7. 信託關係消滅時，信託財產之歸屬人：
8. 其他約定事項：

訂立契約人	(15)受託人或委託人	(16)姓名或名稱	(17)權利範圍		(18)出生年月日	(19)統一編號	(20)住所										(21)蓋章
			受託持分	委託持分			縣市	鄉鎮市區	村里	鄰	街路	段	巷弄	號	樓		

(22)立約日期　中華民國　　年　　月　　日

表 2-16　土地建築改良物信託內容變更契約書

土地／建築改良物 信託內容變更契約書　　S0700000246

下列 土地／建物 經 受託人／委託人 雙方同意變更　　特訂定　本契約：

土地標示	(1)坐落	鄉鎮市區				
		段				
		小段				
	(2)地　號					
	(3)面　積（平方公尺）					
	(4)信託權利種類					
	(5)信託權利範圍					

建物標示	(6)建　號					
	(7)門牌	鄉鎮市區				
		街　路				
		段 巷 弄				
		號　樓				
	(8)建物坐落	段				
		小　段				
		地　號				
	(9)面積（平方公尺）	層				
		層				
		共　計				
	(10)附屬建物	用　途				
		面　積（平方公尺）				
	(11)信託權利種類					
	(12)信託權利範圍					

(13) 信託權利價值總金額　　新臺幣

(14)變更之原因及內容	原因	
	內容	

	(15)受託人或委託人	(16)姓名或名稱	(17)權利範圍		(18)出生年月日	(19)統一編號	(20)住所										(21)蓋章
			受託持分	委託持分			縣市	鄉鎮市區	村里	鄰	街路	段	巷弄	號	樓		
訂立契約人																	

(22)立約日期	中華民國　　年　　月　　日

第3章 登記之申請及處理

第一節　登記之申請

一、申請方式

土地登記的申請方式，計有下列幾種：㈠由權利人及義務人會同申請；㈡由權利人或登記名義人單獨申請；㈢由登記機關逕為登記；㈣由政府機關囑託登記機關登記；㈤由利害關係人代位申請。

㈠會同申請

土地登記規則第26條規定：「土地登記，除本規則另有規定外，應由權利人及義務人會同申請之。」土地登記之申請，涉及權利人及義務人雙方之權利變動、或雙務契約之行為，一般以會同申請為常態。例如：買賣所有權移轉登記、贈與所有權移轉登記等。所謂權利人是指：因登記而取得權利，或登記的結果對其有利之人；義務人是指，因登記而使其喪失權利或處於不利地位之人。

㈡ 單獨申請

依土地登記規則第27條規定，下列登記由權利人或登記名義人單獨申請之：

1. 土地總登記。
2. 建物所有權第一次登記。
3. 因繼承取得土地權利之登記。
4. 因法院、行政執行分署或公正第三人拍定、法院判決確定之登記。
5. 標示變更登記。
6. 更名或住址變更登記。
7. 消滅登記。
8. 預告登記或塗銷登記。
9. 法定地上權登記。
10. 依土地法第12條第2項規定回復所有權之登記。
11. 依土地法第17條第2項、第3項、第20條第3項、第73條之1、地籍清理條例第11條、第37條或祭祀公業條例第51條規定標售或讓售取得土地之登記。
12. 依土地法第69條規定更正之登記。
13. 依土地法第133條規定取得耕作權或所有權之登記。
14. 依民法第513條第3項規定抵押權之登記。
15. 依民法第769條、第770條或第772條規定因時效完成之登記。
16. 依民法第824條之1第4項規定抵押權之登記。
17. 依民法第859條之4規定就自己不動產設定不動產役權之登記。
18. 依民法第870條之1規定抵押權人拋棄其抵押權次序之登記。

19. 依民法第906條之1第2項規定抵押權之登記。

20. 依民法第913條第2項、第923條第2項或第924條但書規定典權人取得典物所有權之登記。

21. 依民法第1185條規定應屬國庫之登記。

22. 依直轄市縣（市）不動產糾紛調處委員會設置及調處辦法作成調處結果之登記。

23. 法人合併之登記。

24. 其他依法律得單獨申請登記者。

土地登記規則中有關單獨申請的其他規定尚有：

1. 依土地登記規則第80條

區分所有建物，區分所有權人得就其專有部分及所屬共有部分之權利，單獨申請建物所有權第一次登記。

2. 依土地登記規則第102條第1項

土地權利移轉、設定，依法須申報土地移轉現值者，於申報土地移轉現值後，如登記義務人於申請登記前死亡時，得僅由權利人敘明理由並提出第34條規定之文件，單獨申請登記。

3. 依土地登記規則第117條第1項但書

承攬人依民法第513條規定申請爲抵押權登記或預爲抵押權登記，除應提出第34條及第40條規定之文件外，並應提出建築執照或其他建築許可文件，會同定作人申請之。但承攬契約經公證者，承攬人得單獨申請登記，登記機關於登記完畢後，應將登記結果通知定作人。

4. 依土地登記規則第 128 條

信託財產依第 125 條辦理信託登記後，於信託關係消滅時，應由信託法第 65 條規定之權利人會同受託人申請塗銷信託或信託歸屬登記。

前項登記，受託人未能會同申請時，得由權利人提出足資證明信託關係消滅之文件單獨申請之。未能提出權利書狀時，得檢附切結書或於土地登記申請書敘明未能提出之事由，原權利書狀於登記完畢後公告註銷。

5. 依土地登記規則第 145 條

他項權利塗銷登記除權利終止外，得由他項權利人、原設定人或其他利害關係人提出第 34 條第 1 項所列文件，單獨申請之。

㈢ 逕爲登記

土地登記案件不須當事人申請，而由登記機關基於職權直接予以登記是爲逕爲登記。土地登記規則第 28 條規定，下列各款應由登記機關逕爲登記：

1. 建物因行政區域調整、門牌整編或基地號因重測、重劃或依法逕爲分割或合併所爲之標示變更登記。
2. 依第 143 條第 3 項規定之國有登記。
3. 依第 144 條規定之塗銷登記。
4. 依第 153 條規定之住址變更登記。
5. 其他依法律得逕爲登記者。

登記機關逕爲登記完畢後，應將登記結果通知登記名義人。但登記機關依登記名義人之申請登記資料而逕爲併案辦理，及因政府機關辦理行政區域調整、門牌整編而逕爲辦理之住址變更或建物標示變更登記，不在此限。

逕爲登記非由登記權利人申請登記，因此登記完畢後，登記機關有通知之義務，俾使權利人明瞭登記的最新狀態。

土地登記規則中有關逕爲申請的相關規定尚有：

1. 依土地登記規則第 31 條

建物全部滅失時，該建物所有權人未於規定期限內申請消滅登記者，得由土地所有權人或其他權利人代位申請；亦得由登記機關查明後逕爲辦理消滅登記。

2. 依土地登記規則第 43 條

申請登記，權利人爲二人以上時，應於登記申請書內記明應有部分或相互之權利關係。前項應有部分，應以分數表示之，其分子分母不得爲小數，分母以整十、整百、整千、整萬表示爲原則，並不得超過六位數。已登記之共有土地權利，其應有部分之表示與前項規定不符者，得由地政機關通知土地所有權人於 30 日內自行協議後準用更正登記辦理，如經通知後逾期未能協議者，由登記機關逕爲辦理。

3. 依土地登記規則第 91 條第 3 款

重劃土地上已登記之建物未予拆除者，應逕爲辦理基地號變更登記。

4. 依土地登記規則第 92 條

因地籍圖重測確定，辦理變更登記時，應依據重測結果清冊重造土地登記簿辦理登記。建物因基地重測標示變更者，應逕爲辦理基地號變更登記。重測前已設定他項權利者，應於登記完畢後通知他項權利人。

㈣ 囑託登記

土地登記由登記機關以外之其他政府機關或法院依法律規定將土地權利變更事項囑託該管登記機關所為之登記。土地登記規則第 29 條規定政府機關遇有下列各款情形之一時，得囑託登記機關登記之：

1. 因土地徵收或撥用之登記。
2. 照價收買土地之登記。
3. 因土地重測或重劃確定之登記。
4. 依土地法第 52 條規定公有土地之登記。
5. 依土地法第 57 條、第 63 條第 2 項、第 73 條之 1 第 5 項或地籍清理條例第 18 條第 2 項規定國有土地之登記。
6. 依強制執行法第 11 條或行政執行法第 26 條準用強制執行法第 11 條規定之登記。
7. 依破產法第 66 條規定之登記。
8. 依稅捐稽徵法第 24 條第 1 項規定之登記。
9. 依原國民住宅條例施行細則第 23 條第 3 項規定法定抵押權之設定及塗銷登記。
10. 依第 147 條但書規定之塗銷登記。
11. 依第 151 條規定之公有土地管理機關變更登記。
12. 其他依法規得囑託登記機關登記。

㈤ 代位申請

1. 意義

土地登記權利人怠於行使其申辦登記之權利，而由具有代位資格之利害關係人，得以自己名義而代為向登記機關申辦登記者。

2. 下列各款登記，得代位申請之：（土地登記規則 30）

⑴登記原因證明文件爲法院確定判決書，其主文載明應由義務人先行辦理登記，而怠於辦理者，得由權利人代位申請之。

⑵質權人依民法第 906 條之 1 第 1 項規定辦理土地權利設定或移轉登記於出質人者。

⑶典權人依民法第 921 條或第 922 條之 1 規定重建典物而代位申請建物所有權第一次登記者。

⑷其他依法律得由權利人代位申請登記者。

3. 建物全部滅失時，該建物所有權人未於規定期限內申請消滅登記者，土地所有權人或其他權利人得代位申請之。（土地登記規則 31）

4. 公同共有之土地，公同共有人中之一人或數人，爲全體公同共有人之利益，得就公同共有土地之全部，申請爲公同共有之登記。登記機關於登記完畢後，應將登記結果通知他公同共有人。（土地登記規則 32）

5. 申請建物基地分割或合併登記，涉及基地號變更者，應同時申請基地號變更登記。如建物與基地所有權人不同時，得由基地所有權人代爲申請之或由登記機關查明後逕爲辦理變更登記。除建物所有權人申請登記者外，登記機關於登記完畢後，應通知建物所有權人換發或加註建物所有權狀。（土地登記規則 89）

6. 繼承人爲 2 人以上，部分繼承人因故不能會同其他繼承人共同申請繼承登記時，得由其中一人或數人爲全體繼承人之利益，就被繼承人之土地，申請爲公同共有之登記。其經繼承人全體同意者，得申請爲分別共有之登記。登記機關於登記完畢後，應將登記結果通知他繼承人。（土地登記規則 120）

7. 共有人依土地法第 34 條之 1 規定爲處分、變更或設定負擔，其因而取得不動產物權者，應代他共有人申請登記。（土地法 34-1 Ⅲ後段）

8. 依強制執行法第 11 條第 3 項或第 4 項規定，債務人因繼承、強制執行、徵收或法院之判決，於登記前已取得不動產物權者，執行法院得因債權人之聲請，以債務人費用，通知登記機關登記爲債務人所有後而爲執行。前項規定，於第 5 條第 3 項之續行強制執行而有辦理繼承登記之必要者，準用之。但不影響繼承人拋棄繼承或限定繼承之權利。

9. 強制執行之費用，以必要部分爲限，由債務人負擔，並應與強制執行之債權同時收取。前項費用，執行法院得命債權人代爲預納。（強制執行法 28）

二、申請期限

㈠土地權利變更登記，應由權利人及義務人會同聲請之。其無義務人者，由權利人聲請之。其係繼承登記者，得由任何繼承人爲全體繼承人聲請之。但其聲請，不影響他繼承人拋棄繼承或限定繼承之權利。前項聲請，應於土地權利變更後 1 個月內爲之。其係繼承登記者，得自繼承開始之日起，6 個月內爲之。聲請逾期者，每逾 1 個月得處應納登記費額 1 倍之罰鍰。但最高不得超過 20 倍。（土地法 73）

㈡申請土地權利變更登記，應於權利變更之日起 1 個月內爲之。繼承登記得自繼承開始之日起 6 個月內爲之。

前項權利變更之日，係指下列各款之一者：

1. 契約成立之日。
2. 法院判決確定之日。
3. 訴訟上和解或調解成立之日。
4. 依鄉鎮市調解條例規定成立之調解，經法院核定之日。
5. 依仲裁法作成之判斷，判斷書交付或送達之日。
6. 產權移轉證明文件核發之日。

7. 法律事實發生之日。（土地登記規則 33）

三、委託代理人申請登記

登記申請人因故未能親自到地政機關申請登記，可以委託代理人代理申請登記，然而土地登記之申請人仍爲權利人及義務人，代理人僅具有被授權的資格。

㈠ 土地登記之申請，得委託由地政士、律師代理

1. 依地政士法第 5 條規定：「經地政士考試及格者，得檢具申請書及資格證明文件，向中央主管機關申請核發地政士證書。」

2. 律師法第 20 條第 2 項規定：「律師得辦理商標、專利、工商登記、土地登記及其他依法得代理之事件。」另依內政部 86 年 4 月 14 日台（86）內地字第 8675020 號函頒「律師辦理土地登記代理業務聯繫要點」第 1 點規定：「律師依律師法第 20 條第 2 項之規定向地政機關申辦土地登記代理業務時，應親自到場，並出示律師公會會員證供地政機關收件人員核對。」

代理土地登記之申請，正是地政士的主要業務之一。申請人得出具委託書，委託地政士爲之。

地政士得執行下列業務：（地政士法 16）

1. 代理申請土地登記事項。
2. 代理申請土地測量事項。
3. 代理申請與土地登記有關之稅務事項。
4. 代理申請與土地登記有關之公證、認證事項。
5. 代理申請土地法規規定之提存事項。
6. 代理撰擬不動產契約或協議事項。
7. 不動產契約或協議之簽證。
8. 代理其他與地政業務有關事項。

㈡ 地政士須取得地政士證書、開業執照

凡中華民國國民經地政士考試及格，並領有地政士證書者，或地政士法施行前，依法領有土地登記專業代理人證書者，得充任地政士。（地政士法 4）

地政士應檢具申請書及資格證明文件，向直轄市或縣（市）主管機關申請登記，並領得地政士開業執照（簡稱開業執照），始得執業。（地政士法 7）

㈢ 地政士應設立事務所、加入公會

地政士應設立事務所執行業務，或由地政士二人以上組織聯合事務所，共同執行業務。前項事務所，以一處為限，不得設立分事務所。（地政士法 12）

地政士登記後，非加入該管直轄市或縣（市）地政士公會，不得執業。（地政士法 33 Ⅰ）

㈣ 地政士須具備法定資格，登記機關得查詢取閱文件或通知本人到場

地政士執行業務所為之登記案件，主管機關或轄區登記機關認為有必要時，得查詢或取閱地政士之有關文件，地政士不得規避、妨礙或拒絕。（地政士法 28）

地政士受託向登記機關辦理土地登記之送件及領件工作，得由其僱用之登記助理員為之。但登記機關認有必要時，得通知地政士本人到場。

前項登記助理員，應具備下列資格之一：（地政士法 29）

1. 領有地政士證書者。

2. 專科以上學校地政相關系科畢業者。

3. 高中或高職以上學校畢業，並於地政士事務所服務 2 年以上者。

地政士僱用登記助理員以二人爲限，並應於僱傭關係開始前或終止後向直轄市、縣（市）主管機關及所在地之地政士公會申請備查。

㈤ 代理人應親自到場，並由登記機關核對其身分

土地登記之申請，委託代理人爲之者，應附具委託書；其委託複代理人者，並應出具委託複代理人之委託書。但登記申請書已載明委託關係者，不在此限。前項代理人或複代理人，代理申請登記時，除法律另有規定外，應親自到場，並由登記機關核對其身分。（土地登記規則 37）

㈥ 特別授權之規定

依土地登記規則第 38 條規定：「代理申請登記檢附之委託書具備特別授權之要件者，委託人得免於登記申請書內簽名或蓋章。前項委託書應載明委託事項及委託辦理登記之土地或建物權利之坐落、地號或建號與權利範圍。」

現今工商社會，許多人無暇親自辦理登記，基於專業分工的原則，得將登記案件之申請委託代理人爲之，而代理人也可委託複代理人，但須經原委託人同意。倘若登記案件委託未具法定資格的代理人申請，登記機關得不予受理。其用意是希望民眾申請案件都能委託具有合法通過證照考試，且開業接受管理的地政士爲之，一方面可保障民眾權益，另一方面可扮演民間與政府地政事務橋梁的角色。

第二節　申請登記之文件

一、申請登記應提出之基本文件

土地登記規則第 34 條規定，申請登記除本規則另有規定外，應提出下列文件：

㈠登記申請書。

㈡登記原因證明文件。

㈢已登記者，其所有權狀或他項權利證明書。

㈣申請人身分證明。

㈤其他由中央地政機關規定應提出之證明文件。

前項第 4 款之文件，能以電腦處理達成查詢者，得免提出。（土地登記規則 34）

㈠ 登記申請書

申請登記必須提出申請書，並由申請人簽名或蓋章。其應記載事項有一般記載事項與特殊記載事項兩種。

1. 一般記載事項

⑴受理機關。

⑵原因發生日期。

⑶申請登記事由。

⑷登記原因。

⑸標示及其權利內容。

⑹附繳證件。

⑺委任關係人。

⑻連絡方式。

⑼ 備註。

⑽ 申請人。

⑾ 權利人或義務人。

⑿ 姓名或名稱。

⒀ 出生年月日。

⒁ 統一編號。

⒂ 住所。

⒃ 簽章。

2. 特殊記載事項

⑴ 登記申請書應由申請人簽名或蓋章。由代理人申請者，代理人並應於登記申請書或委託書內簽名或蓋章。有複代理人者，亦同。（土地登記規則36）

⑵ 土地登記之申請，委託代理人爲之者，應附具委託書；其委託複代理人者，並應出具委託複代理人之委託書。但登記申請書已載明委託關係者，不在此限。

前項代理人或複代理人，代理申請登記時，除法律或本規則另有規定外，應親自到場，並由登記機關核對其身分。（土地登記規則37）

⑶ 父母處分未成年子女所有之土地權利，申請登記時，應於登記申請書適當欄記明確爲其利益處分並簽名。（土地登記規則39 Ⅰ）

⑷ 申請登記需第三人同意時，應檢附第三人同意書或由第三人在登記申請書內註明同意之事由，並檢附其印鑑證明。（土地登記規則44）

㈡ 登記原因證明文件

1. 依法律行爲成立訂有契約者，其登記原因證明文件爲：

⑴所有權移轉契約書

買賣移轉契約書、交換移轉契約書、贈與移轉契約書、共有物分割契約書。

⑵他項權利之相關契約書

① 他項權利設定契約書，如地上權設定契約書、不動產役權設定契約書、抵押權設定契約書、典權設定契約書、永佃權設定契約書。

② 他項權利移轉、變更契約書。

2. 基於法律事實成立或其他無訂定契約書者，其登記原因證明文件爲：

⑴清償證明書、拋棄書、權利混同之理由書。

⑵法院判決書及判決確定證明。

⑶和解筆錄、調解筆錄、商務仲裁之判斷書。

⑷法院拍賣或領買、標購公有財產之權利移轉證明書。

⑸預告登記之登記名義人同意書。

⑹合併協議書、遺產分割協議書。

㈢ 所有權狀或他項權利證明書

1. 包括土地所有權狀、建物所有權狀及他項權利證明書。

2. 有下列情形之一者，得免提出土地所有權狀、建物所有權狀及他項權利證明書：（土地登記規則35）

⑴因徵收、區段徵收、撥用或照價收買土地之登記。

⑵因土地重劃或重測確定之登記。

⑶登記原因證明文件爲法院權利移轉證書或確定判決之登記。

⑷法院囑託辦理他項權利塗銷登記。

⑸依法代位申請登記。

⑹遺產管理人之登記。

⑺ 法定地上權之登記。

⑻ 依原國民住宅條例規定法定抵押權之設定及塗銷登記。

⑼ 依土地法第 34 條之 1 第 1 項至第 3 項規定辦理之登記，他共有人之土地所有權狀未能提出。

⑽ 依民法第 513 條第 3 項規定法定抵押權之登記。

⑾ 依本規則規定未發給所有權狀或他項權利證明書。

⑿ 祭祀公業或神明會依祭祀公業條例第 50 條或地籍清理條例第 24 條規定成立法人，所申請之更名登記。

⒀ 其他依法律或由中央地政機關公告免予提出。

㈣ 申請人身分證明。申請人可分爲自然人和法人

1. 自然人

⑴ 自然人依其行為能力，可區分為

① 完全行爲能力人

A. 成年人，即滿 18 歲爲成年。成年人有完全行爲能力。（民法 12）

B. 未成年人已結婚者，有行爲能力。（民法 13 Ⅲ）

C. 完全行爲能力人，有申請土地登記的行爲能力，可獨立行使權利。

② 限制行爲能力，即行爲能力受有限制之人

A. 滿 7 歲以上之未成年人，有限制行爲能力。（民法 13 Ⅱ）

B. 限制行爲能力人，申請土地登記，應經法定代理人之允許。

③ 無行爲能力人

無行爲能力人不能爲有效之法律行爲之人。

A. 未滿 7 歲之未成年人無行爲能力。（民法 13 Ⅰ）

B. 受監護宣告之人，無行爲能力。（民法 15）

無行爲能力人其行爲無效，申請登記而應由法定代理人或監護人爲之。

⑵ 未成年人加附法定代理人簽證

依土地登記規則第 39 條規定：「父母處分未成年子女所有之土地權利，申請登記時，應於登記申請書適當欄記明確爲其利益處分並簽名。未成年人或受監護宣告之人，其監護人代理受監護人或受監護宣告之人購置或處分土地權利，應檢附法院許可之證明文件。繼承權之拋棄經法院准予備查者，免依前 2 項規定辦理。」

⑶ 申請人為自然人時，其身分證明

身分證明係如自然人之身分證影本、戶口名簿影本、戶籍謄本三者之一、外國人之外僑居留證或護照影本、華僑身分證明書等皆屬之。配合戶籍謄本之停發，以及電子閘門之線上資料查驗系統，整合政府之行政資訊，因此身分證明能以電腦處理達成查詢者，得免予提出。

⑷ 義務人應親自到場，提出身分證明的例外規定

申請登記時，登記義務人應親自到場，提出國民身分證正本，當場於申請書或登記原因證明文件內簽名，並由登記機關指定人員核符後同時簽證。

前項登記義務人未領有國民身分證者，應提出下列身分證明文件：（土地登記規則 40）

① 外國人應提出護照或中華民國居留證。

② 旅外僑民應提出經僑務委員會核發之華僑身分證明書及或中央地政主管機關規定應提出之文件，及其他附具照片之身分證明文件。

③ 大陸地區人民應提出經行政院設立或指定之機構或委託之民間團體驗證之身分證明文件或臺灣地區長期居留證。

④ 香港、澳門居民應提出護照或香港、澳門永久居留資格證明文件。

⑤ 歸化或回復中華民國國籍者，應提出主管機關核發之歸化或回復國籍許可證明文件。

但有下列情形之一者，當事人得免親自到場：（土地登記規則41）

① 依第27條第4款規定，得由權利人單獨申請登記。

② 登記原因證明文件及同意書經依法公證、認證。

③ 與有前款情形之案件同時連件申請辦理，而登記義務人同一，且其所蓋之印章相同。

④ 登記原因證明文件經依法由地政士簽證。

⑤ 登記義務人為無行為能力人或限制行為能力人，其法定代理人已依第39條規定辦理並親自到場。

⑥ 登記義務人依土地登記印鑑設置及使用作業要點於土地所在地之登記機關設置土地登記印鑑。

⑦ 外國人或旅外僑民授權第三人辦理土地登記，該授權書經我駐外館處驗證。

⑧ 大陸地區人民或香港、澳門居民授權第三人辦理土地登記，該授權書經行政院設立或指定之機構或委託之民間團體驗證。

⑨ 祭祀公業土地授權管理人處分，該契約書依法經公證或認

證。

⑩ 檢附登記原因發生日期前1年以後核發之當事人印鑑證明。

⑪ 土地合併時，各所有權人合併前後應有部分之價值差額在1平方公尺公告土地現值以下。

⑫ 建物所有權第一次登記協議書與申請書權利人所蓋印章相符。

⑬ 依第43條第3項規定辦理更正登記所提出之協議書，各共有人更正前後應有部分之價值差額在1平方公尺公告土地現值以下。

⑭ 依第104條規定以籌備人公推之代表人名義申請登記提出協議書。

⑮ 應用憑證進行網路身分驗證，辦理線上聲明登錄相關登記資訊。

⑯ 其他由中央地政機關規定得免由當事人親自到場。

2. 法人

⑴ 法人可區分爲社團法人與財團法人，法人正式成立後，具有申請登記的權利能力；法人未成立之前，可以籌備人公推之代表人名義辦理登記，成立後再辦理更名登記。

⑵ 申請人爲法人者，應提出法人登記證明文件及其代表人之資格證明。其爲義務人時，應另提出法人登記機關核發之法人及代表人印鑑證明或其他足資證明之文件，及於登記申請書適當欄記明確依有關法令規定完成處分程序，並蓋章。前項應提出之文件，於申請人爲公司法人者，爲法人登記機關核發之設立、變更登記表或其抄錄本、影本。義務人爲財團法人或祭祀公業法人者，應提出其主管機關核准或同意備查之證明文件。（土地登記規則42）

㈤ 其他由中央地政機關依法規定應提出之證明文件

1. 繳（免）稅費證明文件

土地或建物移轉時依法應完納應繳之稅費，因此辦理土地移轉登記時應檢附繳（免）稅費證明文件。例如：土地增值稅、契稅、贈與稅、遺產稅之繳（免）稅證明、以及查清無欠地價稅、工程受益費之證明。

2. 其他

配合法令應附之文件，如工業主管機關核准文件等，視土地登記的種類，依相關法令的規定，視情況提出。

第三節　登記規費及罰鍰

一、定義

土地登記規則第 45 條：「登記規費，係指土地法所規定之登記費、書狀費、工本費及閱覽費。」

二、依法繳納及免納

土地登記，應依土地法規定繳納登記規費。登記費未滿新臺幣 1 元者，不予計收。但有下列情形之一者，免繳納：

㈠抵押權設定登記後，另增加一宗或數宗土地權利爲共同擔保時，就增加部分辦理設定登記。

㈡抵押權次序讓與登記、拋棄或變更登記。

㈢權利書狀補（換）給登記。

㈣管理人登記及其變更登記。

㈤其他法律規定免納。

以郵電申請發給登記簿或地籍圖謄本或節本者，應另繳納郵電費。

登記規費之收支應依預算程序辦理。（土地登記規則 46）

三、繳納時機

土地登記規則第 47 條規定：「登記規費，除網路申請土地登記依第 70 條之 6 規定繳納外，應於申請登記收件後繳納之。」

土地登記規費及罰鍰分別於收件及審查時計收，而登記案件未依法繳納登記規費及罰鍰者，地政機關於審查時，應令其在 15 日內補正，故登記規費及罰鍰難以逃漏。

四、計收規費時，權利價值之認定

㈠ 土地權利價值之認定

1. 土地權利變更登記之登記費核計標準，除法令另有規定外，依下列規定辦理：（土地登記規費及其罰鍰計徵補充規定第 5 點）

⑴所有權移轉登記，以申報地價、稅捐機關核定繳（免）納契稅之價值為準。

⑵典權設定登記，以權利價值、稅捐機關核定之繳（免）納契稅之價值為準。

⑶繼承登記，土地以申報地價；建物以稅捐機關核定繳（免）納遺產稅之價值為準，無核定價值者，依房屋稅核課價值為準。

⑷無核定價值或免申報者，以土地權利變更之日當期申報地價或房屋現值為準；無當期申報地價者，以土地權利變更之日最近一期之申報地價為準。

⑸ 共有物分割登記，以分割後各自取得部分之申報地價、稅捐機關核定之繳（免）納契稅之價值計收。

⑹ 經法院拍賣之土地，以權利移轉證明書上之日期當期申報地價爲準。但經當事人舉證拍定日非權利移轉證明書上之日期者，以拍定日當期申報地價爲準。其拍定價額低於申報地價者，以拍定價額爲準。至於法院拍賣之建物，依其向稅捐單位申報之契稅價計收登記費。

⑺ 信託移轉登記，以當事人自行於申請書填寫之信託契約或信託遺囑權利價值爲準。

㈡ 建物權利價值之認定

1. 申請建物所有權第一次登記，於計收登記規費時，其權利價值，依下列規定認定之：

⑴ 建物在依法實施建築管理地區者，應以使用執照所列工程造價爲準。

⑵ 建物在未實施建築管理地區者，應以當地稅捐稽徵機關所核定之房屋現值爲準。（土地登記規則 48）

2. 若辦理建物所有權移轉登記，則以距建物移轉時最近一期的當地稅捐稽徵機關所核定之房屋現值爲準。

㈢ 他項權利（土地登記規則 49）

申請他項權利登記，其權利價值爲實物或非現行通用貨幣者，應由申請人按照申請時之價值折算爲新臺幣，填入申請書適當欄內，再依法計收登記費。

申請地上權、永佃權、不動產役權、耕作權或農育權之設定或移轉登記，其權利價值不明者，應由申請人於申請書適當欄內自行加註，再依法計收登記費。

前 2 項權利價值低於各該權利標的物之土地申報地價或當地稅捐稽徵機關核定之房屋現值 4% 時，以各該權利標的物之土地申報地價或當地稅捐稽徵機關核定之房屋現值 4% 爲其 1 年之權利價值，按存續之年期計算；未定期限者，以 7 年計算之價值標準計收登記費。

五、逾期申請之登記罰鍰

㈠ 申請期限

依土地登記規則第 33 條規定：「申請土地權利變更登記，應於權利變更之日起 1 個月內爲之。繼承登記得自繼承開始之日起 6 個月內爲之。」因此逾期申請登記，則會被處以罰鍰。

㈡ 罰鍰額度

聲請逾期者，每逾 1 個月得處應納登記費額 1 倍之罰鍰。但最高不得超過 20 倍。（土地法 73）

㈢ 免責情形

逾期申請登記之罰鍰，應依土地法之規定計收。土地權利變更登記逾期申請，於計算登記規費罰鍰時，對於不能歸責於申請人之期間，應予扣除。（土地登記規則 50）

六、登記費之退還

㈠ 申請退費或援用

所申請之登記若未順利登記完畢，已繳之登記規費可申請退還，或於 10 年內重新申請時援用之。

㈡ 申請退費的情形

已繳之登記費及書狀費，有下列情形之一者，得由申請人於 10 年內請求退還之：

1. 登記經申請撤回。
2. 登記經依法駁回。
3. 其他依法令應予退還。

申請人於 10 年內重新申請登記者，得予援用未申請退還之登記費及書狀費。（土地登記規則 51）

登記案件申請撤回者，應即發還登記申請書及其附件：申請登記案件，於登記完畢前，全體申請人以書面申請撤回者，登記機關應即將登記申請書及附件發還申請人。（土地登記規則 59）

㈢ 罰鍰的核算

已繳納之登記費罰鍰，除法令另有規定外，不得申請退還。經駁回之案件重新申請登記，其罰鍰應重新核算，如前次申請已核計罰鍰之款項者應予扣除，且前後數次罰鍰合計不得超過應納登記費之 20 倍（土地登記規則 52）。故登記費的罰鍰最高爲 20 倍，有上限之規定。

第四節　登記處理程序

一、土地總登記的程序

依土地法第 48 條規定，土地總登記程序爲：

㈠調查地籍。

㈡公布登記區及登記期限。

㈢接收文件。

㈣審查並公告。

㈤登記發狀及造冊。

建物所有權第一次登記，須於基地已完成土地總登記後，始得爲之，依土地登記規則第 84 條規定，建物所有權第一次登記除本規則規定者外，準用土地總登記程序。

二、一般土地登記的程序（土地權利變更登記的程序）

辦理土地登記，除本規則另有規定外，程序如下：（土地登記規則 53）

㈠收件。

㈡計收規費。

㈢審查。

㈣公告。

㈤登簿。

㈥繕發書狀。

㈦異動整理。

㈧歸檔。

㈠ 收件

1. 依照土地登規則第 54 條規定：「登記機關接收登記申請書時，除第 70 條之 5 另有規定外，應即收件，並記載收件有關事項於收件簿與登記申請書。前項收件，應按接收申請之先後編列收件號數，登記機關並應給與申請人收據。」

2. 因此，申請人根據收件號可查閱收件案件進度、是否登記完畢、是否補正通知或駁回登記等。已駁回或撤回之登記案件，重新申請登記時，應另行辦理收件。（土地登記規則 60）

3. 登記應依各類案件分別訂定處理期限，並依收件號數之次序或處理期限爲之。其爲分組辦理者亦同。除法令另有規定外，同一宗土地之權利登記，其收件號數在後之土地，不得提前登記。登記程序開始後，除法律或本規則另有規定外，不得停止登記之進行。（土地登記規則61）

㈡ 計收規費

土地登記規則第47條規定：「登記規費，除網路申請土地登記依第70條之6規定繳納外，應於申請登記收件後繳納之。」登記規費依土地登記規則第45條規定，係指登記費、書狀費、工本費、閱覽費。

1. 登記費

⑴ 按權利價值的2‰計徵者

① 土地法第65條規定：「土地總登記，應由權利人按申報地價或土地他項權利價值，繳納登記費2‰。」

② 建物所有權第一次登記之登記費，比照土地法第65條之規定，即徵收2‰。

土地總登記後，未編號登記之土地，因地籍管理，必須編號登記者，其登記程序準用土地總登記之程序辦理。（土地登記規則77）

⑵ 按權利價值1‰計徵者

土地法第76條規定：「聲請爲土地權利變更登記，應由權利人按申報地價或權利價值1‰繳納登記費。聲請他項權利內容變更登記，除權利價值增加部分，依前項繳納登記費外，免納登記費。」

(3) 一般免納者

① 土地法第 78 條規定，下列登記，免繳納登記費：

A. 因土地重劃之變更登記。

B. 更正登記。

C. 消滅登記。

D. 塗銷登記。

E. 更名登記。

F. 住址變更登記。

G. 標示變更登記。

H. 限制登記。

② 土地登記規則第 46 條規定：土地登記，應依土地法規定繳納登記規費。登記費未滿新臺幣 1 元者，不予計收。但有下列情形之一者，免繳納：

A. 抵押權設定登記後，另增加一宗或數宗土地權利爲共同擔保時，就增加部分辦理設定登記。

B. 抵押權次序讓與、拋棄或變更登記。

C. 權利書狀補（換）給登記。

D. 管理人登記及其變更登記。

E. 其他法律規定免納。

2. 書狀費

土地法第 67 條規定：「土地所有權狀及他項權利證明書，應繳納書狀費，其費額由中央地政機關定之。」現行之書狀費每張新臺幣 80 元整。

徵收書狀費之登記有：

(1) 所有權或他項權利移轉登記之新權利人。

⑵他項權利設定時之他項權利人。

⑶標示變更登記時之土地或建物之所有權人。

3. 工本費或閱覽費

有下列情形之一者，應繳納工本費或閱覽費：

⑴聲請換給或補給權利書狀者。

⑵聲請發給登記簿或地籍圖謄本或節本者。

⑶聲請抄錄或影印登記聲請書及其附件者。

⑷聲請分割登記，就新編地號另發權利書狀者。

⑸聲請閱覽地籍圖之藍晒圖或複製圖者。

⑹聲請閱覽電子處理之地籍資料者。

前項工本費、閱覽費費額，由中央地政機關定之。（土地法 79-2）

表 3-1 土地法第 67 條及第 79 條之 2 規定之書狀費、工本費及閱覽費收費標準表

收費項目	收費標準
書狀費	每張 80 元
登記（簿）謄本或節本工本費	人工影印：每張新臺幣 10 元 電腦列印：每張新臺幣 20 元
地籍圖謄本工本費	人工影印：每張新臺幣 15 元 人工描繪：每筆新臺幣 40 元 電腦列印：每張新臺幣 20 元
登記申（聲）請書及其附件影印工本費	每張新臺幣 10 元
登記申（聲）請書及其附件閱覽、抄錄或攝影閱覽費	每案新臺幣 75 元 限時 20 分鐘
各類登記專簿影印工本費	每張新臺幣 10 元
各類登記專簿閱覽、抄錄或攝影閱覽費	每案新臺幣 75 元 限時 20 分鐘

收費項目	收費標準
地籍圖之藍晒圖或複製圖閱覽費	每幅新臺幣 10 元 限時 20 分鐘
電子處理之地籍資料（含土地資料及地籍圖）到所查詢閱覽費	每筆（棟）新臺幣 20 元 限時 5 分鐘
電子處理之地籍資料電傳資訊閱覽費	每人每筆（棟）新臺幣 10 元
歸戶查詢閱覽費	每次新臺幣 45 元 限時 10 分鐘
地籍異動索引查詢閱覽費	每筆（棟）新臺幣 10 元 限時 3 分鐘
各項查詢畫面列印工本費	每張新臺幣 20 元
土地建物異動清冊影印工本費	每張新臺幣 10 元

中華民國 112 年 4 月 20 日內政部台內地字第 1120262437 號令
訂定「土地或建築改良物權利書狀及申請應用地籍資料規費收費標準」。

㈢ 審查

依土地登記規則第 55 條：「登記機關接收申請登記案件後，應即依法審查。辦理審查人員，應於登記申請書內簽註審查意見及日期，並簽名或蓋章。申請登記案件，經審查無誤者，應即登載於登記簿。但依法應予公告或停止登記者，不在此限。」

審查結果之處理：

1. 審查無誤之案件

申請登記案件，經審查無誤者，應即登載於登記簿，但依法應予公告或停止登記者不在此限。（土地登記規則 55）

2. 審查結果應予補正之情形

所謂補正，係指登記申請案，經登記機關審查結果，認爲不完備，應退回之申請人補辦改正。依土地登記規則第56條規定，登記案件經審查結果，有下列各款情形之一者，登記機關應以書面敘明理由或法令依據，通知申請人於接到通知書之日起15日內補正。

⑴申請人之資格不符或其代理人之代理權有欠缺：申請人之資格不符，係指登記申請人未具有行爲能力，亦未由法定代理人代爲申請者；或申請人爲法人或非法人團體，而其代表人之資格欠缺者。所謂代理人之代理權有欠缺者，如未檢附委託書者無代理權，或雖有代理權仍有欠缺者，應退回補正。

⑵登記申請書不合程式，或應提出之文件不符或欠缺：申請書之程式，應符合內政部規定之格式，應提出之文件應視登記案件之種類性質分別提出有關證明文件，如有欠缺，自應補正。

⑶登記申請書記載事項，或關於登記原因之事項，與登記簿或其證明文件不符，而未能證明其不符之原因：申請書所記載之土地、建物標示與登記簿不符或申請書之姓名、身分證統一編號、出生年月日與所附資料不符，應予退回補正。

⑷未依規定繳納登記規費或罰鍰：審查人審查時如發現未繳登記費或繳納不足，或已逾期申請登記未依規定繳納罰鍰時，應退回補正後，再受理登記。

3. 審查結果應予駁回之情形

所謂駁回，係指登記申請案經登記機關審查結果，認爲不合法定程序或要件，以書面敘明理由予以駁斥退回，不准予受理登記之謂。依土地登記規則第57條規定：有下列各款情形之一者，登記機關應以書面敘明理由及法令依據，駁回登記之申請：

⑴不屬受理登記機關管轄。

⑵依法不應登記。

⑶登記之權利人、義務人或其與申請登記之法律關係有關之

權利關係人間有爭執：登記申請案件如已涉及爭執，應由申請人訴請司法機關裁判確定後，始得辦理。

⑷逾期未補正或未照補正事項完全補正。

申請人不服前項之駁回者，得依訴願法規定提起訴願。依第 1 項第 3 款駁回者，申請人並得訴請司法機關裁判或以訴訟外紛爭解決機制處理。依土地登記規則第 58 條規定：「駁回登記之申請時，應將登記申請書件全部發還，並得將駁回理由有關文件複印存查。」因此，登記機關針對審查無誤或審查發現有瑕疵已完全補正的案件，可准予公告程序，而無須公告之案件可准予登簿。

㈣ 公告

1. 公告之意義

公告乃以公示方法，將已審查通過土地登記案件揭示於主管登記機關門首之公告欄，使利害關係人於限期內依法得以提出異議以發生法律上之效果。公告僅於土地總登記、土地所有權第一次登記、建物所有權第一次登記、時效取得登記、書狀補給登記及其他法令規定者適用之。（土地登記規則 53 II）

2. 應公告 15 日之登記種類

⑴申請土地總登記案件，經審查證明無誤，應即公告，公告期間爲 15 日。（土地法 55、58，土地登記規則 72）

⑵建物所有權第一次登記案件，經審查證明無誤，應即公告，公告期間爲 15 日。（土地法 55、58，土地登記規則 72）

⑶無保管或使用機關之公有土地，登記爲國有，公告期間爲 15 日。（土地法 53、55、58）

3. 應公告30日之登記種類

⑴無主土地之公告，公告期間不得少於30日。（土地法57、58）

⑵合法時效占有取得所有權、地上權等他項權利，經審查無誤，公告30日。（土地法54、60，土地登記規則118，民法769～772）

⑶申請所有權狀或他項權利證明書補給之公告，公告期間為30日。（土地登記規則155）

4. 公告地方

公告，應揭示於主管登記機關門首之公告處所。（土地登記規則73）

5. 公告內容（土地登記規則73）

⑴申請登記為所有權人或他項權利人之姓名、住址。

⑵土地標示及權利範圍。

⑶公告起訖日期。

⑷土地權利關係人得提出異議之期限、方式及受理機關。

6. 異議處理

⑴土地權利人在公告期間內，如有異議，得附具證明文件，以書面向登記機關提出，因異議而生土地權利爭執事件，登記機關應於公告期滿後予以調處。（土地法59、土地登記規則75）

⑵調處的規定：直轄市或縣（市）地政機關為處理本法不動產之糾紛，應設置不動產糾紛調處委員會，聘請地政、營建、法律及地方公正人士為調處委員；其設置、申請調處之要件、程序、期限、

調處費用及其他應遵循事項之辦法，由中央地政機關定之。（土地法34-2）

⑶ 不服調處結果者訴請司法機關處理：因前項異議而生土地權利爭執時，應由該管直轄市或縣（市）地政機關予以調處，不服調處者，應於接到調處通知後15日內，向司法機關訴請處理，逾期不起訴者，依原調處結果辦理之。（土地法59 Ⅱ）

㈤ 登簿

1. 登簿次序：登記，應依各類案件分別訂定處理期限，並依收件號數之次序或處理期限為之。其為分組辦理者亦同。除法令另有規定外，同一宗土地之權利登記，其收件號數在後之土地，不得提前登記。登記程序開始後，除法律或本規則另有規定外，不得停止登記之進行。（土地登記規則61）

2. 登記事項：土地登記簿記載事項須視其內容及性質分別記載於登記簿中之標示部、所有權部、他項權利部。（土地登記規則16）

3. 登記原因證明文件所載之特約，其屬應登記以外之事項，登記機關應不予審查登記。（土地登記規則63）

4. 應登記之事項記載於登記簿後，應由登簿及校對人員分別辦理並加蓋其名章。（土地登記規則62）

5. 土地登記申請經審查無誤，或已補正無誤，免於公告者，應即登簿。或者經審查無誤，公告期滿無提出異議，或已提出異議，達成調處結果者，可予以登簿。土地登記案件自登記完畢之日發生絕對效力。

㈥ 繕發書狀

1. 繕發及加註權利書狀（土地登記規則65）

土地權利於登記完畢後，除權利書狀所載內容未變更、本規則另有規定外，登記機關應即發給申請人權利書狀。但得就原書狀加註者，於加註後發還之。

有下列情形之一，經申請人於申請書記明免繕發權利書狀者，得免發給之，登記機關並應於登記簿其他登記事項欄內記明之：

⑴ 建物所有權第一次登記。

⑵ 共有物分割登記，於標示變更登記完畢。

⑶ 公有土地權利登記。

登記機關逕為辦理土地分割登記後，應通知土地所有權人換領土地所有權狀；換領前得免繕發。

權狀為重要的土地權利憑證，為保護交易安全並兼顧便民及避免資源浪費，故應明定得請求免發給權狀之情形。

2. 權狀用印（土地登記規則25）

土地或建物所有權狀及他項權利證明書，應蓋登記機關印信及其首長職銜簽字章，發給權利人。

3. 分別發狀（土地登記規則66）

土地權利如係共有者，應按各共有人分別發給權利書狀，並於書狀內記明其權利範圍。

共有人取得他共有人之應有部分者，於申請登記時，應檢附原權利書狀，登記機關應就其權利應有部分之總額，發給權利書狀。

同一所有權人於同一區分所有建物有數專有部分時，其應分擔之基地權利應有部分，得依申請人之申請分別發給權利書狀。（土地登

記規則 66）

4. 領狀及發還證件（土地登記規則 68）

登記完畢之登記申請書件，除登記申請書、登記原因證明文件或其副本、影本及應予註銷之原權利書狀外，其餘文件，應加蓋登記完畢之章，發還申請人。

5. 登記完畢時，書狀公告作廢（土地登記規則 67）

土地登記有下列各款情形之一者，未能提出權利書狀者，應於登記完畢後公告註銷：

⑴ 申辦繼承登記，經申請之繼承人檢附切結書。

⑵ 申請他項權利塗銷登記，經檢附他項權利人切結書者，或他項權利人出具已交付權利書狀之證明文件，並經申請人檢附未能提出之切結書。

⑶ 申請建物滅失登記，經申請人檢附切結書。

⑷ 申請塗銷信託、信託歸屬或受託人變更登記，經權利人檢附切結書。

⑸ 申請都市更新權利變換登記，未受分配或不願參與分配者；或經登記機關於登記完畢後通知換領土地及建築物權利書狀，未於規定期限內提出。

⑹ 合於第 35 條第 1 款至第 5 款、第 9 款、第 12 款及第 13 款情形之一。但經中央地政主管機關公告權利書狀免予公告註銷者，不在此限。

㈦ 異動整理

依照土地登記規則第 53 條第 2 項規定，包括統計及異動通知。

1. 統計

地政機關於登記完畢後應即辦理地籍統計，整理歸戶卡，使地籍資料完整正確，並依據平均地權條例施行細則第 26 條規定更正地價冊，且於 10 日內通知稅捐稽徵機關更正稅冊，釐整有關資料，以維持稅籍之完整。

2. 異動通知

⑴ 應通知權利人或利害關係人

① 土地登記規則第 69 條規定：由權利人單獨申請登記者，登記機關於登記完畢後，應即以書面通知登記義務人。義務人為二人以上時，應分別通知之。但無義務人、法院、行政執行分署或公正第三人拍定之登記或抵押權人為金融機構，辦理抵押權塗銷登記已提出同意塗銷證明文件，免予通知。

② 土地登記規則第 120 條規定：部分繼承人為全體繼承人之利益申請登記時，登記機關於登記完畢後，應將登記結果通知他繼承人。

③ 土地登記規則第 32 條規定：部分公同共有人為全體公同共有人利益申請登記時，登記機關於登記完畢後，應將登記結果通知他公同共有人。

④ 土地登記規則第 31 條：建物全部滅失時，該建物所有權人未於規定期限內申請消滅登記者，土地所有權人或其他權利人得代位申請之。登記機關於登記完畢後，應將登記結果通知該建物所有權人及他項權利人。建物已辦理限制登記者，並應通知囑託機關或預告登記請求權人。

⑤ 土地登記規則第 100 條：「依據法院判決申請共有物分割

登記者，部分共有人得提出法院確定判決書及其他應附書件，單獨爲全體共有人申請分割登記，登記機關於登記完畢後，應通知他共有人。其所有權狀應俟登記規費繳納完畢後再行繕發。」

⑥ 土地登記規則第 89 條：「申請建物基地分割或合併登記，涉及基地號變更者，應同時申請基地號變更登記。建物與基地所有權人不同時，得由基地所有權人代爲申請或由登記機關查明後逕爲辦理變更登記。前項登記，除建物所有權人申請登記者外，登記機關於登記完畢後，應通知建物所有權人換發或加註建物所有權狀。」

⑦ 土地登記規則第 90 條：設定有他項權利之土地申請分割或合併登記，於登記完畢後，應通知他項權利人換發或加註他項權利證明書。

⑧ 土地登記規則第 148 條：「土地滅失時應申請消滅登記；其爲需役土地者，應同時申請其供役不動產上之不動產役權塗銷登記。前項土地有他項權利或限制登記者，登記機關應於登記完畢後通知他項權利人、囑託機關或預告登記請求權人。」

⑨ 土地登記規則第 91 條：土地重劃前已辦竣登記之他項權利，於重劃後繼續存在者，應按原登記先後及登記事項轉載於重劃後分配土地之他項權利部，並通知他項權利人。重劃土地上已登記之建物未予拆除者，應逕爲辦理基地號變更登記。

⑩ 土地登記規則第 92 條：「因地籍圖重測確定，辦理變更登記時，應依據重測結果清冊重造土地登記簿辦理登記。建物因基地重測標示變更者，應逕爲辦理基地號變更登記。重測前已設定他項權利者，應於登記完畢後通知他項權利人。」

⑵ 應通知其他機關者

① 土地登記規則第 109 條：不動產役權設定登記時，如需役不動產屬於他登記機關管轄，供役不動產所在地之登記機關應於登記完畢後，檢附供役地登記用紙他項權利部影本通知他登記機關辦理登記。

② 土地登記規則第 31 條：建物全部滅失時，該建物所有權人未於規定期限內申請消滅登記者，土地所有權人或其他權利人得代位申請之。登記機關於登記完畢後，應將登記結果通知該建物所有權人及他項權利人。建物已辦理限制登記者，並應通知囑託機關或預告登記請求權人。

③ 土地登記規則第 138 條第 3 項：登記標的物如已由登記名義人申請移轉與第三人並已登記完畢者，登記機關應即將無從辦理限制登記之事實函復法院或行政執行分署。但法院或行政執行分署因債權人實行抵押權拍賣抵押物，而囑託辦理查封登記，縱其登記標的物已移轉登記與第三人，仍應辦理查封登記，並通知該第三人及將移轉登記之事實函復法院或行政執行分署。

④ 土地登記規則第 139 條：「法院或行政執行分署囑託登記機關，就已登記土地上之未登記建物辦理查封、假扣押、假處分、暫時處分、破產登記或因法院裁定而爲清算登記時，應於囑託書內另記明登記之確定標示以法院或行政執行分署人員指定勘測結果爲準字樣。前項建物，由法院或行政執行分署派員定期會同登記機關人員勘測。勘測費，由法院或行政執行分署命債權人於勘測前向登記機關繳納。登記機關勘測建物完畢後，應即編列建號，編造建物登記簿，於標示部其他登記事項欄辦理查封、假扣押、假處分、暫時處分、破產或清算登記。並將該建物登記簿與

平面圖及位置圖之影本函送法院或行政執行分署。前 3 項之規定，於管理人持法院裁定申請爲清算之登記時，準用之。」

⑤ 土地登記規則第 142 條第 1 項第 1 款規定：土地經法院或行政執行分署囑託查封、假扣押、假處分、暫時處分、破產登記或因法院裁定而爲清算登記後，其他機關再依法律囑託禁止處分之登記，登記機關應於登記後，分別通知有關機關。

⑥ 土地登記規則第 142 條第 1 項第 2 款規定：土地經其他機關依法律囑託禁止處分登記後，法院或行政執行分署再囑託查封、假扣押、假處分、暫時處分、破產登記或因法院裁定而爲清算登記。登記機關應於登記後，分別通知有關機關。

⑶ 應通知登記名義人者

① 土地登記規則第 28 條規定：登記機關逕爲登記完畢後，應將登記結果通知登記名義人。

② 建物已辦理限制登記者，建物全部滅失時，土地所有權人或其他權利人得代位申請消滅登記。登記機關於登記完畢後，也應將登記結果通知或預告登記請求權人。（土地登記規則 31）

㈧ 歸檔

土地登記案件登記完畢後，除應發還申請人有關文件外，應將留存之申請書、登記原因證明文件或其副本、影本及應註銷之原權利書狀等按行政區、地段、收件日期、收件字號予以整理歸檔，妥善保存 15 年。

第五節　網路申請登記

一、申請登記方式

㈠網路申請土地登記方式，分為全程網路申請及非全程網路申請。網路申請登記項目由中央地政機關公告之。（土地登記規則70-1Ⅰ）

㈡網路申請登記項目：依內政部110年7月26日台內地字第11002638735號公告全程網路申請及非全程網路申請登記附表。

二、系統規範

網路申請土地登記，其處理之系統規範，由中央地政機關定之。（土地登記規則70-2）

三、申請人

㈠網路申請土地登記，除未涉權利義務變動者得由權利人或登記名義人單獨申請外，應由地政士或律師代理。（土地登記規則70-1Ⅲ）

㈡地政士或律師代理以網路申請土地登記，並經憑證確認身分者，得免依第37條第2項規定辦理。

四、應提出之文件

㈠全程網路申請，係指申請人於網路提出土地登記之申請，其應提出之文件均以電子文件提供並完成電子簽章者；非全程網路申請，係指申請人於網路提出土地登記之申請，其應提出之文件未能全部以電子文件提供並完成電子簽章，部分文件仍為書面者。（土地登記規則70-1Ⅱ）

㈡依第 34 條規定申請登記應提出之文件，於網路申請土地登記時，依下列規定辦理：

1. 登記申請書電子文件應以電子簽章方式辦理。

2. 登記原因證明文件或其他由中央地政機關規定應提出之證明文件，除能以政府資料庫達成查詢或提供者，得免提出外，應爲電子文件並完成電子簽章。但非全程網路申請土地登記者，不在此限。

3. 已登記者，除有第 35 條規定情形外，應提出所有權狀或他項權利證明書。

4. 申請人身分證明文件，能以電腦處理達成查詢，得免提出。（土地登記規則 70-3）

五、登記程序

㈠ 收件

登記機關接收全程網路申請案件時，應即收件；登記機關接收非全程網路申請案件時，應俟書面文件到所後再辦理收件。（土地登記規則 70-5 Ⅰ）

㈡ 登記規費繳納時機

網路申請土地登記之登記規費，得於登記機關收件前完成網路計費及繳費或於收件後繳納。（土地登記規則 70-6）

㈢ 審查及後續程序

依土地登記規則第 70 條之 5 Ⅰ規定收件之網路申請土地登記案件，其審查、補正、駁回等辦理程序，依土地登記規則第三章第四節規定辦理。

六、申請登記書表之保存

網路申請土地登記之登記申請書及其附件電子檔案之保存及銷毀，準用第19條規定辦理。（土地登記規則70-7）

第4章　總登記

第一節　土地總登記

一、土地總登記之意義

土地總登記爲土地權利之第一次登記，土地法第 38 條規定：「辦理土地登記前，應先辦地籍測量，其已依法辦理地籍測量之地方，應即依本法規定辦理土地總登記。前項土地總登記，謂於一定期間內就直轄市或縣（市）土地之全部爲土地登記。」土地法第 41 條規定：「第 2 條第 3 類及第 4 類土地，應免予編號登記。但因地籍管理必須編號登記者，不在此限。」因此，除了交通水利用地及其他土地以外，其他土地均應予以強制辦理第一次登記。

二、土地總登記程序

土地法第 48 條土地總登記依下列次序辦理：

㈠ 調查地籍

1. 辦理土地登記前，應先辦地籍測量，其已依法辦理地籍測量之地方，應即依本法規定辦理土地總登記（土地法 38）。地籍調查之內容包括所有權人、他項權利人、使用人姓名、住址、土地坐落、四至、面積等有關資料。

2. 土地總登記辦理前，應將該登記區地籍圖公布之。（土地法 50）

3. 因此地籍測量是登記的前置工作。

㈡ 公布登記區及登記期限

1. 土地法第 42 條規定：「土地總登記得分若干登記區辦理。前項登記區，在直轄市不得小於區，在縣（市）不得小於鄉（鎮、市、區）。」土地法第 49 條規定：「每一登記區接受登記聲請之期限，不得少於 2 個月。」

2. 土地總登記因為須就全國土地予以登記，因此採分期或分區的方式，由各地登記機關各就轄區內的土地辦理，較有效率。

㈢ 接收文件

1. 土地總登記，所有權人應於登記申請期限內提出登記申請書，檢附有關文件向登記機關申請之。土地總登記前，已取得他項權利之人，得於前項登記申請期限內，會同所有權人申請之（土地登記規則 71）。土地總登記，由土地所有權人於登記期限內檢同證明文件單獨聲請之。如係土地他項權利之登記，應由權利人及義務人共同聲請。（土地法 51）

2. 土地總登記須由所有權人主動提出申請及確認權利，登記前已設定他項權利者亦同；如權利人疏於注意自己的權益，登記機關並不會予以逕為登記。

㈣ 審查並公告

1. 我國土地登記採實質審查。土地登記規則第55條規定：「登記機關接收申請登記案件後，應即依法審查。辦理審查人員，應於登記申請書內簽註審查意見及日期，並簽名或蓋章。申請登記案件，經審查無誤者，應即登載於登記簿。但依法應予公告或停止登記者，不在此限。」

2. 經審查無誤後即公告，不得少於15日，公告期間內，如有異議，得向該地政機關以書面提出，並應附具證明文件，由地政機關予以調處，不服調處者，應於接到調處通知後15日內，向司法機關訴請處理，逾期不起訴者，依原調處結果辦理之。（土地法55、58、59）

㈤ 登記、發給書狀並造冊

1. 登記、發狀：聲請總登記之土地權利公告期滿無異議或經調處成立或裁判確定者，應即爲確定登記，發給權利人以土地所有權狀或他項權利證明書。前項土地所有權狀，應附以地段圖。（土地法62）

2. 永久保存登記簿：每登記區應依登記結果，造具登記總簿，由直轄市或縣（市）政府永久保存之。登記總簿之格式及其處理與保存方法，由中央地政機關定之。（土地法64）

3. 發給書狀後應即造冊並辦理規定地價。土地所有權人聲請登記所有權時，應同時申報地價，但僅得爲標準地價20%以內之增減。（土地法156）

4. 土地所有權第一次登記準用總登記的程序：土地總登記後，因地籍管理，必須編號登記者，其登記程序準用土地總登記之程序辦理（土地登記規則77）。有關逾總登記期限未辦理編號登記之土地，如新生地或免予編號登記之土地，因地籍管理，必須編號登記之土地等，均應辦理土地所有權第一次登記。

5. 總登記完畢後，登記機關除了發給土地所有權狀及他項權利證明書作爲權利憑證之外，並造具登記簿及地價冊以妥善保管，作爲地籍管理的基本工作，日後若有土地權利變更登記，將在總登記的基礎上進行之。

三、土地總登記之登記方式

㈠ 私有土地之聲請登記

1. 土地法第 51 條規定：「土地總登記，由土地所有權人於登記期限內檢同證明文件聲請之。如係土地他項權利之登記，應由權利人及義務人共同聲請。」

2. 土地登記規則第 71 條規定：「土地總登記，所有權人應於登記申請期限內提出登記申請書，檢附有關文件向登記機關申請之。土地總登記前，已取得他項權利之人，得於前項登記申請期限內，會同所有權人申請之。」

3. 土地法第 54 條規定：「和平繼續占有之土地，依民法第 769 條或第 770 條之規定，得請求登記爲所有人者，應於登記期限內，經土地四鄰證明，聲請爲土地所有權之登記。」但是依法免予編號登記的土地，占有人無從因時效之完成而取得所有權。（內政部 77.4.21 台內地字第 592060 號函）

4. 因此，土地總登記之申請人爲土地所有權人或時效占有之請求權利人，應單獨申請之；若有他項權利者，則由土地所有權人與他項權利人會同申請之。

㈡ 公有土地之囑託登記

土地法第 52 條規定：「公有土地之登記，由原保管或使用機關囑託該管直轄市或縣（市）地政機關爲之，其所有權人欄註明爲國有、直轄市有、縣（市）有或鄉（鎮、市）有。」公有土地由原保管或使用機關以囑託登記之方式爲之。

㈢ 無保管或使用機關土地之逕爲登記

土地法第 53 條規定：「無保管或使用機關之公有土地及因地籍整理而發現之公有土地，由該管直轄市或縣（市）地政機關逕爲登記，其所有權人欄註明爲國有。」無保管或使用機關的公有土地，地政機關應逕爲登記爲國有土地。

四、逾期不申請登記或未補繳文件之制裁

㈠ 視爲無主土地

土地法第 57 條規定：「逾登記期限無人聲請登記之土地或經聲請而逾限未補繳證明文件者，其土地視爲無主土地，由該管直轄市或縣（市）地政機關公告之，公告期滿，無人提出異議，即爲國有土地之登記。」無主土地之公告期間不得少於 30 日（土地法 58）。另外，因地籍整理發現之未登記土地，除另有規定外，應由地政機關逕行登記爲國有。（內政部 69.3.2 台內地字第 2691 號函）

㈡ 時效占有權利之喪失

土地法第 60 條規定：「合法占有土地人，未於登記期限內聲請登記，亦未於公告期間內提出異議者，喪失其占有之權利。」故土地所有權人或時效占有之請求權人，若未能於期限內申請總登記，經過一定的程序公告後，則視爲無主土地，其土地產權應歸國有。

㈢ 逾總登記期限無人申請登記之土地

1. 處理原則：（行政院台內字第 0910006604 號函修正）

⑴ 已完成無主土地公告及代管程序，並已登記爲國有之土地，應不再受理主張權利與補辦登記。

⑵ 已完成無主土地公告及代管程序而尚未完成國有登記之土地，應由縣市政府查明於 3 個月內完成國有登記。

⑶ 未完成無主土地公告代管程序而已登記爲國有之土地，應查明事實擬具具體處理意見專案報請中央核定。

⑷ 未完成無主土地公告代管程序亦未完成所有權登記之土地，應分別依照下列規定處理：

① 日據時期土地臺帳及不動產登記簿記載國、省、縣、市鄉鎮（含州、廳、街、庄）有土地，該管縣市政府應會同該權屬機關切實調查，並依土地權利清理辦法及公有土地囑託登記提要規定爲公有之囑託登記。

② 日據時期土地臺帳及不動產登記簿記載日人私有或「會社地」「組合地」，顯非一般人民漏未申報之土地，應由該管縣市政府會同國有財產局切實調查，依臺灣省土地權利清理辦法及公有土地囑託登記提要等有關規定辦理。

③ 日據時期土地臺帳及不動產登記簿記載日人與國人共有之土地，應由該管縣市政府會同國有財產局切實調查單獨列冊，補辦無主土地公告，並由國有財產局就日人私有部分聯繫國人所有部分申辦登記。

④ 日據時期土地臺帳及不動產登記簿記載爲國人私有者，亦應依法補辦無主土地公告，並於公告開始 3 個月後依法執行代管，代管期間無人申請，期滿即爲國有登記，縣市政府執行代管情形應每半年報內政部備查。

⑸為加速無主土地之清理，並兼顧人民合法權益，無主土地公告及代管期間改為1年。

⑹代管期間人民申請登記時，經審查無誤者，應隨即依土地法第55條規定處理。

⑺無主土地補辦登記後，其在補辦登記以前之賦稅，由於情況不同，應由當地主管稽徵機關報請該直轄市、縣（市）政府根據實際使用情形分別核定徵免。

⑻原已申請尚待結案之案件一律依照上開原則處理。

2.「逾總登記期限無人申請之土地處理原則」不適用於建物。（行政院67.11.27台內地字地815917號）

3.無主土地之公告代管，不以該市、縣地政機關有實質上之代管為要件。（行政院73.8.17台內地字第252208號）

五、公告異議之處理

㈠公告期間如有異議，應以書面提出

土地法第59條規定：「土地權利關係人，在前條公告期間內，如有異議，得向該管直轄市或縣（市）地政機關以書面提出，並應附具證明文件。因前項異議而生土地權利爭執時，應由該管直轄市或縣（市）地政機關予以調處，不服調處者，應於接到調處通知後15日內，向司法機關訴請處理，逾期不起訴者，依原調處結果辦理之。」

㈡提出異議的登記應加繳登記費

土地法第66條規定：「依第57條公告之土地，原權利人在公告期內提出異議，並呈驗證件，聲請為土地登記者，如經審查證明無誤，應依規定程序，予以公告並登記，但應加繳登記費之1/2。」

六、土地總登記之登記規費

㈠ 登記費

土地法第 65 條規定：「土地總登記，應由權利人按申報地價或土地他項權利價值，繳納登記費 2‰。」

㈡ 書狀費

土地法第 67 條規定：「土地所有權狀及他項權利證明書，應繳納書狀費，其費額由中央地政機關定之。」

七、土地所有權第一次登記

土地登記規則第 77 條規定：「土地總登記後，未編號登記之土地，因地籍管理，必須編號登記者，其登記程序準用土地總登記之程序辦理。」有關逾總登記期限未辦理編號登記之土地，如新生地或免予編號登記之土地，因地籍管理，必須編號登記之土地等，均應辦理土地所有權第一次登記。

我國在臺灣光復後，已辦理地籍釐整之工作。在日據時代已辦不動產登記之區域，不動產權利人可將持有之登記證，向主管地政機關繳驗，經審查公告無異議後，換發土地所有權狀或他項權利證明書，並編造登記簿。建物登記後塡發建物附表，作爲土地權狀之附件。於土地法施行前辦理權利憑證繳驗與換發書狀，編造土地登記總簿，則視爲已依土地法辦理土地總登記。因此現行尚未辦妥土地總登記的情形已經有限。若因爲新生地，免予編號登記之土地，主張時效占有取得所有權的土地、地形變遷所有權回復之土地，須辦理土地所有權第一次登記，準用土地總登記之程序辦理之。

八、登記申請事由及原因

㈠ 申請登記事由

為所有權第一次登記。

㈡ 登記原因

為第一次登記（辦竣總登記後其他土地之新登記）。

九、土地所有權第一次登記之應備文件

㈠登記申請書。

㈡登記清冊或土地複丈結果通知書（時效占有、新生地，依土地法第 12 條及土地登記規則第 27 條第 10 款申請所有權回復登記時檢附）。

㈢身分證明。

㈣核准登記之證明文件（新生地或地籍整理須登記之土地，得報請主管機關核准後申請之）。

㈤四鄰證明（時效占有取得所有權）。

㈥原所有權之證明文件，如原所有權狀或登記簿謄本（回復所有權）。

㈦施工費收據：如因政府施工、使其回復原狀者，應附施工費收據。

第二節　建物所有權第一次登記

一、建物所有權第一次登記之意義

凡新建或舊有之合法建物，所有權人憑相關合法證明文件第一次向建物所在地之地政事務所申辦所有權登記，爲建物所有權第一次登記，一般人俗稱爲「保存登記」。建物並未如同土地有法令規定強制登記（土地法 38），故屬「任意」登記之性質，至今仍有許多合法建物尚未辦理所有權第一次登記。

二、建物所有權第一次登記之程序

㈠土地登記規則第 84 條：「建物所有權第一次登記，除本節規定者外，準用土地總登記程序。」

㈡土地登記規則第 78 條：「申請建物所有權第一次登記前，應先向登記機關申請建物第一次測量。但在中華民國 102 年 10 月 1 日以後領有使用執照之建物，檢附依使用執照竣工平面圖繪製及簽證之建物標示圖辦理登記者，不在此限。」

1. 前條之建物標示圖，應由開業之建築師、測量技師或其他依法規得爲測量相關簽證之專門職業及技術人員辦理繪製及簽證。

2. 前項建物標示圖，應記明本建物平面圖、位置圖及建物面積確依使用執照竣工平面圖繪製，如有遺漏或錯誤致他人受損害者，建物起造人及繪製人願負法律責任等字樣及開業證照字號，並簽名或蓋章。

3. 依建物標示圖申請建物所有權第一次登記，申請人與委託繪製人不同時，應於登記申請書適當欄記明同意依該圖繪製成果辦理登記，並簽名或蓋章。（土地登記規則 78-1）

㈢地籍測量實施規則第 280 條：「申請建物第一次測量時，得同時塡具土地登記申請書件，一併申請建物所有權第一次登記。」因此，建物所有權第一次登記之程序，亦是先辦理建物第一次測量，再辦登記。

三、建物所有權第一次登記之合法文件

㈠建物所有權第一次登記之建物須爲合法。

依照土地登記規則第 79 條及地籍測量實施規則第 279 條之規定，申請建物所有權第一次測量及登記，應提出使用執照或依法得免發使用執照之證件及建物測量成果圖或建物標示圖。

實施建築管理前建造之建物，無使用執照者，應提出主管建築機關或鄉（鎮、市、區）公所之證明文件，或實施建築管理前，有關該建物之下列文件之一：

1. 曾於該建物設籍之戶籍謄本。
2. 門牌編釘證明。
3. 繳納房屋稅憑證或稅籍證明。
4. 繳納水費憑證。
5. 繳納電費憑證。
6. 未實施建築管理地區建物完工證明書。
7. 地形圖、都市計畫現況圖、都市計畫禁建圖、航照圖或政府機關測繪地圖。
8. 其他足資證明之文件。

前項文件內已記載面積者，依其所載認定。未記載面積者，由登記機關會同直轄市、縣（市）政府主管建築、農業、稅務及鄉（鎮、市、區）公所等單位組成專案小組，並參考航照圖等有關資料實地會勘作成紀錄，以爲合法建物面積之認定證明。第 3 項之建物與基地非屬同一人所有者，並另附使用基地之證明文件。

㈡歸納言之，建物之合法證明文件如下所示：

1. 在已實施都市計畫或已有建築管理地區，建物興建完成者應附使用執照。

2. 實施建築管理後且在民國57年6月6日以前建築完成之建物：建築執照。

3. 都市地區在實施都市計畫以前，或非都市地區在69年5月30日以前應提出主管建築機關或鄉（鎮、市、區）公所之證明文件或下列文件：

⑴曾於該建物設籍之戶籍謄本。

⑵門牌編釘證明。

⑶繳納房屋稅憑證。

⑷繳納水費憑證。

⑸繳納電費憑證。

⑹未實施建築管理地區之建物完工證明書。

⑺地形圖、都市計畫現況圖、都市計畫禁建圖、航照圖或政府機關測繪地圖。

⑻其他足資證明之文件。

四、登記申請事由及原因

㈠ 申請登記事由

為所有權第一次登記。

㈡ 登記原因

為第一次登記。

五、建物所有權第一次登記應備文件

㈠ 土地登記申請書（土地登記規則 34）

㈡ 登記原因證明文件

1. 登記原因證明文件包含：

⑴ 建物使用執照。

⑵ 有關證明文件。

2. 土地登記規則第 79 條第 3 項規定，實施建築管理前建造之建物，無使用執照者，應提出主管建築機關或鄉（鎮、市、區）公所之證明文件或實施建築管理前有關該建築物之下列文件之一：

⑴ 曾於該建物設籍之戶籍謄本。

⑵ 門牌編釘證明。

⑶ 繳納房屋稅憑證或稅籍證明。

⑷ 繳納水費憑證。

⑸ 繳納電費憑證。

⑹ 未實施建築管理地區建物完工證明書。

⑺ 地形圖、都市計畫現況圖、都市計畫禁建圖、航照圖或政府機關測繪地圖。

⑻ 其他足資證明之文件。

㈢ 申請人身分證明（土地登記規則 34）

1. 自然人：身分證、戶口名簿影本或戶籍謄本。但能以電腦處理達成查詢者，得免提出。

2. 外國人：護照、國籍證明。

3. 法人：營利事業登記證及代表人資格證明。

㈣ 建物測量成果圖（土地登記規則 79）

申請建物所有權第一次登記，應提出使用執照或依法得免發使用執照之證件及建物測量成果圖或建物標示圖。地籍測量實施規則第282 條：「建物第一次測量，應測繪建物位置圖及其平面圖。登記機關於測量完竣後，應發給建物測量成果圖。」

㈤ 全體起造人分配協議書（土地登記規則 79 Ⅰ 第 1 款）

區分所有之建物申請登記時，應檢具全體起造人就專有部分所屬各共有部分及基地權利應有部分之分配文件。

㈥ 權利證明文件

1. 土地登記規則第 79 條第 1 項第 4 款：「申請人非起造人時，應檢具移轉契約書或其他證明文件。」

2. 申請人非起造人時，應檢具移轉契約書或其他證明文件；如未能檢附移轉契約書時，於建物基地係申請人所有，且申請人又為該建物之納稅義務人時，得檢具該建物毗鄰之土地或房屋所有人一人以上保證書，保證該建物為申請人所有；或出具切結書，切結所有無法檢附移轉契約書之原由及確定虛偽假冒情事，憑以申辦登記。（內政部 87.7.21 台內地字第 8707380 號函）

㈦ 使用基地之證明文件（土地登記規則 79）

1. 基地與建物同為一人所有或建物有使用執照者免附。

2. 實施建築管理前之建物，與該建物所占之基地非屬同一人所有，且未設定地上權或典權者，應附使用基地證明文件，例如：基地所有權人同意書及其印鑑證明、身分證明文件。其用意乃在避免無權占用他人基地建築房屋的情形發生。

3. 農業發展條例修正後，農舍登記申請人爲農舍基地共有人之一，申請農舍建物所有權第一次登記，得免由基地全部共有人共同切結：查「農業發展條例」第18條第4項規定：「第一項及前項農舍起造人應爲該農舍坐落土地之所有權人；農舍應與其坐落用地併同移轉或併同設定抵押權，已申請興建農舍之農業用地不得重複申請。」其農業用地面積大於0.25公頃且爲二人以上共有時，可由其他共有人出具同意書供一人申請興建農舍，其申請人資格條件符合「農業用地興建農舍辦法」第3條規定者，即可提出申請興建農舍，惟依前揭規定將來農舍應與其坐落用地併同移轉或併同設定抵押權，且已申請興建農舍之農業用地不得再申請。（內政部92.8.8內授中辦地字第0920083875號函）

六、建物所有權第一次登記之登記規費

㈠ 權利價值的計算（土地登記規則48）

申請建物所有權第一次登記，於計收登記規費時，其權利價值，依下列規定認定之：

1. 建物在依法實施建築管理地區者，應以使用執照所列工程造價爲準。

2. 建物在未實施建築管理地區者，應以當地稅捐稽徵機關所核定之房屋現值爲準。

㈡ 登記費

按權利價值課徵2‰之登記費。（土地登記規則8、土地法65）

㈢ 書狀費

每張80元。

㈣ 測量費

申請建物第一次測量時繳交。

七、區分所有建物登記

㈠ 意義

1. 所謂區分所有：係指數人區分一建築物而各有其專有部分，並就其共用部分按其應有部分有所有權。

2. 區分所有建物，區分所有權人得就其專有部分及所屬共有部分之權利，單獨申請建物所有權第一次登記。（土地登記規則80）

3. 公寓大廈即爲區分所有建物的其中一種，依公寓大廈管理條例第3條的相關用辭定義如下：

⑴公寓大廈：指構造上或使用上或在建築執照設計圖樣標有明確界線得區分爲數部分之建築物及其基地。

⑵區分所有：指數人區分一建築物而各有其專有部分，並就其共用部分按其應有部分有所有權。

⑶專有部分：指公寓大廈之一部分，具有使用上之獨立性，且爲區分所有之標的者。

⑷共用部分：指公寓大廈專有部分以外之其他部分及不屬專有之附屬建築物，而供共同使用者。

⑸約定專用部分：公寓大廈共用部分經約定供特定區分所有權人使用者。

⑹約定共用部分：指公寓大廈專有部分經約定供共同使用者。

㈡ 區分所有建物各部分之登記方式

1. 專有部分

⑴ 意義：指公寓大廈之一部分，具有使用上之獨立性，且爲區分所有之標的者。（公寓大廈管理條例 3 Ⅲ）

⑵ 各區分所有權人得就其所有部分之權利單獨申請登記。

2. 共用部分

⑴ 意義：指公寓大廈專有部分以外之其他部分及不屬專有之附屬建築物，而供共同使用者。（公寓大廈管理條例 3 Ⅳ）

⑵ 區分所有建物之共同使用部分，應視各區分所有權人實際使用情形，分別合併，另編建號予以勘測。（地籍測量實施規則 283）

⑶ 土地登記規則第 81 條：區分所有建物之共用部分，應另編建號，單獨登記，並依左列規定辦理：

① 同一建物所屬各種共用部分，除法令另有規定外，應依各區分所有權人實際使用情形，分別合併，另編建號，單獨登記爲各相關區分所有權人共有。但部分區分所有權人不需使用該共用部分者，得予除外。

② 區分所有建物共用部分之登記僅建立標示部，及加附區分所有建物共用部分附表，其建號、總面積及權利範圍，應於各區分所有建物之所有權狀中記明之，不另發給所有權狀。

⑷ 區分所有建物共同使用部分，依土地登記規則第 94 條：「區分所有建物之共有部分，除法令另有規定外，應隨同各相關專有部分及其基地權利爲移轉、設定或限制登記。」

⑸ 區分所有建物依主管建築機關備查之圖說標示爲共用部分

及約定專用部分，應以共有部分辦理登記。（建物所有權第一次登記法令補充規定第 12 點）

⑹ 前項共有部分登記之項目如下：

① 共同出入、休憩交誼區域，如走廊、樓梯、門廳、通道、昇降機間等。

② 空調通風設施區域，如地下室機房、屋頂機房、冷氣機房、電梯機房等。

③ 法定防空避難室。

④ 法定停車空間（含車道及其必要空間）。

⑤ 給水排水區域，如水箱、蓄水池、水塔等。

⑥ 配電場所，如變電室、配電室、受電室等。

⑦ 管理委員會使用空間。

⑧ 其他經起造人或區分所有權人按其設置目的及使用性質約定爲共有部分者。

3. 區分所有建物的基地之登記

⑴ 基地應有部分的計算

民法第 799 條第 4 項規定：「區分所有人就區分所有建築物共有部分及基地之應有部分，依其專有部分面積與專有部分總面積之比例定之。但另有約定者，從其約定。」上開規定所定計算基地應有部分權利之基礎，爲「區分所有人之專有部分面積」，並不包含因約定專用而取得之「專用權」面積部分，由於專用權人並未額外取得區分所有建築物之專有部分，自無從就該約定專用部分，主張依民法第 799 條第 4 項規定分配基地權利範圍（法務部 107 年 8 月 30 日法律字第 10703512720 號、108 年 5 月 15 日法律字第 10803504820 號、108 年 11 月 5 日法律字第 10803514500 號函參照）。

⑵其他之登記方式

區分所有建物之基地一般由建物區分所有人分別共有，其登記方式依土地登記規則第83條之規定：「區分所有權人申請建物所有權第一次登記時，除依第79條規定，提出相關文件外，並應於申請書適當欄記明基地權利種類及其範圍。登記機關受理前項登記時，應於建物登記簿標示部適當欄記明基地權利種類及範圍。」

㈢ 區分所有建物附建停車位之種類及登記方式

1. 區分所有建物之地下層或屋頂突出物等，其非屬共用部分，並已由戶政機關編列門牌或核發其所在地址證明者，得視同一般區分所有建物，申請單獨編列建號，予以測量，辦理建物所有權第一次登記。前項非屬共用部分之權利範圍及位置，應依當事人合意爲之。（地籍測量實施規則284）

2. 區分所有建物停車位的種類有3種，而且登記方式各異：

⑴法定停車位：依建築法、建築技術規則等規定，建築物按其總樓地板面積之多寡，於興建、改建、變更用途或增建時，所應設置之停車位。

①區分所有建物停車空間及防空避難設備之產權登記方式：（內政部80.9.18台內營字第8071337號函）

A. 區分所有建築物內之法定防空避難設備或法定停車空間均不得與主建築物分離，應爲該區分所有建築物全體所有權人所共有或合意由部分該區分所有建築物區分所有權人所共有。

B. 前項區分所有建築物內之法定防空避難設備或法定停車空間所有權登記，參照土地登記規則規定辦理建物所有權第一次登記。

C. 區分所有建築物內之法定防空避難設備或法定停車空

間，其移轉承受人應為該區分所有建築物之區分所有權人。

② 有關區分所有建物內作為共同使用部分之法定防空避難室或法定停車空間，不得合意由某一專有部分單獨所有，一定要共用。（內政部 85.2.27 台內地字第 8573716 號函）

③ 區分所有建物地下層依法附建之防空避難設備或停車空間應為共同使用部分，如其屬 80.9.18 台內營字第 8071337 號函釋前請領建造執照建築完成，依使用執照記載或由當事人合意認非屬共同使用性質，並領有門牌號地下室證明者，得依土地登記規則規定辦理建物所有權第一次登記。

⑵ 自行增設停車位：在法定停車位外自行增設之停車位。

⑶ 獎勵增設停車位：依建築物增設停車空間鼓勵要點規定。在政府以增加建築物樓地板面積等為鼓勵之情形下所設置之停車位。

① 自行增設停車位與獎勵增設停車位非屬法定防空避難的設備範圍，得不受上述 80.9.18. 台內營字第 8071337 號函限制。（內政部 81.9.21 台內營字第 8104762 號函）

② 依法自行增設或獎勵增設供公眾使用之停車空間，由當事人合意，倘非屬共同使用部分，並編列有門牌、領有戶政機關核發之地下室證明書、或領有地下室所在地址證明書者，得依土地登記規則規定申辦建物所有權第一次登記。至增設停車空間之確切位置範圍，依使用執照所附竣工平面圖上所標示位置為準（內政部 83.5.13 台內地字第 8375317 號函）。其移轉承受人仍應以該區分所有權人為限。（內政部 87.11.25 台內營字第 8773373 號函）

③ 非法定停車空間，依竣工圖所示屬非法定之停車空間，並符合土地登記規則之規定者，得由申請人於申辦登記時選擇依現行登記方式，或依下列方式辦理登記：

A. 單獨編列建號，以主建物方式登記。

B. 產權之登記方式。（內政部 85.9.7 台內地字第 8580947 號函）

i. 在區分所有建物共同使用部分標示部備考欄加註「停車位共計○位」，並另於現行區分所有建物共同使用部分附表增列「車位編號」欄，並於該欄位登載車位編號，其權利範圍則於上開附表備考欄記載「含停車位權利範圍 ××× 分之 ××」，及於建築改良物所有權狀主任署名欄上方空白處分別登載「車位編號○號」。

ii. 區分所有建物同時擁有二位以上屬共同使用部分之停車位者，其備考欄則記載為「含停車位權利範圍○號 ××× 分之 ××，○號 ××× 分之 ××」。

iii. 停車空間係依據內政部 80.9.18 台內營字第 8071337 號函示，合意由有停車位之區分所有物之區分所有權人所共有者，則於上開附表「車位編號」欄登載車位編號即可，至有部分區分所有權人同時擁有二位以上停車位者，則於上開附表「權利範圍」欄載明「○號 ××× 分之 ××，○號 ××× 分之 ××」。

iv. 土地登記以電子處理者，依左列方式辦理：

「停車位共計：」、「車位編號：」二項之記載，應依內政部 85.7.29 台內地字第 8587284 號函說明一方式登記。但因擁有停車位而增加之共同使用部分之應有部分，則於建物標示部及所有權狀共同使用部分之「權利範圍」欄內加註。

至於停車空間係依據內政部前揭 80 年函示，合意由部分該區分所有建物區分所有權人所共有者，則依據內政部前 85 年函示列印「停車位共計：」及「車位編號：」。

v. 為利登記實務作業之需，建物測量成果圖應按竣工圖應轉繪所劃設之停車位、編號，及於「位置圖」欄加註停車位之數量。

3. 因此可得知區分所有建物停車位的登記型態有二種：

⑴登記為共用部分，由區分所有權人部分或全部共有，登記簿僅建立標示部，不發權狀。80 年 9 月 18 日內政部函釋後新申請建造執照者，其法定停車空間均應以公共設施方式辦理登記，並登記為整幢各戶全體共有（即俗稱的「大公」或合意由部分所有權人共有即俗稱的「小公」）。買一停車位者，則取得持分所有權，但沒有所有權狀。

⑵以一般區分所有建物，辦理建物所有權第一次登記，有完整的登記簿及發給書狀。增設或獎勵增設的停車空間，若與法定停車空間在構造上及使用上各具獨立性，則可以主建物辦理登記，買一車位，取得持分所有權及所有權狀。若與法定停車空間同屬一層，構造上及使用上無法獨立。各該增設或獎勵增設的停車空間，亦必須以公設方式登記。

附錄表格

表 4-1　建物測量申請書

表 4-2　建物測量成果圖

表 4-3　建物第一次登記申請書

表 4-4　建物測量及標示變更登記申請書（未涉及原有標示變更）

表 4-1　建物測量申請書

收件日期	年　月　日	收件者章
收件字號	字第　號	

測量費	新臺幣　元	收費者章
收據號碼	字第　號	

建 物 測 量 申 請 書

受文機關	縣 市　地政事務所	建物略圖
申請原因	□建物第一次測量 □建物增建 □建物分割 □建物合併 □建物滅失□基地號勘查□門牌號勘查 □申請未登記建物基地號及門牌號勘查□其他（　）	
附繳證件		

建物標示	建號	基地坐落				建物門牌							主要用途	主要構造
		鄉鎮市區	段	小段	地號	街路	段	巷	弄	號	樓			

委任關係	本建物測量案之申請，委託　代理及指界認章，如有不實願負法律責任。

申請人姓名	出生年月日	住址											權利範圍	身分證統一編號	簽章
		市縣	鄉鎮市區	村里	鄰	街路	段	巷	弄	號	樓				

申請日期	中華民國　年　月　日
備註	

簽收測量定期通知書	年　月　日　簽章	核發成果或移辦登記	

審查意見及核章	承辦人	檢查	課長	主任

申請人或代理人電話：　　傳真電話：　　e-mail：

表 4-2 建物測量成果圖

臺北市松山地政事務所建物測量成果圖　　信義段三小段　　地號　　建號

申請書	0年0月0日 088年信義建字第019540號		
測量/轉繪日期	88年10月22日		
建物坐落	信義區信義段三小段47地號		
建物門牌	松隆路４７號		
主體結構	鋼筋混凝土造		
主要用途	集合住宅		
使用執照	８８使字４５８號		
建物面積	樓層別	平方公尺	
	第一層	161.37	
	合計	161.37	
附屬建物	主要用途	主體結構	建物面積(平方公尺)
	陽台	鋼筋混凝土造	13.59
	雨遮	鋼筋混凝土造	2.25
	合計		15.84

位置圖 比例尺 1/500

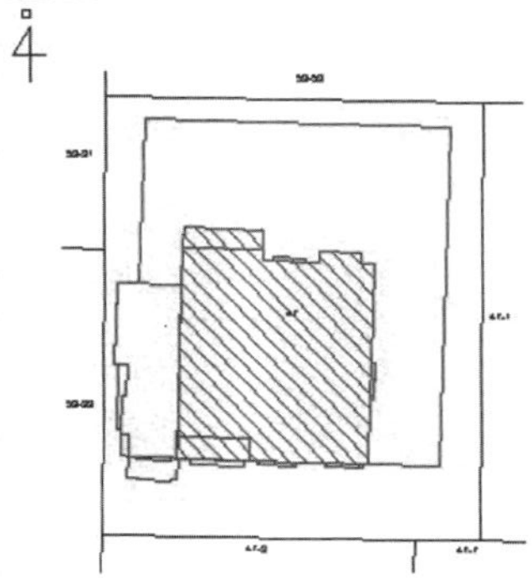

平面圖 比例尺 1/200　　共1頁 第1頁

第一層 (2.62*0.68)+(13.27*7.14)+(0.06*2.435)+(13.95*0.48)+(4.64*12.50)=161.37

陽台 (1.34*5.12)+(4.64*1.45)=13.59

雨遮 (0.24*2.40)+(2.40*0.24)+(0.24*2.48)+(2.10*0.24)=2.25

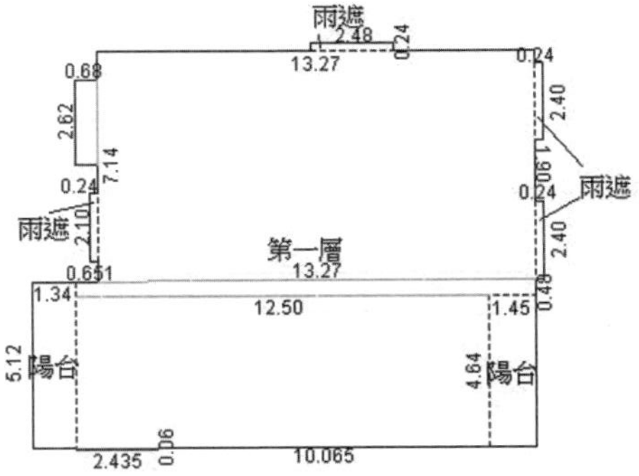

一、本建物係 劃 層建物本件僅測量第 壹 層部分。
二、本成果圖已建物登記為限。
三、依實施建築改良物所有權第一次登記僅勘測建物位置免再勘測建物平面圖作業規定本建物平面圖係依使用執照(88)使458號轉繪計算。

申請人姓名	八邑坤建設股份有限公司 代理人 董事長 陳克丞 代理人：陳右昌	簽章		住址	台北市文山區忠順街二段1號4樓

本案依分層負責規定授權單位主管決行	測量/轉繪人員		複算人員		檢查		核定

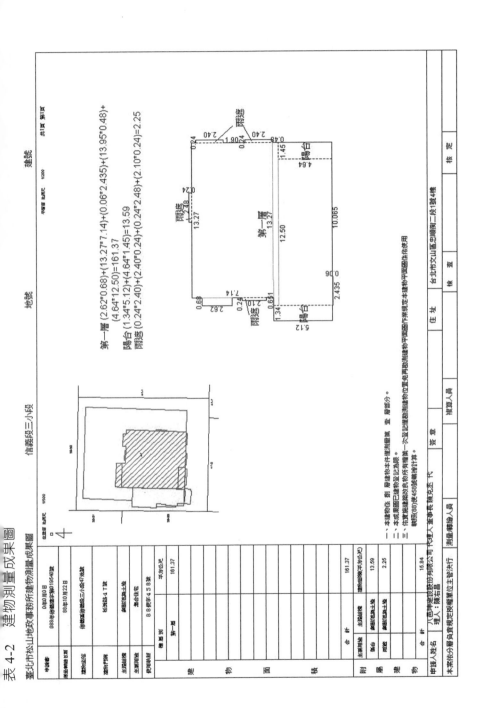

表 4-3　建物第一次登記申請書

S0700037401

收件	日期	年　月　日　時　分	收件者章	
	字號	字第　　號		

連件序別（非連件者免填）	共　件	第　件

登記費	元	合計	元
書狀費	元	收據	字　號
罰鍰	元	核算者	

土　地　登　記　申　請　書

(1) 受理機關	臺中　縣市　中正地政事務所　☐跨所申請	資料管轄機關	縣市　地政事務所	(2) 原因發生日期	中華民國105年11月1日

(3)申請登記事由（選擇打∨一項）	(4)登記原因（選擇打∨一項）
☑ 所有權第一次登記	☑ 第一次登記
☐ 所有權移轉登記	☐ 買賣 ☐ 贈與 ☐ 繼承 ☐ 分割繼承 ☐ 拍賣 ☐ 共有物分割 ☐
☐ 抵押權登記	☐ 設定 ☐ 法定 ☐ 讓與 ☐
☐ 抵押權塗銷登記	☐ 清償 ☐ 拋棄 ☐ 混同 ☐ 判決塗銷 ☐
☐ 抵押權內容變更登記	☐ 權利價值變更 ☐ 權利內容等變更 ☐
☐ 標示變更登記	☐ 分割 ☐ 合併 ☐ 地目變更 ☐
☐	☐

(5)標示及申請權利內容	詳如 ☐ 契約書 ☐ 登記清冊 ☐ 複丈結果通知書 ☑ 建物測量成果圖 ☐

(6)附繳證件			
	1.使用執照影本 1 份	4.　　份	7.　　份
	2.身分證影本 1 份	5.　　份	8.　　份
	3.建物測量成果圖 1 份	6.　　份	9.　　份

(7)委任關係	本土地登記案之申請委託　王○○　代理。　複代理。委託人確為登記標的物之權利人或權利關係人並經核對身分無誤，如有虛偽不實，本代理人(複代理人)願負法律責任。　代理人印	(8)聯絡方式	權利人電話	(04) 22****11
			義務人電話	(04) 22****20
			代理人聯絡電話	(04) 22****11
			傳真電話	(04) 22****85
			電子郵件信箱	*****@yahoo.com.tw
(9)備註	建築基地權利（種類）範圍：許○○ 所有權全部		不動產經紀業名稱及統一編號	
			不動產經紀業電話	

S0700037401

(10) 申請人	(11) 權利人或義務人	(12) 姓名或名稱	(13) 出生年月日	(14) 統一編號	(15) 住所 縣市	鄉鎮市區	村里	鄰	街路	段	巷	弄	號	樓		(16) 簽章
	權利人	許○○	61.*.15	B12*****89	臺中市	○○區	○○	13	○○路	9	2	5	3			印
	代理人	葉○○	60.*.5	C10*****01	臺中市	○○區			○○路	2			58			代理人印

本案處理經過情形（以下各欄申請人請勿填寫）	初審	複審	核定	登簿	校簿	書狀列印	校狀	書狀用印
				地價異動	通知領狀	異動通知	交付發狀	歸檔

表 4-4 建物測量及標示變更登記申請書（未涉及原有標示變更）

測量收件						登記收件					
日期	年 月 日 時 分	收件者章	測量費	新臺幣 元	收費者章	日期	年 月 日 時 分	收件者章	登記費	元	合計 元
									書狀費	元	收據 字 號
字號	字第 號		收據	字第 號		字號	字第 號		罰鍰	元	核算者

建物測量及標示變更登記申請書

(1)受理機關	臺北 ~~縣~~ 市 古亭 地政事務所	(2)原因發生日期	中華民國 96 年 6 月 1 日

(3)申請測量原因（選擇打 V 一項）

☑ 建物第一次測量 ☐ 申請未登記建物基地號及門牌號勘查 ☐ 其他（ ）

(4)申請測量原因（選擇打 V 一項）	(5)申請標示變更登記事由及登記原因（選擇打 V 一項）
☐ 建物分割 ☐ 建物合併 ☐ 基地號勘查 ☐ 門牌號勘查	標示變更登記（☐ 分割 ☐ 合併 ☐ 基地號變更 ☐ 門牌整編）
☐ 建物滅失	消滅登記（☐ 滅失 ☐ 部分滅失）
☐ 建物增建	所有權第一次登記（☐ 增建）
☐ 其他（ ）	登記（☐ ）

(6)建物略圖

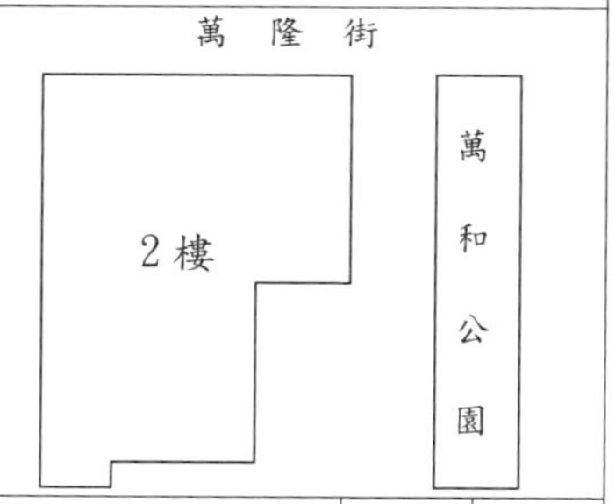

(7)建物標示

建號	基地坐落：鄉鎮市區	段	小段	地號	建物門牌：街路	段	巷	弄	號	樓		主要用途	主要構造
	文山	萬隆	二	51*	萬隆				4*-12	2		集合住宅	RC造

(8)附繳證件

1. 身分證影本 1 份	4. 竣工平面圖 6 份	7. 份
2. 戶口名簿影本 1 份	5. 分配協議書 1 份	8. 份
3. 使用執照正影本 1 份	6. 份	9. 份

(9)委任關係：本建物測量及標示變更登記案之申請委託 李〇〇 代理（ 複代理）及指界認章。委託人確為登記標的物之權利人或權利關係人，並經核對身分無誤，如有虛偽不實，本代理人(複代理人)願負法律責任。㊞

(10)備註：

(11)聯絡方式

聯絡電話	(02)2935-****
傳真電話	(02)2935-****
電子郵件信箱	kut***@mail.taipei.gov.tw

(12)申請人	(13)權利人或義務人	(14)姓名或名稱	(15)出生年月日	(16)統一編號	(17)住所 縣市	鄉鎮市區	村里	鄰	街路	段	巷	弄	號	樓		(18)權利範圍	(19)簽章
	權利人	林○○	30.06.05	A123456789	臺北	文山			萬隆				4*-12	2		1/2	印
	權利人	林○○	35.12.05	A135792468	臺北	文山			萬隆				4*-12	2		1/2	印
	代理人	李○○	45.10.10	A127654321	臺北	文山	○○		○○				1*	2			印

(20)簽收測量定期通知書	96 年 6 月 14 日 簽章 印	(21)核發成果	

(22)本案處理經過情形（以下各欄申請人請勿填寫）									
測量人員	測量成果檢查	測量成果核定	登記初審	登記複審	登記核定				
登簿	校簿	書狀列印	校狀	書狀用印	地價異動	通知領狀	異動通知	交付發狀	歸檔

第5章 複丈與標示變更登記

第一節　標示變更登記之意義

一、意義

㈠土地登記規則第 85 條：「土地總登記後，因分割、合併、增減及其他標示之變更，應爲標示變更登記。」

㈡因此，標示變更登記的原因，包括分割、合併、面積增減、建物門牌變更、建物基地號變更、建物滅失、土地編定變更、土地重劃、地籍圖重測確定登記等，皆應依土地法及土地登記規則有關規定申辦標示變更登記。

二、標示變更登記之要件

㈠須已辦竣總登記之土地或建物，如標示欄都尙未辦竣總登記，則無法辦理標示變更登記。

㈡須先申請土地複丈或建物複丈：土地或建物因爲分割、合併、鑑界、面積增減時，須先向登記機關申請土地複丈或建物複丈，塡具複丈申請書，檢附有關權利證明文件，複丈涉及原有標示變更者，應於申請複丈時塡具土地登記申請書，一併申請建物標示變更登記。其經申請人於複丈時當場認定，並在建物測量圖上簽名或蓋章者，複丈完竣後，登記機關據以辦理建物標示變更登記。（地籍測量實施規則207、295）

㈢須不違法令強制或禁止規定，土地分割與合併有法定條件的限制。

1. 分割

農業發展條例第16條規定，每宗耕地分割後每人所有面積未達0.25公頃者，不得分割，但有例外之規定。

2. 合併

地籍測量實施規則第224條規定，土地因合併申請複丈者，應以同一地段、地界相連、使用分區及使用性質均相同之土地爲限。

第二節　土地複丈及建物複丈

一、土地複丈

㈠ 意義

所謂土地複丈係指已辦竣地籍測量之地區或地籍圖重測之結果，當事人認爲有錯誤，或因土地自然增加、浮覆、坍沒、分割、合併、滅失或其他標示之變更，土地所有權人或管理人在申請標示變更登記前，先向地政機關申請測量，以確定最新的標示，作爲申請登記之依據。

㈡ 土地複丈之原因

1. 地籍圖重測後之複丈

⑴ 已辦竣地籍測量之地區，因地籍原圖破損、滅失、比例尺變更或其他重大原因，得重新實施地籍測量。（土地法 46-1）

⑵ 重新實施地籍測量之結果，應予公告，其期間爲 30 日。土地所有權人認爲前項測量結果有錯誤，除未依前條之規定設立界標或到場指界者外，得於公告期間內，向該管地政機關繳納複丈費，聲請複丈。經複丈者，不得再聲請複丈。（土地法 46-3）

2. 因標示變更、宗地部分設定他項權利、時效取得的複丈

⑴ 依地籍測量實施規則第 204 條規定，土地有下列情形之一者，得申請土地複丈：

① 因自然增加、浮覆、坍沒、分割、合併或變更。

② 因界址曲折，需調整。

③ 依建築法第 44 條或第 45 條第 1 項規定調整地形。

④ 宗地之部分設定地上權、農育權、不動產役權及典權。

⑤ 因主張時效完成、申請時效取得所有權、地上權、農育權、不動產役權。

⑥ 鑑界或位置勘查。

⑵ 土地登記規則第 108 條：「於一宗土地內就其特定部分申請設定地上權、不動產役權、典權或農育權登記時，應提出位置圖。因主張時效完成，申請地上權、不動產役權或農育權登記時，應提出占有範圍位置圖。前二項位置圖應先向該管登記機關申請土地複丈。」

3. 鑑界複丈

依照地籍測量實施規則第 221 條規定：「鑑界複丈，應依下列規定辦理：

⑴ 複丈人員實地測定所需鑑定之界址點位置後，應協助申請人埋設界標，並於土地複丈圖上註明界標名稱、編列界址號數及註明關係位置。

⑵ 申請人對於鑑界結果有異議時，得再填具土地複丈申請書敘明理由，向登記機關繳納土地複丈費申請再鑑界，原登記機關應即送請直轄市或縣（市）主管機關派員辦理後，將再鑑界結果送交原登記機關，通知申請人及關係人。

⑶ 申請人對於再鑑界結果仍有異議者，應向司法機關訴請處理，登記機關不得受理其第三次鑑界之申請。

前項鑑界、再鑑界測定之界址點應由申請人及到場之關係人當場認定，並在土地複丈圖上簽名或蓋章。申請人或關係人不簽名或蓋章時，複丈人員應在土地複丈圖及土地複丈成果圖載明其事由。

關係人對於第一項之鑑界或再鑑界結果有異議，並以其所有土地申請鑑界時，其鑑界之辦理程序及異議之處理，準用第 1 項第 2 款及第 3 款之規定。」

4. 位置勘查複丈

依照地籍測實施規則第 221-1 條規定：「位置勘查複丈，複丈人員對申請案件之各宗土地指示概略位置，免依第 211 條通知關係人、第 215 條發給土地複丈成果圖及第 218 條至第 220 條測量方法之規定辦理。但同時申請其他種類複丈案件之界址，應另依其規定辦理。」

㈢ 土地複丈之申請人

依地籍測量實施規則第 205 條之規定，申請複丈，由土地所有權人或管理人向土地所在地登記機關或利用網路以電子簽章方式爲之。但有下列情形之一者各依其規定辦理：

1. 因承租土地經界不明者，應由承租人會同土地所有權人或管理人申請。

2. 因宗地之部分擬設定地上權、農育權、不動產役權或典權者，應由擬設定各該權利人會同土地所有權人或管理人申請。

3. 地上權之分割應由地上權人會同土地所有權人或管理人申請。

4. 依民法第 769 條、第 770 條或第 772 條規定，因時效完成所爲登記請求者，應由權利人申請。

5. 依法院確定判決書或與法院確定判決有同一效力之證明文件所爲之請求，由權利人申請。

6. 共有土地權利協議分割、合併者，應由共有人全體申請；但合併或標示分割，得由共有人依土地法第 34 條之 1 規定申請。

7. 因建照行爲需要鑑界者，得由建造執照起造人會同土地所有權人或管理人申請。

8. 依土地法第 12 條第 2 項規定，因土地浮覆回復原狀時，復權範圍僅爲已登記公有土地之部分，需辦理分割者，由復權請求權人會同公有土地之管理機關申請。

9. 依直轄市縣（市）不動產糾紛調處委員會設置及調處辦法作成調處結果確定者，由權利人或登記名義人單獨申請。

10. 依法令規定得由登記機關逕爲測量者。

依土地登記規則第 30 條規定得由權利人代位申請登記，須先辦理土地複丈者，得由權利人代位申請複丈。

前二項申請，得以書面委託代理人爲之。

㈣ 土地複丈程序

1. 申請複丈

地籍測量實施規則第 207 條：「申請複丈，除本規定另有規定外，應提出下列文件：一、土地複丈申請書。二、權利證明文件。三、申請人身分證明。四、其他經中央主管機關規定之文件。前項第二款至第四款檢附之文件，能以電腦處理達成查詢者，得免提出。複丈涉及原有標示變更者，應於申請複丈時，填具土地登記申請書，一併申請土地標示變更登記。」

2. 繳納複丈費

⑴ 地籍測量實施規則第 209 條：「申請複丈應繳納土地複丈費。土地複丈費之收支應依預算程序辦理。前項規費除當年度有特殊情形經直轄市或縣（市）政府核准外，應優先支應辦理地籍測量業務所需經費，並得以收支併列方式編列。」

⑵ 複丈費以每筆每 1 公頃爲單位，不足 1 公頃以 1 公頃計算，超過 1 公頃者，每半公頃增收半數，不足半公頃者以半公頃計算；至面積超過 10 公頃者，由登記機關依規費法規定，核實計算應徵收規費，並檢附直接及間接成本資料，經該級政府規費主管機關（財政局、處）同意，報直轄市或縣（市）政府核定後計收。（內政部 103.5.8 台內地字第 1030152777 號令）

表 5-1　土地複丈之收費標準

<table>
<tr><th rowspan="3">項次</th><th rowspan="3">項目</th><th colspan="5">費額（新臺幣元／單位）</th><th rowspan="3">備註</th></tr>
<tr><th colspan="4">基本費</th><th rowspan="2">施測費</th></tr>
<tr><th>未滿二百平方公尺</th><th>二百以上，未滿一千平方公尺</th><th>一千以上，未滿一萬平方公尺</th><th>一萬平方公尺以上</th></tr>
<tr><td>一</td><td>土地鑑界複丈費</td><td>二千五百</td><td>三千</td><td>三千五百</td><td>四千</td><td>一千</td><td>一、基本費以每筆地號面積爲單位。
二、施測費以每五個指定鑑定界址點或測量標的點爲單位，不足五個點，以五個點計。</td></tr>
<tr><td>二</td><td>土地位置或他項權利位置勘查費</td><td colspan="5">五百</td><td>以每筆地號爲單位。</td></tr>
<tr><td>三</td><td>土地合併複丈費</td><td colspan="6">免納複丈費。</td></tr>
<tr><td>四</td><td>土地分割複丈費</td><td rowspan="6">一千五百</td><td rowspan="6">二千</td><td rowspan="6">二千五百</td><td rowspan="6">三千</td><td rowspan="6">五百</td><td>一、基本費以分割前每筆地號面積爲單位。
二、施測費以線段爲單位。</td></tr>
<tr><td>五</td><td>土地界址曲折調整或調整地形複丈費</td><td>一、基本費以調整地號面積總和爲單位。
二、施測費以線段爲單位。</td></tr>
<tr><td>六</td><td>未登記土地複丈費</td><td rowspan="2">一、基本費以複丈後每筆地號面積爲單位。
二、施測費以線段爲單位。</td></tr>
<tr><td>七</td><td>土地自然增加或浮覆複丈費</td></tr>
<tr><td>八</td><td>土地坍沒複丈費</td><td>一、基本費以坍沒後存餘每筆地號面積爲單位。
二、施測費以線段爲單位。</td></tr>
<tr><td>九</td><td>土地他項權利位置複丈費</td><td>一、基本費以每筆地號面積爲單位。
二、施測費以線段爲單位。</td></tr>
</table>

附註：一、施測費含土地制式界標成本。

二、本表所稱線段，指複丈時施測經界或範圍之直線段或圓弧線段；因地籍圖圖幅管理，致線段需切分情形，不得重複計數。

三、項次四及項次五，申請人未能埋設界標一併申請確定界址點者，每界址點加繳新臺幣二百元。

資料來源：內政部地政司「土地複丈費及建築改良物測量費收費標準」。

3. 審查

⑴地籍測量實施規則第211條：「登記機關受理複丈申請案件，應予收件，經審查准予複丈者，隨即排定複丈日期、時間及會同地點，填發土地複丈定期通知書，交付申請人並通知關係人。原定複丈日期，因風雨或其他事故，致不能實施複丈時，登記機關應分別通知申請人及關係人改期複丈。申請人於複丈時，應到場會同辦理；申請人屆時不到場或不依規定埋設界標者，視爲放棄複丈之申請，已繳土地複丈費不予退還。第1項所稱關係人，於鑑界時，指申請案所載鑑界界址之鄰地所有權人；鄰地爲公寓大廈之基地者，指公寓大廈管理委員會；於主張時效取得地上權、農育權或不動產役權時，指所有權人。關係人屆時不到場者，得逕行複丈。」

⑵地籍測量實施規則第212條之規定，地政事務所受理複丈申請案件，經審查有下列各款情形之一者，應通知申請人於接到通知書之日起15日內補正：

① 申請人之資格不符或其代理人之代理權有欠缺者。

② 申請書或應提出之文件與規定不符者。

③ 申請書記載之申請原因與登記簿冊或其證明文件不符，而未能證明不符原因者。

④ 未依規定繳納土地複丈費者。

依排定時間到場，發現有障礙物無法實施測量，需申請人排除，或有與原申請內容不符情況者，登記機關應依前項規定通知補正。

⑶地籍測量實施規則第213條之規定，登記機關受理複丈申請案件，經審查有下列各款情形之一者，應以書面敘明法令依據或理由駁回之：

① 不屬受理登記機關管轄。

② 依法不應受理。

③ 屆期未補正或未依補正事項完全補正。

⑷ 退還複丈費

地籍測量實施規則第214條之規定，申請人申請複丈案件，有下列情形之一者，得於10年內請求退還其已繳土地複丈費：

① 依第211條之1規定申請撤回。

② 申請再鑑界，經查明前次複丈確有錯誤。

③ 經通知補正屆期未補正或未依補正事項完全補正而駁回。

④ 其他依法令應予退還。

前項第1款、第3款之情形，其已支出之費用應予扣除。申請人於10年內重新申請複丈者，得予援用其得請求退還之土地複丈費。

地籍測量實施規則第211條之1：「撤回複丈之申請，應於複丈前以書面向登記機關提出。但屬有需通知前條第3項關係人之案件，應於原定複丈日期3日前爲之。」

4. 實施複丈

地籍測量實施規則第215條：「複丈人員於實施複丈前，應先核對申請人、關係人之身分。複丈完竣後，應發給申請人土地複丈成果圖或他項權利位置圖。複丈除本規則另有規定外，其因自然增加、浮覆、坍沒、分割、界址調整、調整地形或主張時效取得所有權而複丈者，應辦理地籍調查。前項地籍調查表記載之界址，應由申請人當場認定，並簽名或蓋章；其未於當場簽名或蓋章者，得於3日內至登記機關補簽名或蓋章。屆期未簽名或蓋章者，應載明事由，發給之土地複丈成果圖並加註僅供參考，其所附土地登記申請書件予以退還。」

5. 成果圖之核發

地籍測量實施規則第215條第3項：「地政事務所於複丈完竣

後，應發給申請人土地複丈成果圖或他項權利位置圖。地籍調查表記載之界址，應由申請人當場認定，並簽名或蓋章；其未於當場簽名或蓋章者，得於3日內至登記機關補簽名或蓋章。屆期未簽名或蓋章者，應載明事由，發給之土地複丈成果圖並加註僅供參考，其所附土地登記申請書件予以退還。」

6. 訂正圖籍

地籍測量實施規則第235條：「複丈成果需訂正地籍圖者，應於完成登記後隨即辦理之。」

7. 改算地價

地籍測量實施規則第226條：「直轄市、縣（市）主管機關或登記機關於辦理土地界址調整複丈後，應依複丈成果改算當期公告土地現值，調整前後各宗土地地價之總合應相等。實施界址調整之土地，其調整線跨越不同地價區段者，複丈成果應分別載明調整線與原地籍交叉所圍各塊坵形之面積，作爲改算地價之參考。」

二、建物複丈

㈠ 建物複丈意義

1. 已辦竣土地總登記後之基地上，因新建建物或舊有合法建物之增建、改建、滅失、分割、合併或其他標示變更者，由建物所有權人或管理人向建物所在地地政機關申請建物複丈，再據以辦理建物標示變更登記。

2. 建物複丈爲建築改良物測量的一種。地籍測量實施規則第258條：「建築改良物（以下簡稱建物）測量，包括建物第一次測量及建物複丈。」

㈡ 建物複丈之原因

地籍測量實施規則第 260 條：「建物有下列情形之一者，得申請建物複丈：

1. 因增建或改建。
2. 因部分滅失、分割、合併或其他標示變更。
3. 因全部滅失或基地號、門牌等變動需勘查。」

㈢ 建物複丈之申請人

建物複丈之申請人爲建物所有權人、管理人或部分區分所有權人。

1. 地籍測量實施規則第 261 條：「申請建物測量，由建物所有權人或管理人向建物所在地登記機關或利用網路以電子簽章方式爲之。依土地登記規則第 30 條及第 31 條規定得由權利人代位申請登記，須先辦理建物複丈者，得由權利人代位申請複丈。前二項申請，得委託代理人爲之。」

2. 地籍測量實施規則第 263 條：「區分所有建物，區分所有權人得就專有部分及所屬共有部分之權利，單獨申請測量。」

㈣ 建物複丈之程序

1. 申請複丈

申請建物測量，應塡具建物測量申請書，檢附有關文件，向建物所在地地政事務所申請。

2. 繳納測量費

⑴ 依地籍測量實施規則第 268 條，申請建物測量，應繳納建物測量費。（準用地籍測量實施規則第 209 條）

⑵ 建物測量費以下列標準計收：

表 5-2　建物第一次測量費之收費基準表

項次	項目		費額（新臺幣元／單位）	備註
一	依地籍測量實施規則第二百八十二條辦理	建物位置圖測量費	四千	以整棟建物為單位。
		建物平面圖測量費	一千	一、以每建號每層每五十平方公尺為單位，不足五十平方公尺者，以五十平方公尺計。 二、如係樓房，應分層計算，如係區分所有者，應依其區分，分別計算。
二	依地籍測量實施規則第二百八十二條之一辦理	建物位置圖轉繪費	二百	以每建號為單位。
		建物平面圖轉繪費	八百	以每建號為單位。
三	依地籍測量實施規則第二百八十二條之二辦理	建物測量成果圖核對費	二百	以每建號為單位。
		建物平面圖及位置圖數值化作業費	六百	一、未能檢附電子檔者，應加繳本項。 二、以每建號為單位。

附註：

一、同棟其他區分所有權人申請建物位置圖測量時，可調原勘測位置圖並參酌使用執照竣工圖說或建造執照核定工程圖樣轉繪者，以每建號新臺幣二百元計收。

二、依據地籍測量實施規則第二百八十二條之一或第二百八十二條之二辦理，未能檢附建物地籍測繪資料者，應加繳建物位置圖測量費，由登記機關現場測量建物位置。

三、依土地登記規則第七十八條後段檢附建物標示圖申請建物所有權第一次登記，申請人未能依地籍測量實施規則第二百八十二條之三檢附電子檔者，參照項次三之建物平面圖及位置圖數值化作業費加徵之。

表 5-3　建物複丈之收費基準表

項次	項目		費額（新臺幣元／單位）	備註
一	建物合併	複丈費	四百	以合併前每建號之面積計算其單位。
		轉繪費	四百	以合併前每建號爲單位。
二	建物分割	複丈費	一千	以分割後每建號之面積計算其單位。
		轉繪費	八百	以分割後每建號爲單位。
三	建物部分滅失	測量費	一千	一、以滅失後存餘建物之面積計算其單位。 二、多樓層之建號僅個別樓層部分滅失者，以該樓層滅失後存餘部分之面積計收複丈費。
		轉繪費	八百	以每建號爲單位。
四	建物基地號或建物門牌號勘量費		五百	以每建號爲單位。
五	建物或特別建物各棟次之全部滅失勘查費		五百	以每建號爲單位。

附註：建物合併複丈費、建物分割複丈費及建物部分滅失測量費，以每建號每層每五十平方公尺爲單位，不足五十平方公尺者，以五十平方公尺計。

資料來源：內政部地政司「土地複丈費及建築改良物測量費收費標準」。

3. 審查文件

⑴ 審查准予測量：地籍測量實施規則第 264 條第 1 項：「登記機關受理建物測量申請案件，應予收件，經審查准予測量者，隨即排定測量日期、時間及會同地點，塡發建物測量定期通知書交付申請

人。原定測量日期，因風雨或其他事故，致不能實施測量時，登記機關應另定測量日期通知申請人。」

⑵ 審查應令補正：依地籍測量實施規則第 265 條之規定，登記機關受理建物測量申請案件，經審查有下列各款情形之一者，應通知申請人於接到通知書之日起 15 日內補正：

① 申請人之資格不符或其代理人之代理權有欠缺。

② 申請書或應提出之文件與規定不符。

③ 申請書記載之申請原因或建物標示與登記簿冊或其證明文件不符，而未能證明不符之原因。

④ 未依規定繳納建物測量費。

依排定時間到場，發現有障礙物無法實施測量，需申請人排除者，登記機關應依前項規定通知補正。

⑶ 審查應予駁回：登記機關受理建築測量申請案件，經審查有下列各款情形之一者，應以書面敘明法令依據或理由駁回之：

① 不屬受理登記機關管轄。

② 依法不應受理。

③ 逾期未補正或未依補正事項完全補正。

（地籍測量實施規則 268 準用 213 條）

⑷ 退還複丈費：申請人申請建物測量案件，有下列情形之一者，得於 10 年內請求退還其已繳建物測量費：（地籍測量實施規則 266）

① 依第 264 條之 1 規定申請撤回。

②經通知補正屆期未補正或未依補正事項完全補正而駁回。

③ 其他依法令應予退還。

前項第 1 款、第 2 款之情形，其已支出之費用應予扣除。申請人於 10 年內重新申請建物測量者，得予援用其得請求退還之建物測量費。

4. 實施測量

⑴地籍測量實施規則第 264 條第 2 項：「申請人於測量時，應到場會同辦理；屆時不到場者，視爲放棄測量之申請，已繳建物測量費不予退還。」

⑵地籍測量實施規則第 267 條：「測量人員於實地測量前，應先核對申請人之身分。測量完竣後，應發給申請人建物測量成果圖。測量結果應由申請人當場認定，並在建物測量圖上簽名或蓋章。申請人不簽名或蓋章時，測量人員應在建物測量圖及建物測量成果圖載明其事由；其涉及原建物標示變更者，發給之建物測量成果圖並加註僅供參考，其所附土地登記申請書件予以退還。」

5. 一併辦理建物標示變更登記

地籍測量實施規則第 295 條：「建物複丈（包括標示勘查）涉及原有標示變更者，應於申請複丈時塡具土地登記申請書，檢附有關權利證明文件，一併申請建物標示變更登記。其經申請人於複丈時當場認定，並在建物測量圖上簽名或蓋章者，複丈完竣後，登記機關據以辦理建物標示變更登記。」

6. 成果圖之核發

地籍測量實施規則第 296 條：「建物因改建、增建、分割、合併或部分滅失等申請複丈完成後，登記機關應將變更前後情形，以電腦繪圖方式分別繪製建物位置圖及平面圖。

已依第 282-1 至第 282-3 完成測繪並登記之建物，前項複丈，如已明確標示變更位置或範圍且有圖可稽者，得以轉繪方式辦理。」

第三節　土地分割登記

一、意義

土地分割登記，係指所有權人為使產權單純化或處分方便起見，將其所有一筆之土地分割為兩宗以上所為之標示變更登記。例如：自然變遷因素土地部分流失或部分坍沒，或因人為因素部分土地先分割再與他土地合併等原因（土地登記規則 86）。須先申請土地複丈，再辦理標示變更登記。

二、土地分割之限制

㈠耕地分割的限制

農業發展條例第 16 條規定，每宗耕地分割後每人所有面積未達 0.25 公頃者，不得分割。但有下列情形之一者，不在此限：

1. 因購置毗鄰耕地而與其耕地合併者，得為分割合併；同一所有權人之二宗以上毗鄰耕地，土地宗數未增加者，得為分割合併。

2. 部分依法變更為非耕地使用者，其依法變更部分及共有分管之未變更部分，得為分割。

3. 本條例中華民國 89 年 1 月 4 日修正施行後所繼承之耕地，得分割為單獨所有。

4. 本條例中華民國 89 年 1 月 4 日修正施行前之共有耕地，得分割為單獨所有。

5. 耕地三七五租約，租佃雙方協議以分割方式終止租約者，得分割為租佃雙方單獨所有。

6. 非農地重劃地區，變更為農水路使用者。

7. 其他因執行土地政策、農業政策或配合國家重大建設之需要，經中央目的事業主管機關專案核准者，得為分割。

㈡未達最小面積禁止再分割

土地法第31條之規定，直轄市或縣（市）地政機關於其管轄區內之土地，得斟酌地方經濟情形，依其性質及使用種類，爲最小面積單位之規定，並禁止其再分割。至於土地使用的最小面積單位，依土地法施行法第21條規定，應經中央地政機關核定。

㈢法定空地，不得分割

法定空地，原則上不得分割；但依內政部建築基地法定分割辦法第3條，於分割後合於下列各款規定始得爲之：

1. 每一建築基地之法定空地與建築物所占地面應相連接，連接部分寬度不得小於2m。

2. 每一建築基地之建蔽率應合於規定。但本辦法發布前已領建造執照，或已提出申請而於本辦法發布後方領得建造執照者，不在此限。

3. 每一建築基地均應連接建築線並得以單獨申請建築。

4. 每一建築基地之建築物應具獨立之出入口。（內政部75.1.31發布75.12.22台內地營字第465051號函修正）

㈣實施土地重劃及區段徵收之土地，於公告禁止處分期間內，暫停申請分割。

㈤土地經辦理查封、假扣押、假處分、暫時處分、破產登記或因法院裁定而爲清算登記後，未爲塗銷前，登記機關應停止與其權利有關之新登記。（土地登記規則141）

三、土地分割之申請人

㈠私有土地

由土地所有權人或管理人申請辦理。

㈡ 公有土地

由管理機關或以書面授權或委託土地代管機關申請辦理。

㈢ 分割前已設定用益物權者

土地登記規則第 87 條：「一宗土地之部分已設定地上權、永佃權、不動產役權、典權或農育權者，於辦理分割登記時，應先由土地所有權人會同他項權利人申請勘測確定權利範圍及位置後爲之。但設定時已有勘測位置圖且不涉及權利位置變更者，不在此限。」

㈣ 法院判決或和解

由權利人單獨申請，凡土地所有權屬一人所有者，或經法院判決確定者，得由權利人單獨申請，但因和解而必須分割，由當事人會同申請，如任何一方拒不會同申請時，得由他方檢具有關證件單獨申請之。

㈤ 共有土地

凡土地所有權爲 2 人以上共有，由共有人共同申請或依土地法第 34 條之 1 規定辦理者。

㈥ 代爲申請

土地登記規則第 89 條：「申請建物基地分割或合併登記，涉及基地號變更者，應同時申請基地號變更登記。建物與基地所有權人不同時，得由基地所有權人代爲申請或由登記機關查明後逕爲辦理變更登記。前項登記，除建物所有權人申請登記者外，登記機關於登記完畢後，應通知建物所有權人換發或加註建物所有權狀。」

四、土地分割登記費及複丈費

㈠土地分割登記費免費，書狀費每張新臺幣 80 元。

㈡土地複丈費用，以每筆每公頃新臺幣 800 元，不足 1 公頃，以 1 公頃計算，超過 1 公頃者，每半公頃增收半數，不足半公頃者，以半公頃計算。但申請人未能埋設界標，一併申請確定分割點界址者，加繳複丈費之半數。筆數依分割後之筆數計算。

五、登記相關事項

㈠ 複丈及登記一併申請

土地分割應先申請土地複丈，涉及標示變更者，同時塡具土地登記申請書，一併辦理土地標示變更登記。（地籍測量實施規則 204、207）

㈡ 分割地號之編列

土地分割之地號，除其中一宗維持原地號外，其他各宗以「原地號之一」、「原地號之二」……順序編列之。（地籍測量實施規則 233）

㈢ 通知他項權利人

土地登記規則第 90 條：「設定有他項權利之土地申請分割或合併登記，於登記完畢後，應通知他項權利人換發或加註他項權利證明書。」

㈣ 分割前已設定抵押權的處理

土地登記規則第 107 條：「分別共有土地，部分共有人就應有部分設定抵押權者，於辦理共有物分割登記時，該抵押權按原應有部分轉載於分割後各宗土地之上。但有下列情形之一者，該抵押權僅轉載於原設定人分割後取得之土地上：

1. 抵押權人同意分割。

2. 抵押權人已參加共有物分割訴訟。

3. 抵押權人經共有人告知訴訟而未參加。」

㈤ 申請登記爲由

爲「標示變更登記」。

㈥ 登記原因

有「分割」、「判決分割」、「調解分割」、「和解分割」、「逕爲分割」等。

六、土地分割應備文件

㈠土地複丈申請書。（地籍測量實施規則 207）

㈡土地登記申請書。（同上及土地登記規則 34）

㈢申請人身分證明，能以電腦處理查詢者，免附。（土地登記規則 34）

㈣都市計畫分區使用證明書。（農業發展條例 16、地籍測量實施規則 241）

㈤權利證明文件。（地籍測量實施規則 207）

㈥建造執照或使用執照影本及其附圖（申請建築基地分割者檢附）。

㈦登記證明文件

1. 法定空地分割證明書（申請建築基地法定空地分割者檢附）。（內政部 75.12.22 台內地營字第 465051 號函）

2. 民國 60 年 12 月 22 日建築法修正前建造完成之證明文件（檢

附此證明文件者不受建築基地法定空地分割辦法之限制）。

3. 判決書。

㈧有無三七五租約證明。（農業發展條例16）

㈨分割位置圖說（無法依規定於分割點埋設界標者檢附）。

第四節　土地合併登記

一、意義

土地合併登記，係指所有權人為處分方便或促進土地經濟利用起見，向地政機關申請將其所有兩宗以上之土地合併為一宗土地所為之變更登記。

二、土地合併之限制

㈠合併土地的條件

地籍測量實施規則第224條之規定，土地因合併申請複丈者，應以同一地段、地界相連、使用性質相同之土地為限。前項土地之所有權人不同或設定有抵押權、典權、耕作權等他項權利者，應依下列規定檢附相關文件：

1. 所有權人不同時，應檢附全體所有權人之協議書。

2. 設定有抵押權時，應檢附土地所有權人與抵押權人之協議書。但為擔保同一債權，於數土地上設定抵押權，未涉權利範圍縮減者，不在此限。

3. 設定有典權或耕作權時，應檢附該他項權利人之同意書。

4. 登記機關辦理合併複丈，得免通知實地複丈。

5. 第1項之土地設定有用益物權者，其物權範圍為合併後土地之一部分者，應於土地複丈成果圖繪明其位置。

㈡ 使用分區相同，始能合併

土地因合併申請複丈者，應以同一地段、地界相連、使用分區及使用性質均相同之土地為限。地籍測量實施規則第224條所稱之使用性質，於都市土地係指使用分區，於非都市土地係編定之使用類別。

㈢ 重劃及區段徵收土地暫停合併

實施土地重劃及區段徵收之土地，於公告禁止處分期間內，暫停申請合併。（平均地權條例53、59）

㈣ 限制登記的土地不得合併

土地經辦理查封、假扣押、假處分、暫時處分、破產登記或因法院裁定而為清算登記後，未為塗銷前，登記機關應停止與其權利有關之新登記。經稅捐稽徵機關囑託禁止處分登記之土地，不得申請合併。（土地登記規則141、136，稅捐稽徵法24）

三、土地合併之申請人

㈠ 私有土地

由土地所有權人或管理人申請辦理。

㈡ 公有土地

由管理機關或以書面授權或委託土地代管機關申請辦理。

㈢ 若為共有土地

由共有人共同申請。

㈣ 法院判決或和解

共有土地若經法院判決確定者，得由權利人單獨申請，但因和解而必須合併者，由當事人會同申請，如任何一方拒不會同申請時，得由他方檢具有關證件單獨申請之。

四、土地合併登記規費及複丈費

㈠土地合併登記費免費，書狀費每張新臺幣 80 元。

㈡土地複丈費用，為鼓勵土地所有權人或管理人合併土地以利地籍管理，土地合併可節省辦理資料建檔經費及電腦存儲空間，故得免納複丈費。

五、登記相關事項

㈠ 部分土地與他土地合併

一宗土地之部分合併於他土地時，應先行申請辦理分割。（土地登記規則 86）

㈡ 合併後之權利範圍及位置

二宗以上所有權人不同之土地辦理合併時，各所有權人之權利範圍依其協議定之。設定有地上權、永佃權、不動產役權、典權、耕作權或農育權之土地合併時，應先由土地所有權人會同他項權利人申請他項權利位置圖勘測。但設定時已有勘測位置圖且不涉及權利位置變更者，不在此限。前項他項權利於土地合併後仍存在於合併前原位置之上，不因合併而受影響。（土地登記規則 88）

㈢ 設定不同他項權利的土地不得合併

兩宗以上之土地如已設定不同種類之他項權利，或經法院查

封、假扣押、假處分或破產之登記者，不得合併。（土地法施行法19-1）

㈣ 通知他項權利人

設定有他項權利之土地申請分割或合併登記，於登記完畢後，應通知他項權利人換發或加註他項權利證明書。（土地登記規則90）

㈤ 合併後價值減少者，需課徵增值稅

土地稅法施行細則第42條第4項：「土地合併後，各共有人應有部分價值與其合併前之土地價值相等者，免徵土地增值稅。其價值減少者，就其減少部分課徵土地增值稅。」土地價值之計算，以土地合併時之公告土地現值為準。

㈥ 所有權人不相同的土地合併，須檢附協議書

土地之所有權人不同或設定有抵押權、典權、耕作權等他項權利者，應依下列規定檢附相關文件：

1. 所有權人不同時，應檢附全體所有權人之協議書。

2. 設定有抵押權時，應檢附土地所有權人與抵押權人之協議書。但為擔保同一債權，於數土地上設定抵押權，未涉權利範圍縮減者，不在此限。

3. 設定有典權或耕作權時，應檢附該他項權利人之同意書。

登記機關辦理合併複丈，得免通知實地複丈。第一項之土地設定有用益物權者，其物權範圍為合併後土地之一部分者，應於土地複丈成果圖繪明其位置。」（地籍測量實施規則224）

㈦ 土地合併後地號刪除或保留方式

土地合併之地號，應依下列規定編定，並將刪除地號情形登載於

分號管理簿或電腦建檔管理，其因合併而刪除之地號不得再用：

1. 數宗原地號土地合併爲一宗時，應保留在前之原地號。

2. 原地號土地與其分號土地合併時，應保留原地號。

3. 原地號之數宗分號土地合併時，應保留在前之分號。

4. 原地號土地與他原地號之分號土地合併時，應保留原地號。

5. 原地號之分號土地與他原地號之分號土地合併時，應保留在前原地號之分號。（地籍測量實施規則234）

㈧ 有設定抵押權與未設定抵押權的土地合併

所有權人相同之未設定抵押權之土地與設定有抵押權之土地合併，仍應先徵得抵押權人同意。（土地登記規則88 Ⅳ）

㈨ 設定抵押權土地的分割合併

設定抵押權之土地分割後申請再合併，如合併後抵押權與分割前抵押權內容一致得免檢附抵押權人之同意書。（內政部76.12.19. 台內地字第558743號函）

㈩ 申請登記事由

爲「標示變更登記」。

⑾ 登記原因

爲「合併」。

六、土地合併應備文件

㈠土地複丈申請書。（地籍測量實施規則207）

㈡土地登記申請書。（地籍測量實施規則207、土地登記規則34）

㈢所有權人身分證明，能以電子處理查詢者，免附。（土地登記

規則 34）

㈣土地使用分區證明。（農業發展條例 16、地籍測量實施規則 224）

㈤權利證明文件。（地籍測量實施規則 207）

㈥土地若設有他項權利者，需附他項權利人合併協議書（若抵押權內容完全一致得免附）。所有權人不同之土地合併，需檢附全體所有權人合併後持分協議書。（地籍測量實施規則 224）

㈦所有權人印鑑證明或其他替代方式。（土地登記規則 40、41）

㈧他項權利人同意書。

㈨有無三七五租約證明。（農業發展條例 16）

第五節　建物分割及建物合併登記

一、意義

㈠ 建物複丈

建物有下列情形之一者，得申請建物複丈：1. 因增建或改建。2. 因部分滅失、分割、合併或其他標示變更。3. 因全部滅失或基地號、門牌號等變動需勘查。（地籍測量實施規則 260）

㈡ 建物分割登記

因為建物分割，係先申請建物複丈，再申請將其所有一棟之建物分割為兩棟以上所為之變更登記。

㈢ 建物合併登記

因為建物合併，係申請建物複丈後，再申請將其所有兩棟以上之建物合併為一棟所為之變更登記。

二、限制

㈠ 建物分割之限制

1. 辦理建物分割，應以已辦畢所有權登記，法令並無禁止分割及已經增編門牌號或所在地址證明，且其分割處已有定著可為分隔之樓地板或牆壁之建物為限。申請建物分割，應填具申請書檢附分割位置圖說及編列門牌號證明文件為之。經法院判決分割者，依法院確定判決辦理。（地籍測量實施規則288）

2. 土地登記規則第94條：「區分所有建物之共有部分，除法令另有規定外，應隨同各相關專有部分及其基地權利為移轉、設定或限制登記。」

㈡ 建物合併之限制（地籍測量實施規則290）

1. 辦理建物合併，應以辦畢所有權登記、位置相連之建物為限。

2. 前項所定之位置相連，包括建物間左右、前後或上下之位置相毗鄰者。

3. 申請建物合併應填具申請書檢附合併位置圖說，建物之所有權人不同或設定有抵押權、不動產役權、典權等他項權利者，應依下列規定辦理：

⑴ 所有權人不同時，各所有權人之權利範圍除另有協議應檢附全體所有權人之協議書外，應以合併前各該棟建物面積與各棟建物面積之和之比計算。

⑵ 設定有抵押權時，應檢附建物所有權人與抵押權人之協議書。但為擔保同一債權，於數建物上設定抵押權，未涉權利範圍縮減者，不在此限。

⑶設定有不動產役權、典權時，應檢附該不動產役權人、典權人之同意書。

三、建物分割或合併登記費及複丈費

㈠建築改良物測量費用以每建號面積每 50m² 為計收單位，不足 50m² 者，以 50m² 計算。

㈡建物分割複丈費：按分割後建號計算，每單位以新臺幣 800 元計。

㈢建物合併複丈費：按合併前建號計算，每單位以新臺幣 400 元計收。

㈣建物分割登記、合併登記免登記費，登記後有繕發新的權利書狀者，應繳納書狀費。

四、登記相關事項

㈠ 申請標示變更登記

建物分割或合併涉及原有標示變更者，應一併申請標示變更登記。（地籍測量實施規則 295）

㈡ 分割後建物建號之編列

分割後之建物，除將其中一棟維持原建號外，其他各棟以該地段最後建號之次一號順序編列。新編列之建號，應登載於建號管理簿或電腦建檔管理之。（地籍測量實施規則 289）

㈢ 經他項權利人同意

合併之建物若有設定他項權利者，應經他項權利人之同意。（地籍測量實施規則 290）

㈣ 建物合併後的建號

建物合併應先辦理建物勘查。建物合併，除保留合併前之最前一建號外，其他建號應予刪除，不得使用。（地籍測量實施規則 291）

㈤ 申請登記事由

爲「標示變更登記」。

㈥ 分割原因

1. 分割。
2. 判決分割。
3. 和解分割。
4. 調解分割。

五、建物分割及建物合併應備文件

㈠建物測量申請書。（地籍測量實施規則 288）
㈡建物標示變更登記申請書。（地籍測量實施規則 295）
㈢建物所有權狀。（地籍測量實施規則 295）
㈣申請人身分證明。
㈤他項權利人同意書。（地籍測量實施規則 290）
㈥協議書。（地籍測量實施規則 290）
㈦所有權人印鑑證明或替代處理方式。（土地登記規則 40、41）
㈧他項權利人印鑑證明或替代處理方式。（土地登記規則40、41）
㈨門牌增編證明。（地籍測量實施規則 288）
㈩分割位置圖說。（地籍測量實施規則 288）
⑴法院確定判決書。（地籍測量實施規則 288 後段）

第六節　土地重劃確定登記

一、意義

土地重劃確定登記者，指政府或民間勘選市地重劃區、農地重劃區、農村社區土地重劃區，將一區域內原爲細碎分割，不合經濟使用之土地，全部予以重行規劃、交換分合，建設必要之公共設施，再將土地分配於原土地所有權人，經重劃確定後，地段、地號、面積皆改變，辦理重劃機關將有關圖冊檢送登記機關逕爲辦理之標示變更登記。

二、登記相關事項

㈠土地重劃原因

1. 市地重劃原因

⑴新設都市地區之全部或一部，實施開發建設者。

⑵舊都市地區爲公共安全、公共衛生、公共交通或促進土地合理使用之需要者。

⑶都市土地開發新社區者。

⑷經中央主管機關指定限期辦理者。（平均地權條例 56 Ⅰ）

2. 農地重劃原因

直轄市或縣（市）主管機關因下列情形之一，得就轄區內之相關土地勘選爲重劃區，擬訂農地重劃計畫書，連同範圍圖說，報經上級主管機關核定，實施農地重劃：（農地重劃條例 6）

⑴耕地坵形不適於農事工作或不利於灌漑、排水者。

⑵耕地散碎不利於擴大農場經營規模或應用機械耕作者。

⑶農路、水路缺少，不利於農事經營者。

⑷須新闢灌漑、排水系統者。

⑸ 農地遭受水沖、砂壓等重大災害者。

⑹ 舉辦農地之開發或改良者。

農地重劃區之勘選，應兼顧農業發展規劃與農村社區建設，得不受行政區域之限制。

3. 農村社區土地重劃原因

有下列情形之一者，直轄市或縣（市）主管機關得報請中央主管機關核定辦理農村社區土地重劃：（農村社區土地重劃條例 5）

⑴ 促進農村社區土地合理利用需要。

⑵ 實施農村社區更新需要。

⑶ 配合區域整體發展需要。

⑷ 配合遭受地震、水災、風災、火災或其他重大事變損壞之災區重建需要。

㈡經重劃之土地，應由該管主管機關依據重劃結果，重新編號，列冊送由該管登記機關，逕為辦理地籍測量、土地登記、換發權利書狀及權利變更登記，換發土地權利書狀、免收登記費及書狀工本費。未於規定期限內換領者，宣告其原土地權利書狀無效。（平均地權條例 67、農地重劃條例 34、農村社區土地重劃條例 27）

㈢因土地重劃辦理權利變更登記時，應依據地籍測量結果釐正後之重劃土地分配清冊重造土地登記簿辦理登記。土地重劃前已辦竣登記之他項權利，於重劃後繼續存在者，應按原登記先後及登記事項轉載於重劃後分配土地之他項權利部，並通知他項權利人。重劃土地上已登記之建物未予拆除者，應逕為辦理基地號變更登記（土地登記規則 91）。重劃後的確定登記免收登記費及書狀費。（市地重劃實施辦法 44 Ⅲ、農地重劃條例 34、農村社區土地重劃條例 27）

第七節 地籍圖重測確定登記

一、意義

地籍圖重測確定登記，係指地籍圖因原圖破損、滅失、比例尺變更等，經重新實施測量結果，公告確定後或土地所有權人認為重測結果有誤，依法申請複丈，複丈結果無誤或經更正者，由地政機關逕為辦理之標示變更登記。（土地法 46-3）

地籍測量實施規則第 184 條規定：已辦地籍測量之地區，因地籍原圖破損、滅失、比例尺變更或其他重大原因，得重新實施地籍測量（以下簡稱地籍圖重測）。

二、地籍圖重測程序

地籍圖重測，應依下列程序辦理：（地籍測量實施規則 185）

㈠劃定重測地區。

㈡地籍調查。

㈢地籍測量。

㈣成果檢核。

㈤異動整理及造冊。

㈥繪製公告圖。

㈦公告通知。

㈧異議處理。

㈨土地標示變更登記。

㈩複（繪）製地籍圖。

三、發現未經登記之土地

㈠地籍圖重測時發現未經登記之土地，應另設地籍調查表，記明

其四至、鄰地地號、使用現況及其他有關事項。前項未登記土地測量編號後，應辦理土地第一次登記。（地籍測量實施規則188）

㈡私有土地與未登記土地相毗鄰者，依下列規定施測：（地籍測量實施規則194-1）

1. 私有土地所有權人所指認之界址，未占用未登記土地者，以其指認之界址施測。占用未登記土地者，應參照舊地籍圖及其他可靠資料所示之坵塊形狀及關係位置，實地測定界址，逕行施測。

2. 私有土地之一部分，已為道路、水路公眾使用，其所有權人無法指界時，依照前款方法，實地測定界址，逕行施測。

四、地籍圖重測之進行

㈠ 地籍圖重測之實施單位

地籍圖重測，應以段為實施單位。但得以河流、道路、鐵路、分水嶺等自然界，劃定重測區域。原有段界不適宜地籍管理者，準用第81條第2項之規定。（地籍測量實施規則186）

㈡ 重測地區之勘定

直轄市、縣（市）重測地區由中央主管機關會同直轄市、縣（市）主管機關勘定。重測地區勘定後，直轄市或縣（市）主管機關應將重測地區之範圍繪具圖說，連同應行注意事項，在土地所在地之鄉（鎮、市、區）公所及適當處所公布。第一項之中央主管機關辦理事項，得委任所屬下級機關辦理。（地籍測量實施規則187）

㈢ 檢測地籍圖重測之測量標

地籍圖重測時，應先檢測基本控制點、加密控制點、圖根點及有關之測量標，經檢測結果原測量標失去效用或遺失者，非依法不得廢

棄或重置之。（地籍測量實施規則 189）

㈣ 檢測都市計畫樁位

都市計畫範圍內，辦理地籍圖重測時，直轄市或縣（市）主管都市計畫機關（單位），應事先檢測都市計畫樁位置，並將樁位及其坐標資料列冊點交直轄市或縣（市）主管機關。（地籍測量實施規則 190）

㈤ 户地測量

戶地測量應按地籍調查表所載認定之界址，逐宗施測。地籍調查時未到場指界之土地所有權人，得於戶地測量時，補辦地籍調查。（地籍測量實施規則 191）

㈥ 申請界址調整或合併

現有界址曲折者，有關土地所有權人得於地籍調查時，檢具協議書，協議截彎取直。但以土地使用性質相同者為限。前項土地設定有他項權利者，應經他項權利人之同意。但設定之他項權利內容完全一致者，不在此限。（地籍測量實施規則 192）

同一段內二宗以上相連之土地，其使用性質相同，且屬同一所有權人者，土地所有權人得於地籍調查時，申請合併為一宗。前項部分土地設定有他項權利者，應經他項權利人之同意。但設定之他項權利內容完全一致者，不在此限。（地籍測量實施規則 193）

㈦ 得重新編定地號

地籍圖重測後之地號，得就該段或小段重新編定地號。（地籍測量實施規則 195）

㈧ 補辦地籍調查及訂正相關圖表

直轄市或縣（市）主管機關於重測期間，有下列情形之一者，應補辦地籍調查及訂正相關圖表：（地籍測量實施規則196）

1. 申請土地標示變更登記經登記完畢者。
2. 土地界址經調處或判決確定，而其結果與原測量結果不符者。

五、地籍圖重測結果之成果檢核及造冊

㈠地籍原圖整理及面積計算完竣後，應分別實施檢查。（地籍測量實施規則197）

㈡地籍圖重測結果，直轄市、縣（市）主管機關應視實際情形，依據面積計算表編造下列清冊：（地籍測量實施規則198）

1. 段區域調整清冊。
2. 合併清冊。
3. 重測結果清冊。
4. 未登記土地清冊。

前項第3款重測結果清冊包括新舊地號及面積對照表。

第1項各種清冊應各造三份，經核對有關圖表無誤後，一份存查，二份備供公告閱覽及登記之用。

六、地籍測量之結果的公告與複丈

㈠ 公告完成辦理土地標示變更登記

土地法第46條之3：「重新實施地籍測量之結果，應予公告，其期間爲30日。土地所有權人認爲前項測量結果有錯誤，除未依前條之規定設立界標或到場指界者外，得於公告期間內，向該管地政機關繳納複丈費，聲請複丈。經複丈者，不得再聲請複丈。逾公告期間未經聲請複丈，或複丈結果無誤或經更正者，地政機關應即據以辦理

土地標示變更登記。」

地籍圖重測結果公告時，直轄市或縣（市）主管機關應將前條所列清冊、地籍公告圖及地籍調查表，以展覽方式公告 30 日，並以書面通知土地所有權人。（地籍測量實施規則 199 Ⅰ）

㈡ 認爲重測結果有誤申請複丈

土地所有權人認爲重測結果有錯誤，除未依土地法第 46 條之 2 之規定設立界標或到場指界外，得於公告期間內，以書面向直轄市或縣（市）主管機關提出異議，並申請複丈。複丈結果無誤者，依重測結果辦理土地標示變更登記；其有錯誤者，應更正有關簿冊圖卡後，辦理土地標示變更登記。

前項地籍圖重測結果錯誤經更正者，其已繳之複丈費予以退還。

第 1 項辦理異議複丈業務，得由主管機關委任所屬登記機關辦理之。（地籍測量實施規則 201）

1. 重測期間發生界址爭議尚未解決之土地，申請所有權移轉或他項權利設定登記者，應由權利關係人出具切結書敘明於界址確定後，其面積與原登記面積不符時，同意由地政機關逕爲更正。（地籍測量實施規則 201-1）

2. 重測公告確定之土地，登記機關不得受理申請依重測前地籍圖辦理複丈。（地籍測量實施規則 201-2）

七、重測確定辦理變更登記

土地登記規則第 92 條之規定：「因地籍圖重測確定，辦理變更登記時，應依據重測結果清冊重造土地登記簿辦理登記。建物因基地重測標示變更者，應逕爲辦理基地號變更登記。重測前已設定他項權利者，應於登記完畢後通知他項權利人。」

地籍圖重測公告期滿，土地所有權人無異議者，重測結果即屬確定，直轄市或縣（市）主管機關，應據以辦理土地標示變更登記，並將登記結果，以書面通知土地所有權人限期檢附原權利書狀申請換發書狀。前項申請換發，土地所有權人未能提出原權利書狀者，應檢附切結書敘明未能提出書狀之事由，原權利書狀於換發後公告註銷。（地籍測量實施規則 199 Ⅱ、Ⅲ）

建築改良物之基地標示，因實施地籍圖重測而變更者，直轄市或縣（市）主管機關得查明逕爲辦理建物基地標示變更登記，並依第 199 條規定通知換發書狀。（地籍測量實施規則 202）

直轄市或縣（市）主管機關保管之土地及建築改良物有關簿冊圖卡等，應依地籍圖重測結果辦理重繕或訂正。（地籍測量實施規則 203）

重測確定後，由地政機關逕爲辦理「標示變更登記」，免由所有權人申請，登記原因爲「地籍圖重測」。

第八節　土地建物面積增減登記

一、意義

土地因水流部分坍失，所有權部分消滅後，又回復原狀，經所有權人證明爲其原有，或因水流變遷而使面積增加或減少等，或建物經登記後，其面積因部分拆除、增建、改建，或部分流失倒坍、燒燬而滅失，向地政機關申請複丈後所爲之標示變更登記。

二、申請程序

㈠ 土地須先申請複丈，建物重新勘測

權利人申請消滅或增減登記時，土地部分應先申請複丈，建物則

應申請勘測後同時辦理標示變更登記。

地籍測量實施規則第292條：「建物勘查結果經核定後，應加註於有關建物測量成果圖。」

㈡ 建物增建須辦理建物所有權第一次登記

地籍測量實施規則第293條：「增建建物之所有權人申請建物複丈，應提出增建使用執照竣工圖說及其影本。依前項規定繳驗之文件正本，於繳驗後發還之。」

建物所有權第一次登記法令補充規定第21點：「已登記之建物在同一建號下就增建部分申請登記時，應以『增建』爲登記原因，並以建物所有權第一次登記方式辦理登記。登記時應於登記簿標示部其他登記事項欄註記：『第○次增建，增建建築完成日期：○年○月○日』，及顯示於建物所有權狀上；公告時並應分別列示增建前後之標示。前項建物增建部分以主管建築機關核發之他起造人增建使用執照申辦登記者，其所有權之權利範圍依權利人與增建前之建物所有權人之協議定之。」

㈢ 土地部分滅失須辦理消滅登記

私有土地因天然流失坍沒，而合於土地法第12條第1項規定情形者，應由土地所有權人申請，經該管地政機關會同水利機關勘查無訛後，辦理消滅登記。（辦理土地複丈與建物測量補充規定第6點）

㈣ 土地回復所有權登記

按因天然形成之湖澤及可通運之水道，依土地法第14條第1項第2、3款規定，不得爲私有。故私有土地因天然變遷成爲湖澤及可通運之水道時，依同法第12條第1項規定，其所有權視爲消滅。惟此之所謂「視爲消滅」，並非眞正絕對消滅，而係指暫時停止其權利義務之行使及負擔。倘日後復因天然變遷回復原狀時，仍回復其所有權，於該土地回復原狀時，自得主張回復其所有權。（內政部93.9.13內授中辦地字第0930725826號函）

三、申請登記

㈠ 申請登記事由

為「標示變更登記」。

㈡ 登記原因

1. 土地面積因浮覆而增加者，為「浮覆」。

2. 土地、建物面積因為坍沒、流失、焚毀、拆除而減少者，登記原因為「滅失」或「部分滅失」。

3. 建物面積因增建而增加者，為「增建」。

㈢ 原因發生日期

為「勘測結果通知書核准日」，建物增建為「使用執照核發日」。

四、應備文件

㈠登記申請書。

㈡登記原因證明文件：

土地複丈結果通知書或建物測量成果圖（土地登記規則34，地籍測量實施規則206、215、262）於土地坍沒、面積增減、建物面積增減時檢附。建物增建檢附使用執照。建物滅失檢附勘查結果通知書。

㈢申請人身分證明。

㈣權利書狀。

第九節　其他標示變更登記

一、建物門牌變更登記

建物辦妥第一次登記後，因行政區域調整或門牌整編或街路名稱變更，所有權人向該管地政機關申請建物門牌變更所為之登記。

二、建物基地號變更登記

建物之基地因合併、分割，致使建物所占之基地地號不符，而向該管地政機關所申辦建物基地號變更所為之登記。

附錄表格

表 5-1　建物測量及標示變更登記申請書（分割）

表 5-2　土地複丈申請書

表 5-3　土地複丈及標示變更登記申請書（分割）

表 5-4　土地分割複丈結果通知書

表 5-5　土地複丈及標示變更登記申請書（合併）

表 5-6　合併標示變更登記申請書

表 5-7　合併登記清冊

表 5-8　土地複丈及標示變更登記申請書（鑑界）

表 5-1　建物測量及標示變更登記申請書（分割）

測量	日期	年　月　日　時　分	收件者章	測量費	新臺幣　元	收費者章	登記	日期	年　月　日　時　分	收件者章	登記費　元
											書狀費　元
收件	字號	字第　號		收據	字第　號		收件	字號	字第　號		罰鍰　元

合計	元	
收據	字　號	
核算者		

建物測量及標示變更登記申請書

(1)受理機關	臺北 ~~縣~~ 市　古亭　地政事務所	(2)原因發生日期	中華民國　年　月　日	(6)建物略圖

(3)申請測量原因（選擇打∨一項）

☐ 建物第一次測量　☐ 申請未登記建物基地號及門牌號勘查　☐ 其他（　　）

(4)申請測量原因（選擇打∨一項）	(5)申請標示變更登記事由及登記原因（選擇打∨一項）
☑ 建物分割　☐ 建物合併　☐ 基地號勘查	標示變更登記（☑ 分割　☐ 合併　☐ 基地號變更
☐ 門牌號勘查	☐ 門牌整編）
☐ 建物滅失	消滅登記（☐ 滅失　☐ 部分滅失）
☐ 建物增建	所有權第一次登記（☐ 增建）
☐ 其他（　　）	登記（☐　　）

(6)建物略圖

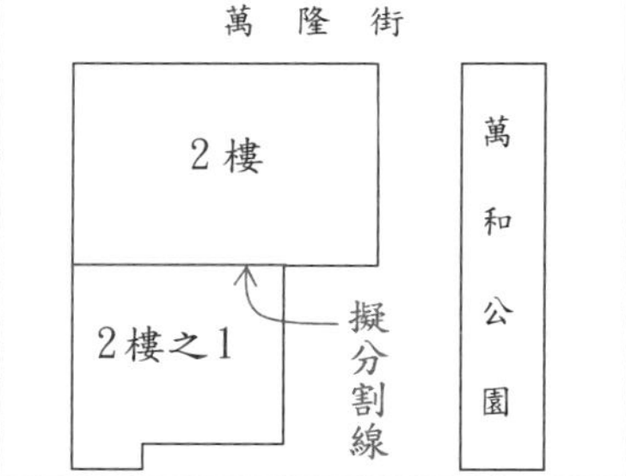

(7)建物標示	建號	基地坐落				建物門牌							主要用途	主要構造
		鄉鎮市區	段	小段	地號	街路	段	巷	弄	號	樓			
	26**	文山	萬隆	二	517*	萬隆				4*-12	2		集合住宅	RC 造

(8)附繳證件			
	1. 身分證影本　1 份	4.　份	7.　份
	2. 戶政事務所增編門牌證明書　1 份	5.　份	8.　份
	3. 建物所有權狀　1 份	6.　份	9.　份

(9)委任關係	本建物測量及標示變更登記案之申請委託　李○○　代理(　　複代理)及指界認章。委託人確為登記標的物之權利人或權利關係人，並經核對身分無誤，如有虛偽不實，本代理人(複代理人)願負法律責任。㊞	(11)聯絡方式	聯絡電話	(02)2935-****
			傳真電話	(02)2935-****
(10)備註			電子郵件信箱	kut***@mail.taipei.gov.tw

(12)申請人	(13)權利人或義務人	(14)姓名或名稱	(15)出生年月日	(16)統一編號	(17)住所 縣市	鄉鎮市區	村里	鄰	街路	段	巷	弄	號	樓		(18)權利範圍	(19)簽章
	權利人	林○○	30.06.05	A12345****	臺北	文山			萬隆				4*-12	2		全部	印
	代理人	李○○	45.10.10	A12765****	臺北	文山	樟林		○○				1*	2			印

(20)簽收測量定期通知書	96 年 6 月 14 日　簽章　印	(21)核發成果	

(22)本案處理經過情形（以下各欄申請人請勿填寫）									
測量人員	測量成果檢查	測量成果核定	登記初審	登記複審	登記核定				
登簿	校簿	書狀列印	校狀	書狀用印	地價異動	通知領狀	異動通知	交付發狀	歸檔

表 5-2 土地複丈申請書

收件日期	年 月 日	收件者章		測量費	新臺幣 元	收費者章
收件字號	字第 號			收據	字第 號	

土 地 複 丈 申 請 書

受理機關	縣 市 地政事務所	申請會同地點(請申請人填寫)
複丈原因	□分割 □合併 □自然增加 □浮覆 □坍沒 □鑑界 □再鑑界( ) □界址調整(調整地形) □他項權利位置測量(權) □其他( )	複丈略圖
附繳證件		

土地坐落				面積(平方公尺)
鄉鎮市區	段	小段	地號	

委任關係	本土地複丈案之申請，委託 代理及指界認章，如有不實願負法律責任。
聯絡方式	聯絡電話： 傳真電話： 電子信箱：

申請人姓名	出生年月日	統一編號	住所											權利範圍	簽章
			縣市	鄉鎮市區	村里	鄰	街路	段	巷	弄	號	樓			

關係地號	關係人姓名	住所										
		縣市	鄉鎮市區	村里	鄰	街路	段	巷	弄	號	樓	

申請日期	中華民國 年 月 日		
備註			
簽收複丈定期通知書	年 月 日 簽章	結果通知	

本案處理經過情形(本欄位申請人請勿填寫)	複丈人員	複丈成果檢查	複丈成果核定

表 5-3　土地複丈及標示變更登記申請書（分割）

複丈收件	日期	年　月　日 時　分	收件者章	複丈費	新臺幣　元	收費者章	登記收件	日期	年　月　日 時　分	收件者章	書狀費	新臺幣　元
	字號	字第　號		收據	字第　號			字號	字第　號		收據	字第　號

收費者章（書狀費）

土地複丈及標示變更登記申請書

(1)受理機關	彰化 縣 ~~市~~ 彰化 地政事務所	(2)原因發生日期	中華民國　年　月　日
(3)申請會同地點（請申請人填寫）	現場		

(4)申請複丈原因（選擇打∨一項）

☐ 鑑界　☐ 再鑑界（　　）　☐ 他項權利位置測量（　　權）　☐ 其他（　　）

(5)申請複丈原因（選擇打∨一項）	(6)申請標示變更登記事由及登記原因（選擇打∨一項）
☑ 分割　☐ 合併　☐ 界址調整（調整地形）	標示變更登記（☑ 分割　☐ 合併　☐ 界址調整）
☐ 坍	消滅登記（☐ 滅失　☐ 部分滅失）
☐ 浮覆	所有權回復登記（☐ 回復）
☐ 其他（　　）	登記（☐　　）

(7)土地坐落				(8)面積（平方公尺）
鄉鎮市區	段	小段	地號	
彰化	南郭	南郭	52	133

(9)複丈略圖

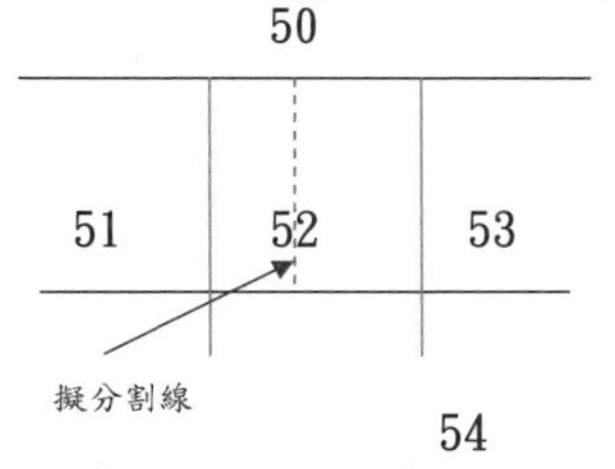

（關於本欄位若有疑義請逕至五樓地籍圖閱覽室洽詢）

(10)附繳證件					
1. 身分證影本　1 份	4. 土地使用分區證明書　1 份	7.　份
2. 法定空地分割證明書　1 份	5. 共有土地分割協議書　1 份	8.　份
3. 委託書　1 份	6.　份	9.　份

(11)委任關係：本土地複丈及標示變更登記案之申請委託　李○○　代理（　　複代理）及指界認章。委託人確為登記標的物之權利人或權利關係人，並經核對身分無誤，如有虛偽不實，本代理人(複代理人)願負法律責任。（印）

(12)備註：

(13)聯絡方式	
聯絡電話	(04)1234567
傳真電話	(04)1234567
電子郵件信箱	chl**d@yahoo.com.tw

(14) 申請人	(15) 權利人或義務人	(16) 姓名或名稱	(17) 出生年月日	(18) 統一編號	(19)住所 縣市	鄉鎮市區	村里	鄰	街路	段	巷	弄	號	樓		(20) 權利範圍	(21) 簽章
	權利人	林○○	30.06.05	A123456789	彰化	彰化			中興				100	4		全部	印
	代理人	李○○	45.10.10	A127654321	彰化	彰化			中興				100	5			印

(22) 簽收複丈定期通知書		(23) 結果通知	
	96 年 6 月 14 日 簽章 印		

(24) 本案處理經過情形（以下各欄申請人請勿填寫）	複丈人員	複丈成果檢查	複丈成果核定	登記初審	登記複審	登記核定

登簿	校簿	書狀列印	校狀	書狀用印	地價異動	通知領狀	異動通知	交付發狀	歸檔

表 5-4　土地分割複丈結果通知書

<table>
<tr><td colspan="8">市、縣(市)　　　　地政事務所土地複丈結果通知書</td></tr>
<tr><td>申　請　人</td><td colspan="2">○○○等 2 人</td><td>住　所</td><td colspan="4">○○縣○○鎮○○里○鄰○○路○○號</td></tr>
<tr><td>所　有　人</td><td colspan="2">○○○</td><td>住　所</td><td colspan="4">○○縣○○鎮○○里○鄰○○路○○號</td></tr>
<tr><td>申請日期及
收件字號</td><td colspan="2">年　月　日
字　號</td><td>複丈原因</td><td colspan="4">土地分割</td></tr>
<tr><td>申請土地坐落</td><td colspan="7">鄉鎮市區　　段　　小段</td></tr>
<tr><td colspan="7">複　丈　結　果　情　形</td><td></td></tr>
<tr><td colspan="3">複　丈　前</td><td colspan="3">複　丈　後</td><td rowspan="2">附　記</td></tr>
<tr><td>地　號</td><td>地目</td><td>面　積(公頃)</td><td>地　號</td><td>地目</td><td>面　積(公頃)</td></tr>
<tr><td>0170-0000</td><td>田</td><td>0.023649</td><td>0170-0000
0170-0001</td><td>田
田</td><td>0.011825
0.011824</td><td></td></tr>
<tr><td colspan="2">總 面 積</td><td>0.023649</td><td colspan="2">總 面 積</td><td>0.023649</td><td></td></tr>
<tr><td>備
註</td><td colspan="7"></td></tr>
<tr><td colspan="2">列印人</td><td colspan="2">測量員
（檢查員）</td><td colspan="2">課（股）長</td><td colspan="2">主任</td></tr>
<tr><td colspan="2"></td><td colspan="2"></td><td colspan="2"></td><td colspan="2"></td></tr>
<tr><td>通知日期
及　字　號</td><td colspan="7">中華民國　　年　　月　　日　　字第　　　號</td></tr>
<tr><td colspan="8">第一聯：存根
（第二聯：移登記課辦理登記）
（第三聯：移地價課辦理登記）
（第四聯：發交申請人）
《列印完畢》</td></tr>
</table>

表 5-5　土地複丈及標示變更登記申請書（合併）

複丈收件	日期	年　月　日　時　分	收件者章	複丈費	新臺幣　元	收費者章	登記收件	日期	年　月　日　時　分	收件者章	書狀費	新臺幣　元	收費者章
	字號	字第　號		收據	字第　號			字號	字第　號		收據	字第　號	

土地複丈及標示變更登記申請書

(1)受理機關	彰化 縣/市（「市」字劃去） 彰化 地政事務所	(2)原因發生日期	中華民國　年　月　日	(3)申請會同地點（請申請人填寫）	現場

(4)申請複丈原因（選擇打 V 一項）

☐ 鑑界　☐ 再鑑界（　　）　☐ 他項權利位置測量（　　權）　☐ 其他（　　）

(5)申請複丈原因（選擇打 V 一項）	(6)申請標示變更登記事由及登記原因（選擇打 V 一項）
☐ 分割　☑ 合併　☐ 界址調整（調整地形）	標示變更登記（☐ 分割　☑ 合併　☐ 界址調整）
☐ 坍沒	消滅登記（☐ 滅失　☐ 部分滅失）
☐ 浮覆	所有權回復登記（☐ 回復）
☐ 其他（　　）	登記（☐　　）

(9)複丈略圖

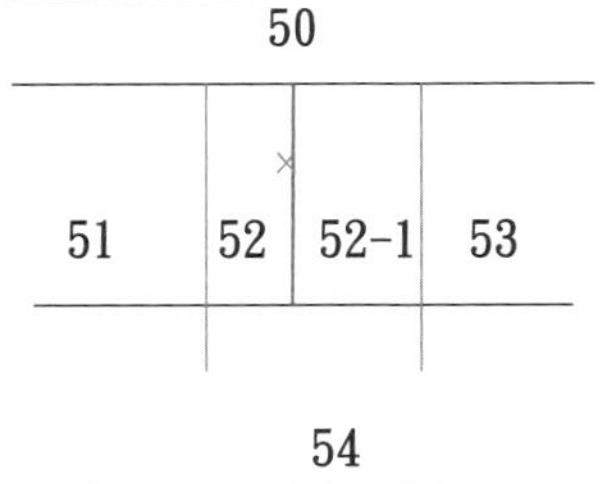

（關於本欄位若有疑義請逕至五樓地籍圖閱覽室洽詢）

(7)土地坐落 鄉鎮市區	段	小段	地號	(8)面積（平方公尺）
彰化	南郭	南郭	**	133
彰化	南郭	南郭	***-1	138

(10)附繳證件			
	1. 身分證影本　1 份	4.　份	7.　份
	2. 土地使用分區證明書　1 份	5.　份	8.　份
	3. 委託書　1 份	6.　份	9.　份

(11)委任關係：本土地複丈及標示變更登記案之申請委託　李〇〇　代理（　　複代理）及指界認章。委託人確為登記標的物之權利人或權利關係人，並經核對身分無誤，如有虛偽不實，本代理人(複代理人)願負法律責任。印

(12)備註：

(13)聯絡方式	
聯絡電話	(04)1234567
傳真電話	(04)1234567
電子郵件信箱	chl**d@yahoo.com.tw

(14)申請人	(15)權利人或義務人	(16)姓名或名稱	(17)出生年月日	(18)統一編號	(19)住所 縣市	鄉鎮市區	村里	鄰	街路	段	巷	弄	號	樓		(20)權利範圍	(21)簽章
	權利人	林○○	30.06.05	A123456789	彰化	彰化			中興				100	4		全部	印
	代理人	李○○	45.10.10	A127654321	彰化	彰化			中興				100	5			印

(22)簽收複丈定期通知書	96 年 6 月 14 日　簽章　印	(23)結果通知	

(24)本案處理經過情形（以下各欄申請人請勿填寫）									
複丈人員	複丈成果檢查	複丈成果核定	登記初審	登記複審	登記核定				
登簿	校簿	書狀列印	校狀	書狀用印	地價異動	通知領狀	異動通知	交付發狀	歸檔

表 5-6 合併標示變更登記申請書

收件	日期	年 月 日 時 分	收件者章	
	字號	字第 號		

連件序別（非連件者免填）	共 件	第 件

登記費	元	合 計	元
書狀費	元	收 據	字 號
罰 鍰	元	核算者	

土 地 登 記 申 請 書

(1)受理機關	臺中市 縣 中興地政事務所 ☐跨所申請	資料管轄機關	縣 市 地政事務所	(2)原因發生日期	中華民國 97 年 9 月 1 日

(3)申請登記事由（選擇打 V 一項）	(4)登記原因（選擇打 V 一項）
☐ 所有權第一次登記	☐ 第一次登記
☐ 所有權移轉登記	☐ 買賣 ☐ 贈與 ☐ 繼承 ☐ 分割繼承 ☐ 拍賣 ☐ 共有物分割 ☐
☐ 抵押權登記	☐ 設定 ☐ 法定 ☐
☐ 抵押權塗銷登記	☐ 清償 ☐ 拋棄 ☐ 混同 ☐ 判決塗銷 ☐
☐ 抵押權內容變更登記	☐ 權利價值變更 ☐ 權利內容等變更 ☐
☑ 標示變更登記	☐ 分割 ☑ 合併 ☐ 地目變更 ☐
☐	☐

(5)標示及申請權利內容 詳如☐ 契約書 ☐ 登記清冊 ☑ 複丈結果通知書 ☑ 建物測量成果圖 ☐

(6)附繳證件			
	1. 土地複丈結果通知書或建物測量成果圖 1 份	4. 身分證明文件 2 份	7. 份
	2. 建物所有權狀 2 份	5. 規費收據 1 份	8. 份
	3. 土地所有權狀 2 份	6. 份	9. 份

(7)委任關係	本土地登記案之申請委託 王〇文 代理。 複代理。 委託人確為登記標的物之權利人或權利關係人並經核對身分無誤，如有虛偽不實，本代理人(複代理人)願負法律責任。 代理人印	(8)聯絡方式	權利人電話	
			義務人電話	
			代理人聯絡電話	(04)2222-1111
(9)備註			傳真電話	(04)2222-1120
			電子郵件信箱	***@yahoo.com.tw
			不動產經紀業名稱及統一編號	
			不動產經紀業電話	

(10)	(11)	(12)	(13)	(14)	(15) 住								所			(16)
申	權利人或義務人	姓名或名稱	出生年月日	統一編號	縣市	鄉鎮市區	村里	鄰	街路	段	巷	弄	號	樓		簽章
請	權利人	張○三	52.4.12	H100000001	桃園縣	八德市	瑞豐	1	建國路	2			311			印
	權利人	張○姑	32.4.12	H200000001	桃園縣	八德市	瑞豐	11	建國路	2			11			印
人	代理人	王○文	48.5.5	C100000001	臺中市	北區			北平路	1			36			代理人印

本案處理經過情形（以下各欄申請人請勿填寫）								
初審	複審	核定	登簿	校簿	書狀列印	校狀	書狀用印	
			地價異動	通知領狀	異動通知	交付發狀	歸檔	

表 5-7 合併登記清冊

S0700043402

登記清冊　申請人　心○工程股份有限公司　印
法定代理人：董事長　李○正　簽章　印

土地標示	(1)坐落	鄉鎮市區	萬華區	萬華區	萬華區	萬華區	以		
		段	莒光	莒光	莒光	莒光	下		
		小段	二	二	二	二	空		
	(2)地號		○○○	○○○-1	○○○-2	○○○-3	白		
	(3)面積（平方公尺）		116	11	69	86			
	(4)權利範圍		2分之1	2分之1	2分之1	2分之1			
	(5)備註								

S0700043402

建物標示	(6)建號		13**	以		
	(7)門牌	鄉鎮市區	萬華區			
		街　路	愛國路	下		
		段巷弄	二段			
		號　樓	10*號	空		
	(8)建物坐落	段	莒光			
		小　段	四	白		
		地　號	12			
	(9)面積（平方公尺）	地面層	100.5			
		第二層	100.5			
		第三層	100.5			
		第四層	100.5			
		第五層	100.5			
		共　計	502.5			
	(10)附屬建物	用　途				
		面　積（平方公尺）				
	(11)權利範圍		全部			
	(12)備註					

表 5-8　土地複丈及標示變更登記申請書（鑑界）

複丈	日期	年　月　日　時　分	收件者章	複丈費	新臺幣　元	收費者章	登記	日期	年　月　日　時　分	收件者章	書狀費	新臺幣　元	收費者章
收件	字號	字第　號		收據	字第　號		收件	字號	字第　號		收據	字第　號	

土　地　複　丈　及　標　示　變　更　登　記　申　請　書

(1)受理機關	臺北 ~~縣~~ 市 古亭 地政事務所	(2)原因發生日期	中華民國　年　月　日	(3)申請會同地點（請申請人填寫）	臺北市文山區萬隆街 4*-12 號

(4)申請複丈原因（選擇打 ∨ 一項）

☑ 鑑界　☐ 再鑑界（　　）　☐ 他項權利位置測量（　　權）　☐ 其他（　　）

(5)申請複丈原因（選擇打 ∨ 一項）	(6)申請標示變更登記事由及登記原因（選擇打 ∨ 一項）
☐ 分割　☐ 合併　☐ 界址調整（調整地形）	標示變更登記（☐ 分割　☐ 合併　☐ 界址調整）
☐ 坍沒	消滅登記（☐ 滅失　☐ 部分滅失）
☐ 浮覆	所有權回復登記（☐ 回復）
☐ 其他（　　）	登記（☐　　）

(7)土地坐落				(8)面積（平方公尺）
鄉鎮市區	段	小段	地號	
文山	萬隆	二	***	33

(9)複丈略圖

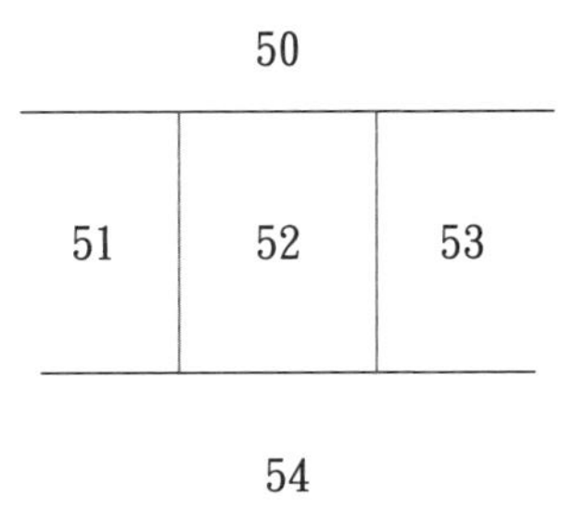

(10)附繳證件	1. 身分證影本　1 份	4.　份	7.　份
	2.　份	5.　份	8.　份
	3.　份	6.　份	9.　份

(11)委任關係	本土地複丈及標示變更登記案之申請委託　李○○　代理（　　複代理）及指界認章。委託人確為登記標的物之權利人或權利關係人，並經核對身分無誤，如有虛偽不實，本代理人(複代理人)願負法律責任。印	(13)聯絡方式	聯絡電話	(02)2935-****
			傳真電話	(02)2935-****
(12)備註			電子郵件信箱	kut***@mail.taipei.gov.tw

(14)申請人	(15)權利人或義務人	(16)姓名或名稱	(17)出生年月日	(18)統一編號	(19)住所 縣市	鄉鎮市區	村里	鄰	街路	段	巷	弄	號	樓		(20)權利範圍	(21)簽章
	權利人	林○○	30.06.05	A123456789	臺北	文山			萬隆				**-12	3		全部	印
	代理人	李○○	45.10.10	A127654321	臺北	文山	樟林		保儀				1*	2			印

(22)簽收複丈定期通知書	96 年 6 月 14 日　簽章　印	(23)結果通知	

(24)本案處理經過情形（以下各欄申請人請勿填寫）									
複丈人員		複丈成果檢查		複丈成果核定	登記初審		登記複審		登記核定
登簿	校簿	書狀列印	校狀	書狀用印	地價異動	通知領狀	異動通知	交付發狀	歸檔

第 6 章 所有權移轉登記

第一節　變更登記

一、變更登記之意義

㈠ 土地總登記後之變更登記

土地法第 72 條：「土地總登記後，土地權利有移轉、分割、合併、設定、增減或消滅時，應爲變更登記。」

土地登記規則第 93 條規定：「土地總登記後，土地所有權移轉、分割、合併、增減或消滅時，應爲變更登記。」

㈡ 移轉

係指買賣、交換、贈與、繼承、遺贈、拍賣、徵收、照價收買、判決、公產出售、公地放領、典權到期不回贖、承墾耕地期滿等。

㈢ 分割

係指標示分割與共有物分割。故所有權移轉、共有物所有權分割皆是所有權變更登記之一環。

二、登記之申請方式

㈠ 權利人和義務人會同申請

1. 依土地法第 73 條第 1 項規定：「土地權利變更登記，應由權利人及義務人會同聲請之。其無義務人者，由權利人聲請之。其係繼承登記者，得由任何繼承人為全體繼承人聲請之。但其聲請，不影響他繼承人拋棄繼承或限定繼承之權利。」

2. 依土地登記規則第 26 條規定：「土地登記，除本規則另有規定外，應由權利人及義務人會同申請之。」

㈡ 權利人或登記名義人單獨申請

1. 因繼承取得土地權利之登記。（土地登記規則 27 Ⅲ）

2. 因法院、行政執行分署或公正第三人拍定、法院判決確定之登記。（土地登記規則 27 Ⅳ）

3. 依土地法第 12 條第 2 項規定回復所有權之登記。（土地登記規則 27 Ⅹ）

4. 依土地法第 17 條第 2 項和第 3 項、第 20 條第 3 項、第 73 條之 1、地籍清理條例第 11 條、第 37 條或祭祀公業條例第 51 條規定標售或讓售取得土地之登記。（土地登記規則 27 Ⅺ）

5. 依土地法第 133 條規定取得耕作權或所有權之登記。（土地登記規則 27 XIII）

6. 依民法第 769 條、第 770 條或第 772 條規定因時效完成之登

記。（土地登記規則 27 XV）

7. 依民法第 913 條第 2 項、第 923 條第 2 項或第 924 條但書規定典權人取得典物所有權之登記。

8. 依直轄市縣（市）不動產糾紛調處委員會設置及調處辦法作成調處結果之登記。（土地登記規則 27 XXII）

9. 其他依法律得單獨申請登記者。（土地登記規則 27 XXIV）

㈢ 政府機關囑託登記

1. 土地徵收或撥用之登記。（土地登記規則 29 Ⅰ）

2. 照價收買土地之登記。（土地登記規則 29 Ⅱ）

爲所有權變更登記中，由政府機關囑託登記機關登記者。

㈣ 申請登記之一方死亡時（土地登記規則 102）

1. 土地權利移轉、設定，依法須申報土地移轉現值者，於申報土地移轉現值後，如登記義務人於申請登記前死亡時，得僅由權利人敘明理由，檢附載有義務人死亡記事之戶籍謄本及其他有關證件，單獨申請登記。

2. 登記權利人死亡時，得由其繼承人爲權利人，敘明理由提出契約書及其他有關證件會同義務人申請登記。

3. 前兩項規定於土地權利移轉、設定或權利內容變更，依法無須申報土地移轉現值，經訂立書面契約，依法公證或申報契稅、贈與稅者，準用之。

三、申請期限

㈠ 權利變更登記 1 個月內申請，繼承登記 6 個月內申請

申請土地權利變更登記，應於土地權利變更後 1 個月內爲之。其

係繼承登記者，得自繼承開始之日起，6 個月內爲之。聲請逾期者，每逾 1 個月得處應納登記費額 1 倍之罰鍰，但最高不得超過 20 倍。（土地法 73 II）

㈡ 權利變更之日的定義

依土地登記規則第 33 條規定，申請土地權利變更登記，應於權利變更之日起 1 個月內爲之。繼承登記得自繼承開始之日起 6 個月內爲之。前項權利變更之日，係指下列各款之一者：

1. 契約成立之日。
2. 法院判決確定之日。
3. 訴訟上和解或調解成立之日。
4. 依鄉鎮市調解條例規定成立之調解，經法院核定之日。
5. 依仲裁法作成之判斷，判斷書交付或送達之日。
6. 產權移轉證明文件核發之日。
7. 法律事實發生之日。

㈢ 徵收或照價收買的登記期限

依土地登記規則第 99 條規定：「因徵收或照價收買取得土地權利者，直轄市、縣（市）地政機關應於補償完竣後 1 個月內，檢附土地清冊及已收受之權利書狀，囑託登記機關爲所有權登記，或他項權利之塗銷或變更登記。」

四、法定代理人處分未成年人或受監護宣告之人之財產（土地登記規則 39）

㈠ 須記明確爲其利益處分財產

父母處分未成年子女所有之土地，申請登記時，應於登記申請書適當欄記明確爲其利益處分並簽名。

㈡ 法定代理人爲監護人

未成年人或受監護宣告之人，其監護人代理受監護人或受監護宣告之人購置或處分土地權利，應檢附法院許可之證明文件。

㈢ 拋棄繼承的例外情形

繼承權之拋棄經法院准予備查者，免依前 2 項規定辦理。

㈣ 未成年子女受贈財產，純獲法律上利益者，不受本條限制

父或母贈與不動產予限制行爲能力之未成年子女，如經法定代理人（贈與人）切結，其贈與係無負擔，未成年子女（受贈人）乃純獲法律上之利益者，得由其未成年子女以自己之名義爲受贈之意思表示，無須得其法定代理人之同意，亦無須由其法定代理人代爲意思表示予以受理登記。（內政部 98.7.14 內授中辦地字第 0980046530 號函）

五、法人或寺廟籌備處取得土地之申請登記（土地登記規則 104）

㈠ 法人未設立前，以籌備人公推代表人名義申請登記

法人或寺廟在未完成法人設立登記或寺廟登記前，取得土地權利者，得提出協議書，以其籌備人公推之代表人名義申請登記。其代表人應表明身分及承受原因。

㈡ 法人未核准設立，土地的處理方式

登記機關爲前項之登記，應於登記簿所有權部或他項權利部之其他登記事項欄註記取得權利之法人或寺廟籌備處名稱。第 1 項之協議書，應記明於登記完畢後，法人或寺廟未核准設立或登記者，其土地依下列方式之一處理：

1. 申請更名登記爲已登記之代表人所有。
2. 申請更名登記爲籌備人全體共有。

㈢ 法人未設立前，代表人之變更

第 1 項之法人或寺廟在未完成法人設立登記或寺廟登記前，其代表人變更者，已依第 1 項辦理登記之土地，應由該法人或寺廟籌備人之全體出具新協議書，辦理更名登記。法人成立後，更名登記爲法人所有。

六、破產財團所有土地之權利變更登記（土地登記規則 103）

破產管理人就破產財團所屬土地申請權利變更登記時，除依土地登記規則第 34 條規定辦理外，應提出破產管理人、監察人之資格證明文件與監察人之同意書或法院之證明文件。

第二節　所有權移轉登記之程序

一、所有權移轉登記的要件

㈠ 意義

土地或建物所有權移轉登記，係指土地於辦竣總登記後，因所有權發生移轉，權利主體變更，依法向登記機關申辦之土地權利移轉登記。

㈡ 要件

1. 土地或建物須已辦竣總登記

土地或建物所有權移轉登記，係於土地或建物辦竣總登記（所有權第一次登記）後，所有權發生移轉而申辦之登記。

2. 須權利主體因登記而變更

所有權移轉登記，係由登記簿上之權利主體（即登記名義人）移轉登記爲新權利主體。

3. 移轉行爲須以書面爲之

民法第 758 條第 2 項規定：「不動產物權，依法律行爲而取得、設定、喪失及變更者，非經登記，不生效力。前項行爲，應以書面爲之。」

4. 移轉原因須不違背法律強制或禁止之規定

土地或建物所有權移轉之原因，如違背法律強制或禁止之規定者無效，自不得據以辦理移轉登記。例如：外國人不得取得土地法第

17 條規定之土地，又農業發展條例第 11 條規定：私人取得農地之面積，合計不得超過 20 公頃。但因繼承或其他法律另有規定者，不在此限。

二、所有權移轉登記之流程

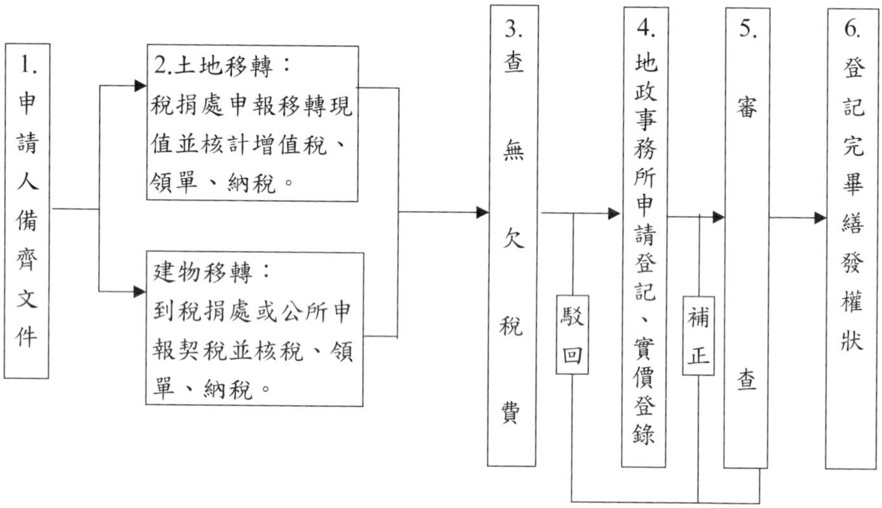

圖 6-1　所有權移轉登記流程圖

三、土地申報移轉現值

土地所有權移轉登記須課徵土地增值稅，但因繼承而移轉者，不課徵土地增值稅。（平均地權條例 36）

㈠ 土地須先報繳土地增值稅，才能辦理所有權移轉登記

1. 平均地權條例第 47 條：「土地所有權移轉或設定典權時，權利人及義務人應於訂約之日起 30 日內，檢同契約及有關文件，共同申請土地所有權移轉或設定典權登記，並共同申報其土地移轉現值，

但依規定得由權利人單獨申請登記者，權利人得單獨申報其移轉現值。」

2. 納稅義務人於繳清土地增值稅後，應將土地增值稅繳款書或免稅證明書第二聯黏貼於契約書副本上，併同土地所有權移轉登記或設定典權登記聲請書及有關文件，向地政機關申請登記；其有贈與稅者，並應檢附贈與稅繳清證明書或贈與稅免稅證明書或不計入贈與總額證明書或同意移轉證明書。（土地所有權移轉或設定典權申報現值作業要點第8點）

㈡ 查清欠稅費

土地稅法第51條：「欠繳土地稅之土地，在欠稅未繳清前，不得辦理移轉登記或設定典權。」

土地須查清有無欠繳地價稅或工程受益費，若無欠稅費，須加蓋查無欠稅費之章申請登記。地價稅及工程受益費雖然不是移轉所需繳納之稅賦，但是基於土地稅法之規定，稅務與土地登記有關者逃漏困難；因此持有期間若有欠繳相關稅賦，須於繳清後，始得辦理移轉登記。

㈢ 建物向稅捐處申報契稅

納稅義務人應於不動產買賣、承典、交換、贈與及分割契約成立之日起，或因占有而依法申請為所有人之日起30日內，填具契稅申請書表，檢附公定格式契約書及有關文件，向當地主管機關申報契稅。（契稅條例16）

四、收件（土地登記規則54）

登記機關接收登記申請書時，除第70條之5另有規定外，應即收件，並記載收件有關事項於收件簿與登記申請書。前項收件，應按接收申請之先後編列收件號數，登記機關並應給予申請人收據。

五、計收規費（土地登記規則47）

㈠ 按權利價值的1‰繳納登記費

土地法第76條：「聲請為土地權利變更登記，應由權利人按申報地價或權利價值1‰繳納登記費。聲請他項權利內容變更登記，除權利價值增加部分，依前項繳納登記費外，免納登記費。」其核計標準，除法令另有規定外，依下列規定辦理：（土地登記規費及其罰鍰計收補充規定第5點）

1. 所有權移轉登記，以申報地價、稅捐機關核定繳（免）納契稅之價值為準。

2. 典權設定登記，以權利價值、稅捐機關核定之繳（免）納契稅之價值為準。

3. 繼承登記，土地以申報地價；建物以稅捐機關核定繳（免）納遺產稅之價值為準，無核定價值者，依房屋稅核課價值為準。

4. 無核定價值或免申報者，以土地權利變更之日當期申報地價或房屋現值為準；無當期申報地價者，以土地權利變更之日最近一期之申報地價為準。

5. 共有物分割登記，以分割後各自取得部分之申報地價、稅捐機關核定之繳（免）納契稅之價值計收。

6. 經法院拍賣之土地，以權利移轉證明書上之日期當期申報地價為準。但經當事人舉證拍定日非權利移轉證明書上之日期者，以拍定日當期申報地價為準。其拍定價額低於申報地價者，以拍定價額為準。至於法院拍賣之建物，依其向稅捐單位申報之契稅價計收登記費。

7. 信託移轉登記，以當事人自行於申請書填寫之信託契約或信託遺囑權利價值爲準。

㈡ 書狀費

每張 80 元。

㈢ 印花稅

設定典權及買賣、交換、贈與或分割不動產所立向主管機關申請物權登記之契據。典賣、讓售及分割不動產契據須由立約或立據人貼權利金額 1‰ 之印花稅票。（印花稅 5、7）

六、審查

㈠ 依法審查並登記

1. 所有權移轉登記，不須公告，依法審查無誤後，即可登載於登記簿。

2. 土地登記規則第 55 條規定：「登記機關接收申請登記案件後，應即依法審查。辦理審查人員，應於登記申請書內簽註審查意見及日期，並簽名或蓋章。申請登記案件，經審查無誤者，應即登載於登記簿。但依法應予公告或停止登記者，不在此限。」

㈡ 補正之情形

土地登記規則第 56 條之規定，有下列各款情形之一者，登記機關應以書面敘明理由或法令依據，通知申請人於接到通知書之日起 15 日內補正：

1. 申請人之資格不符或其代理人之代理權有欠缺。

2. 登記申請書不合程式，或應提出之文件不符或欠缺。

3. 登記申請書記載事項，或關於登記原因之事項，與登記簿或其證明文件不符，而未能證明其不符之原因。

4. 未依規定繳納登記規費。

㈢ 駁回之情形

土地登記規則第 57 條之規定，有下列各款情形之一者，登記機關應以書面敘明理由及法令依據，駁回登記之申請：

1. 不屬受理登記機關管轄。

2. 依法不應登記。

3. 登記之權利人、義務人或其與申請登記之法律關係有關之權利關係人間有爭執。

4. 逾期未補正或未照補正事項完全補正。

申請人不服前項之駁回者，得依訴願法規定提起訴願。依第 1 項第 3 款駁回者，申請人並得訴請司法機關裁判或以訴訟外紛爭解決機制處理。

七、登簿

㈠ 將應登記的事項記載於登記簿

土地登記規則第 62 條：「應登記之事項記載於登記簿後，應由登簿及校對人員分別辦理加蓋其名章。」

㈡ 應登記以外的事項不予審查登記

土地登記規則第 63 條：「登記原因證明文件所載之特約，其屬應登記以外之事項，登記機關應不予審查登記。」

八、繕發書狀

㈠ 登記完畢後，應即發給權利書狀

土地登記規則第 65 條：「土地權利於登記完畢後，除權利書狀

所載內容未變更、本規則或其他法規另有規定外，登記機關應即發給申請人權利書狀。但得就原書狀加註者，於加註後發還之。」

㈡ 所有權移轉登記應繕發書狀而非加註原權狀

所有權移轉登記，權利主體已發生變更，登記機關於登記完畢後，會發給權利人新的所有權狀。

九、異動整理

土地登記完畢應將異動成果整理，更正地籍總歸戶冊，10 日內通知稅捐機關以作爲土地稅額增減的依據。

十、歸檔

收件簿、登記申請書及其附件，除土地所有權第一次登記案件應永久保存外，應自登記完畢之日起保存 15 年。（土地登記規則 19 Ⅰ）

第三節　買賣所有權移轉登記

一、意義

㈠ 買賣

所謂買賣，係當事人約定一方移轉財產權予他方，他方支付價金之契約（民法 345）。買賣契約的簽訂係債之性質，須辦理買賣所有權移轉登記始發生物權變動的效力。

㈡ 買賣所有權移轉登記

土地或建物出賣人移轉不動產於承買人，而承買人支付價金，合意訂立土地（建物）買賣所有權移轉契約書及應附有關文件，雙方會同向地政機關申請買賣所有權移轉登記。承買人為權利人，出賣人為義務人。不動產所有權因買賣之法律行為而取得者，非經登記，不生效力。

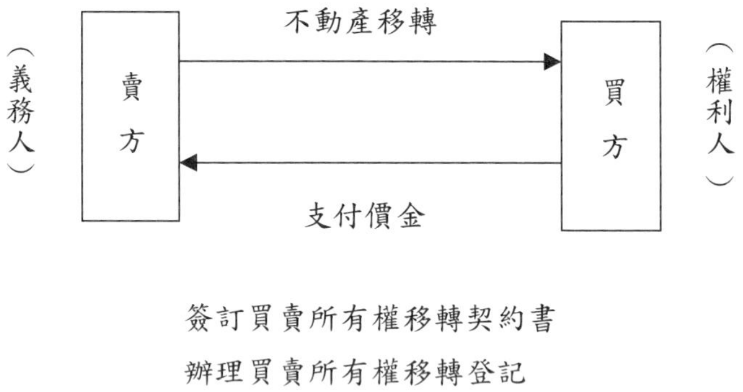

圖 6-2　買賣之權利義務關係

二、買賣以贈與論之情形

財產之移轉，具有下列情形之一者，以贈與論，依法應課徵贈與稅：（遺產及贈與稅法 5）

㈠ 以顯著不相當的代價讓與不動產

以顯著不相當之代價，讓與財產，免除或承擔債務者，其差額部分。

㈡ 無償為他人購買不動產

以自己之資金、無償為他人購置財產者，其資金。但該財產為不動產者，即指其不動產。

㈢ 因顯著不相當的代價出資爲他人購置不動產

因顯著不相當之代價，出資爲他人購置財產者，其出資與代價之差額部分。

㈣ 限制行爲能力人或無行爲能力人所購置之不動產

限制行爲能力人或無行爲能力人所購置之財產視爲法定代理人或監護人之贈與，但能證明支付之款項屬於購買人所有者，不在此限。

㈤ 二親等以內的不動產買賣

二親等以內親屬間財產之買賣，但能提出已支付價款之確實證明，且該支付之價款非由出賣人貸與或提供擔保向他人借得者，不在此限。

以上各款依遺產及贈與稅法第 5 條第 1 項第 2～6 款之規定，不動產之買賣以贈與論，應另行申報贈與稅。

地政機關於審查登記案件時，亦應予以審核是否有視爲贈與的情形，得於辦理登記後通知當地國稅機關，以辦理查核。

三、共有土地之處分及優先購買權

㈠ 共有土地或建物之處分要件

1. 應有多數同意

共有土地或建築改良物，其處分、變更及設定地上權、農育權、不動產役權或典權，應以共有人過半數及其應有部分合計過半數之同意行之。但其應有部分合計逾 2/3 者，其人數不予計算。（土地法 34-1 Ⅰ）

本法條第 1 項所稱「處分」，包括買賣、交換、共有土地上建築

房屋及共有建物之拆除等以有償讓與爲限，不包括信託行爲及共有物分割。（土地法第 34 條之 1 執行要點 3）

⑴ 共有人依前項規定爲處分、變更或設定負擔時，應事先以書面通知他共有人；其不能以書面通知者，應公告之。（土地法 34-1 Ⅱ）

⑵ 共有人對共有土地或建物之處分、變更或設定負擔，雖無須共有人全體同意，但土地或建物爲共有人全體共有，對他共有人之權益影響甚大。

⑶ 本法條第 2 項所定「事先」、「書面通知」及「公告」之方式及內容，依下列之規定：

① 部分共有人依本法條規定爲處分、變更或設定負擔行爲之前，應先行通知他共有人。

② 書面通知應視實際情形，以雙掛號之通知書或郵局存證信函爲之。

③ 公告代替通知他共有人者，應以他共有人住址不明或經通知而無法送達者爲限。

④ 公告可直接以布告方式，由村里長簽證後，公告於土地或建物所在地之村、里辦公室，或以登報方式公告之。

⑤ 通知或公告之內容應記明土地或建物標示、處分方式、價金分配、償付方法及期限、受通知人與通知人之姓名住址及其他事項。

⑥ 他共有人已死亡者，應以其繼承人爲通知或公告之對象。

⑦ 委託他人代爲事先通知，其委託行爲無須特別授權。

（土地法第 34 條之 1 執行要點 7）

2. 對他共有人負連帶清償責任及代共有人申請登記

⑴ 土地法 34-1 第 1 項共有人，對於他共有人應得之對價或補

償，負連帶清償責任。於為權利變更登記時，並應提出他共有人已為受領或為其提存之證明。其因而取得不動產物權者，應代他共有人聲請登記。共有人出賣其應有部分時，他共有人得以同一價格共同或單獨優先承購。（土地法 34-1 Ⅲ）

⑵ 共有土地或建物，依土地法第 34 條之 1 第 1 項規定即可處分，惟未參與處分之共有人之權益，並未因而消滅，其所得之對價仍應給付。

⑶ 所謂連帶清償責任，乃他共有人得對第一項共有人中之一人，或數人、或全體，同時或先後請求全部或一部之給付（民法 273），亦即第一項共有人之任何一人，對他共有人皆負全額給付之責任，並不以分得之數額為限。且於權利變更登記時，並應提出他共有人已為受領或提存之證明，以證明其所得之價格已交付他共有人或已依法提存。其因而取得不動產物權者，應代他共有人聲請登記。所謂因而取得不動產物權者，指共有土地或建物與他人土地或建物交換，因而取得不動產物權而言。於此場合，同意交換之共有人應代他共有人聲請登記。

3. 公同共有準用之

⑴ 土地法第 34 條之 1 第 1 項至第 4 項之規定，於公同共有準用之，所謂準用，並非完全適用，仍依事項之性質而為變通適用。

⑵ 按公同共有，各公同共有人僅有潛在的應有部分，如繼承而公同共有之土地（民法 1151）。各繼承人有其應繼分、因合夥而公同共有之土地（民法 668）各合夥人有其出資部分，準用本條第 1 項計算應有部分數額時，可以其應繼分或出資比例代之。

⑶ 公同共有土地或建物之處分或變更，共有人數及應有部分之計算，於公同共有土地或建物者，指共有人數及其潛在應有部分合計均過半數。但潛在應有部分合計逾 2/3 者，其共有人數不予計算。

各共有人之潛在應有部分，依其成立公同關係之法律規定、習慣或法律行爲定之；未有規定者，其比率視爲不明，推定爲均等。

4. 登記應備文件

⑴ 部分共有人就共有土地全部爲處分、變更及設定他項權利申請登記時，登記申請書及契約書內，應列明全體共有人並檢討已爲通知或公告之文件，於登記申請書備註欄記明依土地法第 34 條之 1 第 1 項至第 3 項規定辦理。並提出他共有人應得對價或補償已受領或已提存之證明文件。

⑵ 依前項申請登記時，契約書及登記申請書上無須他共有人簽名或蓋章。

⑶ 涉及對價或補償者，應提出他共有人已受領對價或補償之證明，或已依法提存之證明文件，並於申請書備註欄註明「受領之對價或補償數額如有錯誤，由義務人自行負責」。已領受對價或補償之共有人，除符合土地登記規則第 41 條第 2、5～8、10 款規定之情形者外，應親自到場，並依土地登記規則第 40 條程序辦理。對價或補償之多寡，非登記機關之審查範圍。（土地法第34條之1執行要點8）

⑷ 登記申請書及契約書內應列明全體共有人，並於申請書備註欄內註明已依土地法第 34 條之 1 第 1～3 項辦理，未能會同申請者無須於契約書及申請書上簽名，亦無須本人親自到場核對身分。

㈡ 共有人之優先購買權

1. 土地法第 34 條之 1 第 4 項規定：「共有人出賣其應有部分時，他共有人得以同一價格共同或單獨優先承購。」

2. 立法意旨：爲防止共有土地或建物之應有部分落於外人之手，以限制共有人人數增加，簡化或消滅共有關係，俾利共有土地之管理、使用與處分。優先購買權之標的，限於部分共有人之應有部分，而非共有土地全部。亦適用於法院拍賣，此即共有人之優先購買權，爲法定優先購買權之一種。

3. 土地登記規則第 98 條：「土地法第 34 條之 1 第 4 項之規定，於區分所有建物之專有部分連同其基地應有部分之所有權一併移轉與同一人所有之情形，不適用之。」

4. 土地法第 34 條之 1 執行要點第 11 點所定優先購買權，依下列規定辦理：

⑴ 他共有人於接到出賣通知後 15 日內不表示者，其優先購買權視爲放棄。他共有人以書面爲優先購買與否之表示者，以該表示之通知達到同意處分之共有人時發生效力。

⑵ 他共有人之優先購買權，仍應受有關法律之限制。

⑶ 區分所有建物之專有部分連同其基地應有部分之所有權一併移轉與同一人者，他共有人無本法條優先購買權之適用。

⑷ 區分所有建物之專有部分爲共有者，部分共有人出賣其專有部分及基地之應有部分時，該專有部分之他共有人有優先購買權之適用。

⑸ 本法條之優先購買權係屬債權性質，出賣人違反此項義務將其應有部分之所有權出售與他人，並已爲土地權利變更登記時，他共有人認爲受有損害者，得依法向該共有人請求損害賠償。

⑹ 本法條之優先購買權與土地法第 104 條、第 107 條或民法物權編施行法第 8 條之 5 第 3 項規定之優先購買權競合時，應優先適用土地法第 104 條、第 107 條或民法物權編施行法第 8 條之 5 第 3 項規定。但與民法物權編施行法第 8 條之 5 第 5 項規定之優先購買權競合時，優先適用本法條之優先購買權。

⑺ 共有人之應有部分經限制登記者，不影響其優先購買權之行使。

⑻ 權利人持執行法院或行政執行分署依強制執行法或主管機

關依法辦理標售或讓售所發給之權利移轉證書，向地政機關申辦共有人之應有部分移轉登記，無須檢附優先購買權人放棄優先承購權之證明文件。

⑼ 共有人出賣其應有部分，除買受人同為共有人外，他共有人對共有人出賣應有部分之優先購買權，均有同一優先權；他共有人均主張或多人主張優先購買時，其優先購買之部分應按各主張優先購買人之應有部分比例定之。

⑽ 土地或建物之全部或應有部分為公同共有，部分公同共有人依本法條規定出賣該共有物全部或應有部分時，他公同共有人得就該公同共有物主張優先購買權，如有數人主張時，其優先購買權之範圍應按各主張優先購買權人之潛在應有部分比例計算之。

5. 應附文件（土地登記規則 97 Ⅰ）：申請土地移轉登記時，依民法物權編施行法第 8 條之 5 第 3 項、第 5 項、土地法第 34 條之 1 第 4 項、農地重劃條例第 5 條第 2 款、第 3 款或文化資產保存法第 28 條規定之優先購買權人已放棄優先購買權者，應附具出賣人之切結書，或於登記申請書適當欄記明優先購買權人確已放棄其優先購買權，如有不實，出賣人願負法律責任字樣。

四、基地與耕地之優先購買權

㈠ 種類

1. 土地法第 104 條：「基地出賣時，地上權人、典權人或承租人有依同樣條件優先購買之權。房屋出賣時，基地所有權人有依同樣條件優先購買之權。其順序以登記之先後定之前項優先購買權人，於接到出賣通知後 10 日內不表示者，其優先權視為放棄。出賣人未通知優先購買權人而與第三人訂立買賣契約者，其契約不得對抗優先購買權人。」

2. 土地法第 107 條：「出租人出賣或出典耕地時，承租人有依同樣條件優先承買或承典之權。第 104 條第 2 項之規定，於前項承買承典準用之。」

3. 耕地三七五減租條例第 15 條之規定：

⑴ 耕地出賣或出典時，承租人有優先承受之權，出租人應將賣典條件以書面通知承租人，承租人在 15 日內未以書面表示承受者，視為放棄。

⑵ 出租人因無人承買或受典而再行貶價出賣或出典時，仍應照前項規定辦理。

⑶ 出租人違反前 2 項規定而與第三人訂立契約者，其契約不得對抗承租人。

立法意旨：旨在促使基地與房屋或耕地與承租人合歸一人所有，以盡經濟之效用，並使法律關係單純化，以杜紛爭。因而基地承租人若於基地上根本未為房屋之建築，當無本條規定之適用。（最高法院 65 年台上字第 530 號判例）房屋承租人於出租人之房屋或基地出賣時，亦不得援用本條規定，主張優先購買權。（司法院 36 年院解第 3763 號）

類推適用：土地及其上建物原同屬一人所有，同時或先後讓與相異之人，致其土地與其上建物非屬同一人所有，推定其土地與其上建物所有人間已具有租賃關係，故於嗣後再行出售他人時，其相互間享有優先承購權，如優先購買權人放棄其優先購買權者，應依土地登記規則第 97 條第 2 項規定辦理。（內政部 91.12.6 台內授中辦地字第 0910017524 號函）

㈡ 要件

1. 優先購買權之行使，須以「買賣」為前提：所稱的買賣，除一般買賣外，強制執行法上之拍賣，亦包括在內（最高法院 47 年台上字第152號判例），惟若繼承、贈與或交換，則不得主張優先購買權。

2. 優先購買權之行使，須依出賣人與第三人所訂買賣契約之同樣條件為之：所謂同樣條件，係指基地或房屋所有人與第三人間所訂買賣契約條件或第三人承諾之條件而言。亦即須與私契上所約定之買賣價格、給付時期、給付方式等條件相同，條件如不相同，不得主張優先購買權。

3. 地上權人、典權人或承租人享有先買權之順序，以登記之先後定之。

㈢ 物權效力的優先購買權（土地法104 Ⅱ）

1. 優先購買權人，於接到出賣通知後10日內不表示者，其優先權視為放棄。出賣人未通知優先購買權人而與第三人訂立買賣契約者，其契約不得對抗優先購買權人。

2. 訂定三七五租約的耕地出賣或出典時，承租人有優先承受之權，出租人應將賣典條件以書面通知承租人，承租人在15日內未以書面表示承受者視為放棄。（耕地三七五減租條例15）

3. 效力：土地法第104條、第107條及耕地三七五減租條例第15條所規定之優先購買權，具有相對的物權效力，蓋因土地法第104條第2項後段設有明文，遂使此一優先購買權，不僅於當事人之間可以主張，對於第三人亦得主張，亦即出賣人未通知優先購買權人，縱然已將標的物移轉於第三人，優先購買權人仍得請求法院確認優先購買權存在及塗銷該項所有權移轉登記，並要求出賣人按照與第三人所定同樣條件移轉標的物所有權予優先購買權人，又因基地承租人之優先購買權具有相對的物權效力，而共有人之優先購買權僅具有債權效力，二者發生競合時，當以基地承租人之優先購買權優先。

㈣ 應附文件

1. 優先購買權人放棄，始能出售給第三人：土地登記規則第 97 條第 2 項：「依民法第 426 條之 2、第 919 條、土地法第 104 條、第 107 條、耕地三七五減租條例第 15 條或農地重劃條例第 5 條第 1 款規定，優先購買權人放棄或視為放棄其優先購買權者，申請人應檢附優先購買權人放棄優先購買權之證明文件；或出賣人已通知優先購買權人之證件並切結優先購買權人接到出賣通知後逾期不表示優先購買，如有不實，願負法律責任字樣。」

2. 登記完畢前，優先購買權人提出異議者，為私權爭執，應駁回登記之申請：土地登記規則第 97 條第 3 項：「依前 2 項規定申請之登記，於登記完畢前，優先購買權人以書面提出異議並能證明確於期限內表示願以同樣條件優先購買或出賣人未依通知或公告之條件出賣者，登記機關應駁回其登記之申請。」

㈤ 法院判決買賣移轉，仍有優先購買權的適用

不動產經拍定或交債權人承受時，如依法有優先承買權利人者，執行法院應通知其於法定期限或執行法院所定期限內表示願否優先承買。拍定人未繳足價金或承受之債權人逾期未補繳價金與其應受分配額之差額，致再定期拍賣時亦同。

共有物應有部分於拍定後，如執行法院已盡調查之能事，仍無法查悉優先承買權人或無法送達，致不能通知其優先承買者，無須公示送達。（辦理強制執行事件應行注意事項 44）

是以，法院執行拍賣時，他共有人是否有優先購買權，係屬執行法院審理之權責，拍定人持憑法院核發之權利移轉證明書申辦產權移轉登記。

五、農地買賣移轉登記

㈠ 耕地及農業用地範圍之界定

1. 耕地之定義

依農業發展條例第 3 條第 11 款之規定係指：指依區域計畫法劃定為特定農業區、一般農業區、山坡地保育區及森林區之農牧用地。

2. 農業用地

⑴ 定義

依農業發展條例第 3 條第 10 款及其施行細則第 2 條規定，係指非都市土地或都市土地農業區、保護區範圍內，依法供下列使用之土地：

①供農作、森林、養殖、畜牧及保育使用者。

② 供與農業經營不可分離之農舍、畜禽舍、倉儲設備、曬場、集貨場、農路、灌溉、排水及其他農用之土地。

③ 農民團體與合作農場所有直接供農業使用之倉庫、冷凍（藏）庫，農機中心、蠶種製造（繁殖）場、集貨場、檢驗場等用地。

⑵ 依農業發展條例施行細則第 2 條規定，「農業用地」其法律依據及範圍如下：

① 農業發展條例第 3 條第 11 款所稱之耕地。

② 依區域計畫法劃定為各種使用分區內編定之林業用地，養殖用地、水利用地、生態保護用地、國土保安用地及供農路使用土地或上開分區內暫未依法編定用地別之土地。

③ 依區域計畫法劃定為特定農業區、一般農業區、山坡地保育區、森林區以外之分區內所編定之農牧用地。

④ 依都市計畫法劃定爲農業區、保護區內之土地。

⑤ 依國家公園法劃定爲國家公園區內按各分區別及使用性質，經國家公園管理處會同有關機關認定合於前 3 款規定之土地。

⑶ 視同農業用地

農業發展條例第 38-1 條：「農業用地經依法律變更爲非農業用地，不論其爲何時變更，經都市計畫主管機關認定符合下列各款情形之一，並取得農業主管機關核發該土地作農業使用證明書者，得分別檢具由都市計畫及農業主管機關所出具文件，向主管稽徵機關申請適用第 37 條第 1 項、第 38 條第 1 項或第 2 項規定，不課徵土地增值稅或免徵遺產稅、贈與稅或田賦：

① 依法應完成之細部計畫尚未完成，未能准許依變更後計畫用途使用者。

② 已發布細部計畫地區，都市計畫書規定應實施市地重劃或區段徵收，於公告實施市地重劃或區段徵收計畫前，未依變更後之計畫用途申請建築使用者。

本條例中華民國 72 年 8 月 3 日修正生效前已變更爲非農業用地，經直轄市、縣（市）政府視都市計畫實施進度及地區發展趨勢等情況同意者，得依前項規定申請不課徵土地增值稅。」

㈡ 現行農地所有權移轉登記之規定（89.1.28 以後的農地移轉）

1. 應符合土地使用分區管制之相關規定

農業發展條例第 31 條：「耕地之使用及違規處罰，應依據區域計畫法相關法令規定；其所有權之移轉登記依據土地法及民法之規定辦理。」

2. 作農業使用之農業用地移轉予自然人時，得申請不課徵土地增值稅

⑴ 農業發展條例第 37 條之規定：

① 作農業使用之農業用地，移轉與自然人時，得申請不課徵土地增值稅。

② 前項不課徵土地增值稅之土地承受人於其具有土地所有權之期間內，曾經有關機關查獲該土地未作農業使用且未在有關機關所令期限內恢復作農業使用，或雖在有關機關所令期限內已恢復作農業使用而再有未作農業使用情事者，於再移轉時應課徵土地增值稅。

③ 前項所定土地承受人有未作農業使用之情事，於配偶間相互贈與之情形，應合併計算。

⑵ 一般移轉案件，應由申請人檢具區域計畫法或都市計畫法土地使用分區管制之主管機關認定之合法使用之證明文件。申請不課徵土地增值稅者，於辦理土地登記時，亦應由申請人檢具「農業用地作農業使用證明」，或依農業發展條例第 39 條：依農業發展條例第 38 和 38-1 條規定申請不課徵土地增值稅或免徵遺產稅、贈與稅、田賦者，應檢具農業用地作農業使用證明書，向該管稅捐稽徵機關辦理。農業用地作農業使用之認定標準，前項之農業用地作農業使用證明書之申請、核發程序及其他應遵行事項之辦法，由中央主管機關會商有關機關定之。

⑶ 如未符合要件，農地移轉仍應課土地增值稅。

3. 農地移轉之其他限制

⑴ 農業發展條例第 33 條：「私法人不得承受耕地。但符合第 34 條規定之農民團體、農業企業機構或農業試驗研究機構經取得許

可者，不在此限。」

⑵ 農舍應與坐落用地併同移轉

農業發展條例第 18 條第 4 項：農舍起造人應爲該農舍坐落土地之所有權人；農舍應與其坐落用地併同移轉或併同設定抵押權。惟農舍若屬農業發展條例 89 年修正施行前已興建完成，且農舍與農地分屬不同所有權人時，於農舍或農業用地移轉時，不受上開條例第 18 條第 4 項之限制；若農舍與農業用地已分屬不同所有權人者，農舍於拍賣或移轉時，農舍坐落用地之土地所有權人有依同樣條件優先購買之權，以符合土地法第 104 條及農業發展條例第 18 條第 4 項之立法意旨與政策目的，爲行政院農業委員會 93 年 10 月 27 日農企字第 0930150054 號函所明釋。

六、實價登錄之申請

㈠ 申報時點及義務

權利人及義務人應於買賣案件申請所有權移轉登記時，檢附申報書共同向直轄市、縣（市）主管機關申報登錄土地及建物成交案件實際資訊。（平均地權條例 47）。銷售預售屋者，應於簽訂或解除預售屋買賣契約之日起三十日內，塡具不動產成交案件實際資訊申報書，向直轄市、縣（市）主管機關或使用電子憑證以網際網路方式申報登錄。但委託經紀業代銷成交者，受託之經紀業應依其規定申報登錄預售屋買賣案件資訊。（不動產成交案件實際資訊申報登錄及預售屋銷售資訊備查辦法 11）

1. 不動產買賣案件應由權利人及義務人共同申報登錄土地及建物成交案件實際資訊，權利人及義務人得協議由一人或他人代理共同申報；其有數人者，亦同。不動產租賃案件委由不動產經紀業（以下簡稱經紀業）居間或代理成交者，應由經紀業申報登錄；由數經紀業居間或代理者，應由承租人委託之經紀業申報登錄。預售屋買賣案件應由銷售預售屋者申報登錄。但委託經紀業代銷成交者，受託之經紀業應依其規定申報登錄。（不動產成交案件實際資訊申報登錄及預售屋銷售資訊備查辦法3）

2. 已申報登錄案件於登記完畢後 ，以系統稽核始發現申報義務人有錯誤或遺漏，亦屬未完成申報登錄，應由受理登記機關另行檢送限期申報通知書。（不動產成交案件實際資訊申報登錄作業手冊）

3. 權利人及義務人未申報登錄，應依平均地權條例第81條之2第1項規定，於接獲限期申報通知書後7日內申報登錄；屆期未申報登錄，且不動產買賣案件已辦竣所有權移轉登記，直轄市、縣（市）主管機關應按次處罰並限期於15日內申報登錄，其含建物者按戶（棟）數處罰，至完成申報登錄爲止。（不動產成交案件實際資訊申報登錄及預售屋銷售資訊備查辦法9）

㈡ 補申報及更正申請（不動產成交案件實際資訊申報登錄作業手冊）

1. 補申報

未申報、申報有錯誤或遺漏者，應於收到限期申報通知書，至受理登記機關辦理補申報，或由代收地政機關代爲寄送。

2. 更正申報

申報人於實價登錄申報完畢後，原申報登錄內容有誤者，應提出更正申請書、更正後實價登錄申報書及應備文件至地政機關辦理更正申報。

㈢ 買賣登記案件之補正、駁回或撤回

1. 買賣登記案件補正時實價登錄申報處理

⑴ 補正事項涉及價格及申報內容

更換申報書後與登記案件一併補進續辦，需修正收件系統之申報書序號。

⑵ 補正事項未涉價格及申報內容，視需要領回。

2. 買賣登記案件駁回或撤回時實價登錄申報處理

⑴ 僅代理實價登錄

依受理辦理實價登錄案件機關通知，至實價登錄櫃臺領回申報書。

⑵ 同時代理買賣登記 + 實價登錄

依受理辦理實價登錄案件機關通知，併同領回買賣登記案件及實價登錄申報書。

㈣ 抽查及文件保存

直轄市、縣（市）主管機關爲查核申報登錄資訊，得向交易當事人、地政士或經紀業要求查詢、取閱、影印有關文件或提出說明。經查核後對於價格資訊疑有不實之案件，得報請中央主管機關向相關機關或金融機構查詢、取閱價格資訊有關文件。受查核者不得規避、妨礙或拒絕。（平均地權條例 47、不動產成交案件實際資訊申報登錄及預售屋銷售資訊備查辦法 12）

直轄市、縣（市）主管機關或或受理申報登錄機關、申報義務人及其代理人應將申報書影本、收執聯、數位檔及相關文件保存至少 3 年，以作爲直轄市、縣（市）主管機關檢查核對之用。（不動產成交案件實際資訊申報登錄作業手冊）

㈤ 應備文件

1. 買賣雙方臨櫃辦理：申報書、身分證明文件正本。

2. 代理人送件：申報書、委託書、代理人身分證明文件影本、送件人身分證明文件正本、影本。代理人同時代理登記案件及實價登錄者，得由其複代理人或登記助理員送件，並免附身分證明文件影本。

七、買賣所有權移轉登記之應備文件

㈠登記申請書。

㈡登記原因證明文件（如買賣移轉契約書、公地產權移轉證明書）。

㈢所有權狀：所有權狀遺失者應附切結書。

㈣申請人身分證明

1. 權利人、義務人之身分證明均應檢附，能以電子處理達成查詢者，免附。

2. 未在國內設籍之華僑，應附僑居地之我國使領館或指定之僑團或僑委會核發之身分證明文件，本身分證明有效期限爲 1 年。

3. 外國人應附國籍證明文件，如護照、外僑居留證。

4. 法人應提出法人登記證明文件及其代表人之資格證明。

㈤義務人之印鑑證明書，或其他替代方案。（土地登記規則 40、41）

㈥土地增值稅繳納或免稅證明文件

1. 土地移轉時，應附。

2. 繳納收據或免稅證明文件應加蓋查無欠稅費戳記及主辦人員職名章。

㈦契稅繳納收據或免稅證明書或監證費收據

1. 建物移轉時，應附。

2. 契稅收據上加蓋房屋稅無欠稅之章。

(八)優先購買權拋棄書、切結書及證明文件

1. 共有人出賣其應有部分予非共有人時，需檢附已爲通知或公告之文件並附具出賣人之切結書或於申請書適當欄，記明切結字樣。

2. 依土地法第 104 條及 107 條規定之有優先購買權人放棄其優先購買權者，應檢附證明文件。

(九)他共有人應得對價或補償已領受之證明及其印鑑證明書或已依法提存之證明文件

依土地法第34條之1第1項，多數共有人主張處分土地時檢附。

(十)中華民國國人得在該國享受同樣權利之證明文件

1. 外國人購買土地時檢附。

2. 已列入互惠國家一覽表之外國人可免付。

(土)贈與稅繳清或免稅證明書或不計入贈與總額證明書或同意移轉證明書買賣以贈與論，應檢附本項文件，但能證明支付之款項屬於購買人之所有，或提出支付價款之確實證明，經主管稽徵機關核定非屬贈與行爲者得免附。

(士)無三七五租約證明文件

1. 在土地法及農業發展條例未修正前（89 年 1 月 28 日以前），田、旱地目土地移轉而依土地登記簿或其他資料記載無法辨識其非屬耕地時檢附。

2. 農業發展條例中華民國 89 年 1 月 4 日修正施行後所訂立之耕地租賃契約，應依本條例之規定，不適用耕地三七五減租條例之規定。本條例未規定者，適用土地法、民法及其他有關法律之規定。農業發展條例第 20 條之規定，因此免再附無三七五租約證明。

本條例中華民國 89 年 1 月 4 日修正施行前已依耕地三七五減租條例，或已依土地法及其他法律之規定訂定租約者，除出租人及承租人另有約定者外，其權利義務關係、租約之續約、修正及終止，悉依該法律之規定。

㈢農業用地作農業使用證明書

1. 符合農業使用之認定標準，由農業主管機關核發，耕地所有權移轉得檢附符合土地使用分區管制規定證明書或本項證明書之一。

2. 申請農業用地移轉不課徵土地增值稅，應檢附本項證明書。

㈣地政規費收據

1. 由權利人按申報地價 1‰ 繳納登記費。

2. 書狀費每張新臺幣 80 元。

3. 印花稅票：就權利價值課 1‰。

第四節　贈與所有權移轉登記

一、意義

㈠所謂贈與，因當事人一方以自己之財產，為無償給與他方之意思表示，經他方允受而生效力。（民法 406）

㈡贈與所有權移轉登記：雙方約定贈與人將土地或建物無償移轉於受贈人，經受贈人允受，簽訂土地（建物）贈與所有權移轉契約書。雙方會同向地政機關辦理贈與所有權移轉登記。登記完畢，才發生物權變動的效力。登記時以受贈人為權利人，贈與人為義務人。

二、贈與移轉登記之相關稅捐

㈠ 土地增值稅

依土地稅法第 5 條：土地遺贈及贈與等無償移轉，應報繳土地增值稅，並以取得所有權之人為納稅義務人。

故受贈人負擔土地增值稅。但政府依法贈與公有土地或接受捐贈之私有土地，免徵土地增值稅。（土地稅法 28）

㈡ 契稅

依契稅條例第 2 條及第 7 條：建物贈與應報繳契稅。不動產贈與，於未開徵土地增值稅地區，應申報繳納契稅。贈與契稅，應由受贈人估價立契，申報納稅。

㈢ 贈與稅

贈與稅之納稅義務人為贈與人。贈與稅未繳清前，不得辦理贈與移轉登記。（遺產及贈與稅法 8）

㈣ 欠稅不得辦理登記

1. 地政機關辦理贈與財產之產權移轉登記時，應通知當事人檢附稽徵機關核發之稅款繳清證明書，或核定免稅證明書，或不計入贈與總額證明書，或同意移轉登記證明書之副本。其不能繳附者，不得逕為移轉登記。（遺產及贈與稅法 42，土地稅法 51）

2. 配偶相互贈與之土地：

⑴ 得申請不課徵土地增值稅。（土地稅法 28-2）

⑵ 配偶相互贈與之財產，不計入贈與總額。（遺產及贈與稅法 20 Ⅵ）

⑶ 配偶相互贈與土地依法無須申報土地移轉現值，惟須申報贈與稅，並於其不計入贈與總額證明書中記明查無欠繳地價稅、田賦及工程受益費並加蓋主辦人職名章後，憑以向地政機關辦理移轉登記。（財政部 86.10.13 台財稅字第 861919390 號函釋）

三、登記相關事項

㈠ 贈與無優先購買權之適用

贈與登記，無土地法第 34 條之 1、土地法第 104 條、土地法第

107 條優先購買權之適用。

㈡ 遺贈登記

土地登記規則第 123 條：「受遺贈人申辦遺贈之土地所有權移轉登記，應由繼承人先辦繼承登記後，由繼承人會同受遺贈人申請之；如遺囑另指定有遺囑執行人時，應於辦畢遺囑執行人及繼承登記後，由遺囑執行人會同受遺贈人申請之。前項情形，於繼承人有無不明時，仍應於辦畢遺產管理人登記後，由遺產管理人會同受遺贈人申請之。」

㈢ 法人贈與不動產

1. 免繳贈與稅：贈與稅的課徵對象以自然人爲限。（遺產及贈與稅法 3）

2. 須提出法人資格證明及依規定之程序處分：

⑴ 申請人爲法人者，應提出法人登記證明文件及其代表人之資格證明。其爲義務人時，應另提出法人登記機關核發之法人及代表人印鑑證明或其他足資證明之文件，及於登記申請書適當欄記明確依有關法令規定完成處分程序，並蓋章。

⑵ 前項規定於申請人提出法人登記機關核發之設立變更登記表或其抄錄本、影本。

⑶ 義務人爲財團法人或祭祀公業法人者，應提出其主管機關核准或同意備查之證明文件。（土地登記規則 42）

㈣ 捐贈給社福事業之不動產，免徵增值稅

依土地稅法第 28 條之 1 規定，私人捐贈供興辦社會福利事業或依法設立私立學校使用之土地，免徵土地增值稅。但以符合下列各款規定者爲限：

1. 受贈人爲財團法人。

2. 法人章程載明法人解散時，其賸餘財產歸屬當地地方政府所有。

3. 捐贈人未以任何方式取得所捐贈土地之利益。

㈤ 未成年子女之贈與行爲

1. 法定代理人代未成年子女與自己訂立贈與契約書，受贈未成年子女之不動產，有違民法第 106 條禁止自己代理之規定。（內政部 81.6.19 台內地字第 8187325 號函）

2. 未成年子女所有之不動產移轉或設定負擔與其父或母，訂立契約及申辦登記時，因涉及民法第 106 條禁止自己或雙方代理規定，應依同法第 1094 條各款規定順序其法定監護人與其生父或生母訂約，並依同法第 1101 條之規定。

民法第 1101 條：「監護人對於受監護人之財產，非爲受監護人之利益，不得使用、代爲或同意處分。監護人爲下列行爲，非經法院許可，不生效力：

⑴ 代理受監護人購置或處分不動產。

⑵ 代理受監護人，就供其居住之建築物或其基地出租、供他人使用或終止租賃。

監護人不得以受監護人之財產爲投資。但購買公債、國庫券、中央銀行儲蓄券、金融債券、可轉讓定期存單、金融機構承兌匯票或保證商業本票，不在此限。」

四、贈與所有權移轉登記之應備文件

㈠登記申請書。

㈡登記原因證明：贈與所有權移轉契約書正、副本。

㈢申請人身分證明。

㈣義務人印鑑證明或替代方案：贈與人檢附。（土地登記規則 40、41）

㈤土地、建物所有權狀。

㈥贈與稅繳（免）納證明、不計入贈與總額證明書、同意移轉登記證明書副本。

㈦土地增值稅、契稅繳納收據或免納證明。

㈧印花稅票：就權利價值課 1‰ 之印花稅。

㈨登記規費收據。

㈩其他。

第五節　交換所有權移轉登記

一、意義

㈠所謂交換，係當事人雙方約定互相移轉金錢以外財產權之契約。亦謂之互易，互易行爲係債之性質，並準用關於買賣之規定。（民法 398）

㈡交換所有權移轉登記：雙方當事人互相約定移轉土地或建物財產權，訂立土地、建物交換所有權移轉契約書，會同向地政事務所辦理交換所有權移轉登記。雙方當事人同時是交換的權利人及義務人。

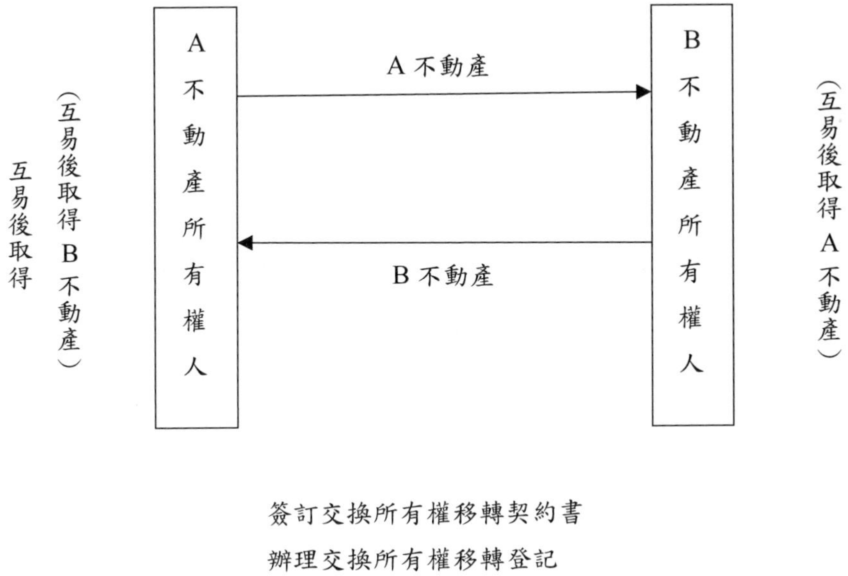

圖 6-3　交換之權利義務關係

二、應報繳之有關稅捐

㈠土地交換，爲有償移轉，土地增值稅由原土地所有權人各自負擔。（土地稅法 5）

㈡建物交換，應報繳契稅。交換契稅應由交換人估價立契，各就承受部分申報納稅，交換有給付差額款者，其差額價款，應依買賣契稅稅率課徵。（契稅條例 3、6）

㈢贈與稅申報：土地或建物交換移轉，其交換前後價值有差額者，而未約定補償，其差額應申報贈與稅。

三、登記相關事項

㈠未成年子女之不動產交換

保護未成年人及受監護宣告之人之權益起見，其交換不動產如同其他的所有權移轉登記，應由其法定代理人同意或代爲處分。若其法定代理人非父母而係監護人時，尚應檢附法院許可之證明文件，證明其交換不動產對於該未成年人或受監護宣告之人，確定爲其利益所作之處分。

㈡交換無優先購買權之適用。

㈢以「交換」爲建物所有權移轉，基地所有權人無優先購買權適用。（內政部 70.1.26 台內地字第 4796 號函）

㈣依規定辦理編號登記之停車位或市場攤位，嗣後所有權人爲因應實際需要，如經相關區分所有權人及他項權利人同意，得調換或調整變更其分管使用之車位或攤位，並以「交換」爲登記原因。上述情形，如申請權利範圍變更，應申報繳納契稅。如果互爲調換分管使用位置，權利範圍不變，申請停車位編號變更登記，尚非屬建物所有權移轉登記，應免申報繳納契稅。（財政部 86.6.12 台財稅第 860306662 號函）

四、停車位或市場攤位之交換

㈠依規定辦理編號登記之停車位或市場攤位，嗣後所有權人爲因應實際需要如經相關區分所有權人及他項權利人同意，得調換或調整變更其分管使用之車位或攤位，並以「交換」爲登記原因。上述情形如申請權利範圍變更，應申報納契稅。

1. 如果互爲調換分管使用位置，權利範圍不變，申請停車位編號變更登記，尚非屬建物所有權移轉登記，應免申報繳納契稅。（財政部 86.6.12 台財稅第 860306662 號函）

2. 共同使用部分型態登記之停車位互爲調整分管使用位置，致房屋所有權人持分比率變更，稽徵機關自應查明持分增加部分之移轉原因（如贈與、買賣），依法核課契稅。

㈡不同情況的登記事由及登記原因：內政部 90.2.2 台（90）內中

地字第 9080244 號函：

1. 所有權人不同的停車位交換，無論是否有車位編號，若交換前後之權利範圍不同者，則屬於交換的所有權移轉登記；若交換前後權利範圍相同，則屬標示變更登記。

2. 若所有權人相同的停車位交換，無論權利範圍是否相同，都屬於標示變更或權利範圍變更，不涉及所有權的移轉。

表 6-1　以共有部分登記之停車位辦理變動登記時，適用之登記事由及登記原因一覽表

所有權人	有無車位編號	車位變動登記	登記事由	登記原因
相同	有	權利範圍相同，二車位編號互為調整	停車位編號變更或標示變更登記	交換
		權利範圍不同，二車位編號互為調整	停車位編號變更或標示變更登記	權利範圍變更
相同	無	權利範圍不同，二車位編號互為調整	停車位編號變更或標示變更登記	權利範圍變更
		一車位取得	停車位編號變更或標示變更登記	權利範圍變更
不同	有	權利範圍相同，二車互為交換（不需申報契稅）	停車位編號變更或標示變更登記	交換
		權利範圍不同，二車互為交換（不需申報契稅）	所有權移轉	交換
不同	無	權利範圍不同，二車互為交換（不需申報契稅）	所有權移轉	交換
		一車位取得（需申報契稅）	所有權移轉	買賣或贈與（視契約而定）

資料來源：新北市地政局《土地登記審查手冊》。

五、交換所有權移轉登記之應備文件

㈠登記申請書。

㈡交換所有權移轉契約書。

㈢土地或建物所有權狀。

㈣雙方之身分證明。

㈤雙方印鑑證明或替代方案。（土地登記規則 40、41）

㈥土地交換，附增值稅繳納收據或增值稅免稅證明。

㈦建物交換，附契稅繳納收據、免稅證明書或同意移轉證明書。

㈧交換前後之不動產有差額而未補償者，附贈與稅繳納收據或免稅證明。

㈨印花稅票：就權利價值課 1‰ 之印花稅。

㈩登記規費收據。

第六節　共有物所有權分割登記

一、意義

㈠ 共有物所有權分割

共有人為便於處分使用收益其應有部分，經全體共有人協議同意，或不能協議時，請求法院判決分割確定，或調解分割確定，將共有物所有權分割，按共有人中各人之應有部分，登記為各人單獨所有，或同時另成立新的共有關係，變更原共有型態。共有物所有權之分割以消滅共有關係為目的，其係權利分割，與一般所謂之標示分割不同。

㈡ 先申請標示分割，再辦理所有權分割

土地登記規則第 105 條：「共有物分割應先申請標示變更登記，再申辦所有權分割登記。但無須辦理標示變更登記者，不在此限。」先將共有人共有之一筆土地申請分割複丈，在不變更原共有權狀態下，作標示分割爲若干筆，使土地之筆數增加、地號增加。其次，各筆土地的共有型態經協議分割、判決分割或調解分割爲單獨所有或變更共有型態，申請共有土地（建物）之所有權分割登記。

二、分割之限制

㈠ 隨時請求分割

民法第 823 條：「各共有人，除法令另有規定外，得隨時請求分割共有物，但因物之使用目的不能分割或契約訂有不分割之期限者，不在此限。」契約所定不分割之期限不得逾 5 年，逾 5 年者縮短爲 5 年。

㈡ 公同共有物不得請求分割

民法第 829 條：「公同關係存續中，各公同共有人，不得請求分割其公同共有物。」

㈢ 土地登記規則第 106 條

數宗共有土地併同辦理共有物分割者，不以同一地段、同一登記機關爲限，數筆共有土地併同辦理分割者，各筆土地之共有人均應相同。

三、分割之方法

㈠ 協議分割

1. 民法第 824 條：「共有物之分割，依共有人協議之方法行之。」經全體共有人達成協議，不能採過半同意之多數決，達成協議後，簽訂共有土地（建物）所有權分割契約書，辦理登記。

2. 共有人持憑分割契約書申請共有物分割登記時，其契約書內容應符合下列情形：

⑴ 分割契約書應由全體共有人協議訂立。

⑵ 如係數筆共有土地併同協議共有物分割者，各筆土地之共有人均應相同。

⑶ 共有土地分割後應合於下情形之一：

① 原共有人個別取得單獨所有。

② 由原部分共有人取得單獨所有，並同時另成立新的共有關係（含共有人數不變而取得單獨所有之原共有人之應有持分減少者）。

③ 成立新共有關係且各筆土地共有人數較原共有人數減少。

3. 有關登記機關受理共有物分割登記案件之審查原則：

⑴ 共有人持憑「共有土地建築改良物所有權分割契約書」申請共有物分割登記時，其共有土地建築改良物所有權分割契約書應由全體共有人協議。

⑵ 共有人不完全相同之數宗共有土地，如經共有人全體協議亦得辦理共有物分割，惟其協議分割後之土地，僅得分配予該宗土地之原共有人或原共有人之一。即「原物分配」。因分割而成爲單獨所有人，係由於彼此相互移轉，讓與部分權利所致，故民法第 825 條規定：「各共有人，對於他共有人因分割而得之物，按其應有部分，

負與出賣人同一之擔保責任。」據此，二宗以上土地之共有人倘不相同，自無從於分割後取得非共有土地相互之移轉權利，且既非「原物分配」，自亦無從對移轉部分負擔保責任（參照最高法院 77 年台上字第 2061 號民事判決）。從而，共有人不完全相同之數宗共有土地，倘共有人欲以協議分割之方式分配土地，因共有人既不完全相同，於他宗土地無所有權之人，自無法與他人彼此相互移轉、讓與部分所有權，不符「原物分配」，非屬民法物權編所稱之「協議分割」，其性質似屬民法債編所稱之「互易」，應準用買賣之規定（民法第 398 條規定參照）在案。（92.7.15 內授中辦地字第 0920010381 號函）

4. 土地法第 34 條之 1 第 1 項所稱之處分，不包括分割行為在內，不得以共有人中一人之應有部分或數共有人之應有部分合併已逾 2/3，即可不經他共有人全體之同意，而任意處分共有物。（最高法院 74 台上字第 2561 號判例）

5. 共有人申請登記，申請書應記明應有部分或相互權利關係：申請登記，權利人為二人以上時，應於申請書內記明應有部分或相互之權利關係。前項應有部分，應以分數表示之，其分子分母不得為小數，分母以整十、整百、整千、整萬表示為原則，並不得超過六位數。已登記之共有土地權利，其應有部分之表示與前項規定不符者，得由地政機關通知土地所有權人於 30 日內自行協議後準用更正登記辦理，如經通知後逾期未能協議者，由登記機關報請上級機關核准後逕為辦理。（土地登記規則 43）

㈡ 判決分割

1. 土地登記規則第 100 條：「依據法院判決申請共有物分割登記者，部分共有人得提出法院確定判決書及其他應附書件，單獨為全體共有人申請分割登記，登記機關於登記完畢後，應通知他共有人。

其所有權狀應俟登記規費繳納完畢後再行繕發。」

2. 不能協議決定者，法院得因任何共有人之聲請，命為下列之分配：

⑴ 以原物分配予各共有人。

⑵ 變賣共有物，以價金分配予各共有人。

⑶ 以原物為分配時，如共有人中有不能按其應有部分受分配者，得以金錢補償之。

3. 權利人持憑法院確定判決，申辦共有物分割登記，涉及金錢補償時，應依下列規定辦理：

⑴ 於法院就共有物分割之訴為原物分配並命為金錢補償之判決，無須提出已為對待給付之證明文件。

⑵ 於法院依兩造之分割協議契約命為應協同辦理共有物分割登記之判決，如主文未諭示應同時提出對待給付之條件者，亦無須提出已為對待給付之證明文件。如主文諭示應同時提出對待給付之條件，且申請人為依該判決應負金錢給付義務之共有人者，應檢附其已為對待給付之證明文件，依土地登記規則第 86 條規定受理登記；至應負金錢給付義務者，為其他未會同申請登記之共有人時，其所有權狀，應俟其檢附已為對待給付之證明文件，並繳納有關稅費後，再行繕發。（內政部 81.2.27 台內地字第 8178260 號函）

㈢ 調處分割

1. 土地法第 34 條之 1 第 6 項規定：依法得分割之共有土地或建築改良物，共有人不能自行協議分割者，任何共有人得申請該管直轄市、縣（市）地政機關調處。

2. 分割共有物之訴為形成之訴，其訴訟標的之形成權，須以法院之判決直接發生、變更或消滅當事人間之權利義務關係。分割共有物之訴所成立之訴訟上和解，則係基於當事人之協議解決其分割方法，僅生協議分割之效力，不生形成判決分割之效力，無從單獨依和解筆錄消滅共有權及取得所有權。（最高法院 43 年台上字第 1016 號，內政部 81.12.23 台內地字第 8116509 號函）

四、分割前已設定抵押權之轉載方式

土地登記規則第 107 條規定：「分別共有土地，部分共有人就應有部分設定抵押權者，於辦理共有物分割登記時，該抵押權按原應有部分轉載於分割後各宗土地之上。但有下列情形之一者，該抵押權僅轉載於原設定人分割後取得之土地上：

㈠抵押權人同意分割。

㈡抵押權人已參加共有物分割訴訟。

㈢抵押權人經共有人告知訴訟而未參加。」

五、共有農地之分割

㈠農業發展條例第 16 條之規定，每宗耕地分割後每人所有面積未達 0.25 公頃者，不得分割。但有下列情形之一者，不在此限：

1. 因購置毗鄰耕地而與其耕地合併者，得為分割合併；同一所有權人之二宗以上毗鄰耕地，土地宗數未增加者，得為分割合併。

2. 部分依法變更為非耕地使用者，其依法變更部分及共有分管之未變更部分，得為分割。

3. 本條例中華民國 89 年 1 月 4 日修正施行後所繼承之耕地，得分割為單獨所有。

4. 本條例中華民國 89 年 1 月 4 日修正施行前之共有耕地，得分割為單獨所有。

5. 耕地三七五租約，租佃雙方協議以分割方式終止租約者，得分割為租佃雙方單獨所有。

6. 非農地重劃地區，變更為農水路使用者。

7. 其他因執行土地政策、農業政策或配合國家重大建設之需要，經中央主管機關專案核准者，得爲分割。

㈡耕地分割之執行方式：

耕地分割執行要點修正（中華民國 105.5.6 台內地字第 1051303449 號令）如下：

1. 爲登記機關執行耕地分割事宜，特訂定本要點。

2. 依農業發展條例（以下簡稱本條例）第 16 條規定辦理耕地分割，除依本條例、本條例施行細則、土地登記規則及地籍測量實施規則之規定外，應依本要點規定辦理。

3. 本要點適用範圍爲本條例第 3 條第 11 款規定之耕地。

4. 耕地之分割，除有本條例第 16 條第 1 項各款情形外，其分割後每人所有每宗耕地面積應在 0.25 公頃以上。

5. 共有耕地依共有人應有部分之比例，辦理共有物分割，其分割後各人所取得之土地價值較其分割前應有部分價值減少者，其減少部分，應依平均地權條例施行細則第 65 條規定辦理。

6. 依本條例第 16 條第 1 項第 1 款前段規定因購置毗鄰耕地而與其耕地合併者，得爲分割合併，係爲擴大農場經營規模，因買賣、贈與、交換及共有物分割之原因，必須分割毗鄰耕地與其耕地合併。

依前項規定申請分割合併者，應符合地籍測量實施規則第 224 條規定之要件，並依下列規定辦理：

⑴ 土地所有權人申請土地分割複丈時，應由擬取得之毗鄰耕地所有權人承諾取得分割後之土地，並與其原有土地合併。

⑵ 登記機關於核發土地分割複丈結果通知書時，應於備註欄註明本案土地之分割，係依本條例第 16 條第 1 項第 1 款前段規定辦理，並應與承受人之土地合併，始得辦理登記。

⑶ 申請人得依土地分割複丈結果通知書所列地號面積向稅捐稽徵機關申報土地現值或申請不課徵土地增值稅，申請人應就土地分

割標示變更登記、所有權移轉登記及土地合併標示變更登記，連件向登記機關申辦。

7. 依本條例第 16 條第 1 項第 1 款後段規定，同一所有權人或共有人均相同之二宗以上毗鄰耕地，申請分割合併，係為便利農作經營之需要，申請先分割後合併或先合併後分割，並應連件辦理，土地宗數不得增加。

依前項規定辦理合併分割後，任一宗耕地面積達 0.5 公頃以上者，不得再依本條例第 16 條第 1 項前段規定辦理分割。但整宗土地移轉他人者，不在此限。

8. 本條例第 16 條第 1 項第 2 款所稱部分依法變更為非耕地使用者，其依法變更部分及共有分管之未變更部分，得為分割者，指共有耕地部分變更為非耕地使用，其依法變更部分，得為分割；其餘未變更為非耕地部分，為共有分管者，得依共有人之分管協議書，分割為單獨所有或維持共有；分割為單獨所有者，其分割後土地宗數不得超過共有人人數，並應連件辦理。

9. 依本條例第 16 條第 1 項第 3 款及第 4 款規定辦理耕地分割，應分割為單獨所有。但有下列情形之一者，不在此限：

⑴ 耕地之部分共有人協議就其應有部分維持共有。

⑵ 依法院確定判決或和解筆錄就共有物之一部分由全體繼承人或全體共有人維持共有。

10. 繼承人辦理繼承登記後，將繼受持分移轉予繼承人者，得依本條例第 16 條第 1 項第 3 款規定辦理分割。

11. 依本條例第 16 條第 1 項第 4 款規定申辦分割之共有耕地，部分共有人於本條例修正後，移轉持分土地，其共有關係未曾終止或消滅，且分割後之宗數未超過修正前共有人數者，得申請分割。

依前項規定申請分割，其共有人人數少於本條例修正前共有人數者，分割後之宗數，不得超過申請分割時共有人人數。

12. 依本條例第 16 條第 1 項第 5 款規定，租佃雙方協議以分割耕地方式終止耕地三七五租約時，其分割後之土地宗數不得超過租佃雙方之人數。

13. 依本條例第 16 條第 1 項第 6 款規定非農地重劃地區變更為農水路使用者，應先變更為交通用地或水利用地後，始得辦理分割。

14. 已辦竣農地重劃之耕地，依本條例第 16 條規定辦理分割時，不受農地重劃條例施行細則第 34 條有關最小坵塊土地短邊 10 公尺之限制。但耕地合併分割不得破壞已完成規劃之農水路系統。

㈢已興建農舍之共有耕地仍得分割

農業發展條例第 18 條第 3 項：農舍應與其坐落用地併同移轉或併同設定抵押權；已申請興建農舍之農業用地不得重複申請。

農業發展條例第 18 條第 4 項所稱「坐落用地」之認定，及已興建農舍之耕地申請依農業發展條例第 16 條規定辦理分割，仍應受農業發展條例第18條第4項規定農舍應與其坐落用地併同移轉之限制。

六、登記事由及登記原因

㈠ 申請登記事由

為所有權移轉登記。

㈡ 登記原因

1. 共有物分割：共有人依協議或依法辦理分別各自取得其應有部分所有權所為之所有權移轉登記。

2. 判決共有物分割：依法院確定判決所為之共有物分割登記。

3. 和解共有物分割：依法院和解筆錄所為之共有物分割登記。

4. 調解共有物分割：依調解筆錄所為之共有物分割登記。

七、共有物所有權分割之應備文件

㈠登記申請書。

㈡登記原因證明文件：

1. 共有土地（建物）所有權分割契約書正副本。

2. 法院判決確定證明書及判決書：判決分割之原因證明文件。

3. 調解筆錄：調解分割之原因證明文件。

㈢土地（建物）所有權狀。

㈣申請人身分證明文件。

㈤全體共有人印鑑證明或其他替代方案

協議分割時檢附。（土地登記規則 40、41）

㈥土地增值稅繳納收據或免稅證明

分割後各人所取得之土地價值，與依原持有比例所算得之價值相等，免徵增值稅，若不等時就減少部分繳納增值稅。

㈦契稅繳納收據或免稅證明

共有建物分割前後價值不相等時檢附。

㈧贈與稅繳納證明或免稅證明

共有土地經分割後各人所取得之土地價值有增減而未補償時，應申報贈與稅。

㈨他項權利人承諾書或同意書（有設定他項權利者檢附）

共有土地分割前，已有設定他項權利者檢附，並應附印鑑證明。

㈩印花稅票

就權利價值課 1‰ 的印花稅。

⑪農業用地作農地使用證明

耕地分割，且分割後價值減少在 $1m^2$ 以上者，申請不課徵土地增值稅者。

⑫登記規費收據。

第七節　拍賣所有權移轉登記

一、意義

就債務人、抵押人或欠稅人之不動產先行查封，再由執行法院予以拍賣，並就賣得之價金，償還債務或繳清欠稅。拍定人應於拍定之執行法院發給權利移轉證明書之日起 1 個月內由買受人單獨申請權利移轉登記。（土地登記規則 27、33）

二、相關稅費

㈠ 稅捐優先

1. 稅捐之徵收，優先於普通債權

土地增值稅、地價稅、房屋稅之徵收及法院、行政執行處執行拍賣或變賣貨物應課徵之營業稅，優先於一切債權及抵押權。經法院、行政執行處執行拍賣或交債權人承受之土地、房屋及貨物，執行法院或行政執行處應於拍定或承受 5 日內，將拍定或承受價額通知當地主管稅捐稽徵機關，依法核課土地增值稅、地價稅、房屋稅及營業稅，並由執行法院或行政執行處代爲扣繳。（稅捐稽徵法 6）

2. 建物應報繳契稅，依契稅條例第 11 條：「依法領買或標購公產及向法院標購拍賣之不動產者，仍應申報繳納契稅。」

㈡ 拍賣增值稅之計算方式

1. 土地稅法第 30 條第 1 項第 5 款：「經法院拍賣之土地，以拍定日當期之公告土地現值爲準。但拍定價額低於公告土地現值者，以拍定價額爲準；拍定價額如已先將設定抵押金額及其他債務予以扣除者，應以併同計算之金額爲準。」

2. 農業用地可申請不課徵土地增值稅：現行法院拍賣之農業用地，申請不課徵土地增值稅，申請人須先向鄉鎮市區公所申請核發農業用地作農業使用證明書後，再向稅捐稽徵機關申請不課徵土地增值稅，是以，當事人收到稅捐稽徵機關通知，始向鄉鎮市區公所申請核發農業用地作農業使用證明書，應扣除主管機關核發該證明書之期間，作爲其申請不課徵土地增值稅之申請期限，以資銜接。（財政部89.8.1台財稅第0890454858號函）

三、農地拍賣之相關規定

㈠土地法暨農業發展條例修正前，申請人因拍賣於登記前已取得不動產，因未能檢具自耕能力證明書致無法辦理登記，嗣修正後辦理所有權移轉登記之處理方式：申請人可持憑法院核發之權利移轉證明書申辦拍賣移轉登記，原因發生日期爲法院核發權利移轉證明書之日。

㈡農業發展條例第31條：「耕地之使用及違規處罰，應依據區域計畫法相關法令規定；其所有權之移轉登記依據土地法及民法之規定辦理。」

㈢農民團體、農業企業機構或農業試驗研究機構承受拍賣耕地，不須檢附農業用地作農業使用證明書，惟仍應符合農業發展條例第33條及34條之規定。農民團體、農業企業機構或農業試驗研究機構申請承受耕地，應檢具經營利用計畫及其他規定書件，向承受耕地所在地之直轄市或縣（市）主管機關提出，經核轉中央主管機關許可並核發證明文件，憑以申辦土地所有權移轉登記。（農業發展條例34 II）

四、法院核發權利移轉書，不動產所有權移轉的效果即發生

㈠強制執行法第97條：「拍賣之不動產，買受人繳足價金後，執

行法院應發給權利移轉證書及其他書據。」

㈡強制執行法第98條：「拍賣之不動產，買受人自領得執行法院所發給權利移轉證書之日起，取得該不動產所有權，債權人承受債務人之不動產者亦同。」即如非須處分，並不以登記為生效要件。

五、公正第三人亦可辦理

公正第三人可受資產管理公司之委託辦理抵押不動產之公開拍賣。依「公正第三人認可及其公開拍賣程序辦法」第28條規定：「拍賣之不動產，買受人依拍賣條件繳足價金後，公正第三人應發給拍定證明書。買受人得持前項公正第三人發給之拍定證明書，依土地登記規則規定逕向不動產登記機關申請權利移轉登記及抵押權塗銷登記，不須會同抵押人申請。」故若欠繳土地稅（含地價稅與當次拍賣應納土地增值稅）之土地及欠繳房屋稅之房屋，在欠稅未繳清前，依上揭稅法規定，地政機關仍不得辦理移轉登記或設定典權登記。至於其申報移轉現值之審核標準，參照土地稅法第30條第1項第5款規定，以拍定日（訂約日）當期之公告土地現值為準。

六、登記事由及登記原因

㈠申請登記事由：為所有權移轉登記。

㈡登記原因：為「拍賣」。

㈢登記原因發生日期：拍定人實際簽收權利移轉證書之日。

七、應備文件

㈠登記申請書。

㈡登記清冊。

㈢權利移轉證明書或拍定證明書。

㈣權利人身分證明。

㈤稅捐繳納收據，例如：契稅繳納收據。

㈥地政規費收據。

第八節　公有不動產出售所有權移轉登記

一、意義

指公有土地或建物經政府管理機關以公開拍賣、標售或讓售等各種方式出售，由承買人會同管理機關申請所有權移轉登記。

二、相關法律規定

㈠土地法第 4 條規定：「本法所稱公有土地，為國有土地、直轄市有土地、縣（市）有土地或鄉（鎮、市）有之土地。」

㈡土地稅法第 28 條、平均地權條例第 35 條：各級政府出售之公有土地，免徵土地增值稅。

㈢契稅條例第 11 條：「依法領買或標購公產及向法院標購拍賣之不動產者，仍應申報繳納契稅。」

三、應備文件

㈠登記申請書。

㈡登記清冊。

㈢產權移轉證明書。

㈣權利人身分證明。

㈤土地或建物所有權狀。

㈥契稅繳納收據或免納證明。

㈦地政規費收據。

第九節　判決調解與和解所有權移轉登記

一、判決所有權移轉登記之意義

依據法院確定判決等文件，向地政機關申辦土地或建物所有權移轉登記，法院判決移轉登記係屬給付判決，如經確定判決領取判決確定證明書，可依土地登記規則第 27 條第 4 款單獨申請登記，免附土地所有權人之同意文件。行政法院 49 年判字第 20 號判例，如法院判決主文，無判命移轉登記之記載，則應向民事法庭另行起訴，俟取得確定給付判決，再向地政機關申請移轉登記。民事判決之執行標準應依判決主文所示。

二、訴訟上和解所有權移轉登記

依據法院和解筆錄等文件，向地政機關申辦土地或建物所有權移轉登記，訴訟上和解成立與確定判決有同一效力。土地或建物移轉訴訟上和解，得由權利人憑和解筆錄，單獨向地政機關申辦移轉登記。如和解違反民法第 71 條強制或禁止規定，仍屬無效。

三、調解所有權移轉登記

㈠權利人依據法院調解筆錄等文件單獨向地政機關申請之土地或建物所有權移轉登記。所謂調解，係法院對於兩造當事人法律有爭議時，在未起訴前，依當事人之聲請，從中調和排解以避免訴訟，法院調解經當事人同意而成立，如調解成立，與訴訟上和解有同一效力。

㈡當事人因移轉案件發生爭議，得申請鄉鎮調解委員會調解，調解成立，其調解書送法院核定，申請人就該事件不得再行起訴，該民事調解書具有執行名義之效力，可單獨申辦移轉登記。

四、判決調解與和解之內容，不得違反強制或禁止規定

㈠優先購買權之規定

法院命被告應履行買賣契約義務，辦理所有權移轉登記予原告之判決主文與內容，倘未提及優先購買權人已放棄其優先權，而系爭不動產之買賣，依法涉及優先購買權情事者，權利人持憑該判決依原土地登記規則第 27 條第 4 款規定，單獨申辦所有權移轉登記時，仍應依原土地登記規則第 97 條規定辦理。至於出賣人如未依法通知優先購買權人，得由權利人代爲通知。（內政部 81.3.26 台內地字第 8172206 號函）

㈡和解內容若違反民法第 71 條之強制或禁止規定，仍屬無效。

五、應備文件

㈠登記申請書。

㈡登記清冊。

㈢登記原因證明文件：

1. 法院判決書及判決確定證明書。
2. 和解筆錄。
3. 調解筆錄。

㈣申請人身分證明。

㈤各項繳稅收據及證明。

㈥地政規費收據。

附錄表格

表 6-1　土地登記申請書（買賣）

S0700000200

收件	日期	年 月 日 時 分	收件者章	
	字號	字第 號		

連件序別（非連件者免填）	共 件	第 件

登記費	元	合 計	元
書狀費	元	收 據	字 號
罰 鍰	元	核算者	

土地登記申請書

(1)受理機關	臺中市 縣 中正地政事務所 □跨所申請	資料管轄機關	縣 市 地政事務所	(2)原因發生日期	中華民國 100 年 12 月 30 日

(3)申請登記事由（選擇打∨一項）	(4)登記原因（選擇打∨一項）
□ 所有權第一次登記	□ 第一次登記
∨ 所有權移轉登記	∨ 買賣 □ 贈與 □ 繼承 □ 分割繼承 □ 拍賣 □ 共有物分割 □
□ 抵押權登記	□ 設定 □ 法定 □
□ 抵押權塗銷登記	□ 清償 □ 拋棄 □ 混同 □ 判決塗銷 □
□ 抵押權內容變更登記	□ 權利價值變更 □ 權利內容等變更 □
□ 標示變更登記	□ 分割 □ 合併 □ 地目變更 □
□	□

(5)標示及申請權利內容	詳如 □ 契約書 □ 登記清冊 □ 複丈結果通知書 □ 建物測量成果圖 □

(6)附繳證件	1. 土地建物買賣契約書正副本各 1 份	4. 契稅繳（免）稅證明 1 份	7. 印鑑證明 1 份
	2. 土地所有權狀 1 份	5. 土地增值稅繳（免）稅證明 1 份	8. 份
	3. 建物所有權狀 1 份	6. 身分證影本 2 份	9. 份

(7)委任關係	本土地登記案之申請委託 王○文 代理。 複代理。 委託人確為登記標的物之權利人或權利關係人，並經核對身分無誤，如有虛偽不實，本代理人(複代理人)願負法律責任。代理人印	(8)聯絡方式	權利人電話	04-2250----
			義務人電話	04-2381----
			代理人聯絡電話	04-2257----
(9)備註			傳真電話	04-2658----
			電子郵件信箱	PDA@-----
			不動產經紀業名稱及統一編號	○ ○公司 123----
			不動產經紀業電話	04-2563----

S0700000200

(10)	(11) 權利人或義務人	(12) 姓名或名稱	(13) 出生年月日	(14) 統一編號	(15) 住所 縣市	鄉鎮市區	村里	鄰	街路	段	巷	弄	號	樓		(16) 簽章
申	權利人	張○勝	3*.5.1	C10*****00	臺中市	北屯區			北屯路				○			印
請	義務人	李○興	3*.6.1	C10*****22	臺中市	北屯區			北屯路				○			印鑑章
人																
	代理人	王○文	4*.4.1	C10*****01	臺中市	北區			北平路	1			○			代理人印

本案處理經過情形（以下各欄申請人請勿填寫）	初審	複審	核定	登簿	校簿	書狀列印	校狀	書狀用印
				地價異動	通知領狀	異動通知	交付發狀	歸檔

表 6-2　土地建築改良物所有權買賣移轉契約書

S0700003402

土地／建築改良物 所有權買賣移轉契約書

下列 土地／建物 買受人／出賣人 經 雙方同意所有權買賣移轉，特訂立本契約：

土地標示	(1) 坐落	鄉鎮市區	北屯區			
		段	北屯	以		
		小段		下		
	(2) 地號		23*4	空		
	(3) 面積（平方公尺）		360	白		
	(4) 權利範圍		全部			

建物標示	(5) 建號		6*8				
	(6) 門牌	鄉鎮市區	北屯區				
		街路	北屯路				
		段巷弄	二段	以			
		號樓	7*	下			
	(7) 建物坐落	段	北屯	空			
		小段		白			
		地號	23*4				
	(8) 面積（平方公尺）	地面層	200				
		第二層	200				
		層					
		層					
		共計	400				
	(9) 附屬建物	用途					
		面積（平方公尺）					
	(10) 權利範圍		全部				

(11) 買賣價款總金額　新臺幣 5**萬元整

S0700003402

(12)申請登記以外之約定事項	1. 他項權利情形： 2. 以下空白 3. 4. 5.	(13)簽名或簽證	

訂立契約人	(14)買受人或出賣人	(15)姓名或名稱	(16)權利範圍		(17)出生年月日	(18)統一編號	(19)住所										(20)蓋章
			買受持分	出賣持分			縣市	鄉鎮市區	村里	鄰	街路	段	巷弄	號	樓		
	買受人	張○勝	全部		3*.5.1	C10*****00	臺中市	北屯區			北屯路			○			印
	出賣人	李○興		全部	3*.6.1	C10*****22	臺中市	北屯區			北屯路			○			印鑑章
	以	下	空	白													

(21)立約日期	中華民國 106 年 1 月 1 日

表 6-3 優先購買權人確已放棄切結書

切結書

本人○○○因出賣下列□土地法第34條之1第4項□農地重劃條例第5條第2款、第3款□其他之共有土地，經依規定通知優先購買權人購買，優先購買權人確已放棄其優先購買權，如有不實，致他人權益受損害者，立切結書人願負法律責任。

此致

○○地政局（○○○地政事務所）

不動產標示（如有不敷使用時，可另附相同格式之清冊）

土地標示					建物標示		
鄉鎮市區	段	小段	地號	權利範圍	建號	門牌	權利範圍

立切結書人：

中華民國　　年　　月　　日

表 6-4　土地登記申請書（贈與）

s0700004401

收件	日期	年　月　日　時　分	收件者章	
	字號	字第　　號		

連件序別（非連件者免填）	共　　件	第　　件

登記費	元	合　計	元
書狀費	元	收　據	字　　號
罰　鍰	元	核算者	

土　地　登　記　申　請　書					
(1)受理機關	臺中　縣市　中正　地政事務所　□跨所申請	資料管轄機關	縣市　地政事務所	(2)原因發生日期	中華民國 90 年 12 月 30 日

(3)申請登記事由（選擇打 V 一項）	(4)登記原因（選擇打 V 一項）
□ 所有權第一次登記	□ 第一次登記
☑ 所有權移轉登記	□ 買賣　☑ 贈與　□ 繼承　□ 分割繼承　□ 拍賣　□ 共有物分割　□
□ 抵押權登記	□ 設定　□ 法定　□
□ 抵押權塗銷登記	□ 清償　□ 拋棄　□ 混同　□ 判決塗銷　□
□ 抵押權內容變更登記	□ 權利價值變更　□ 權利內容等變更　□
□ 標示變更登記	□ 分割　□ 合併　□ 地目變更　□
□	□

(5)標示及申請權利內容	詳如　☑ 契約書　□ 登記清冊　□ 複丈結果通知書　□ 建物測量成果圖　□

(6)附繳證件			
	1. 贈與所有權移轉契約書正副各 1 份	4. 土地增值稅繳（免）稅證明 1 份	7. 印鑑證明 1 份
	2. 土地所有權狀 1 份	5. 契稅繳（免）稅證明 1 份	8. 身分證影本 2 份
	3. 建物所有權狀 1 份	6. 贈與稅繳清證明書 1 份	9.

(7)委任關係	本土地登記案之申請委託　王○文　代理。 委託人確為登記標的物之權利人或權利關係人，並經核對身分無誤，如有虛偽不實，本代理人（複代理人）願負法律責任。　代理人印
(9)備註	

(8)聯絡方式		
	權利人電話	04-2250----
	義務人電話	04-2381----
	代理人聯絡電話	04-2257----
	傳真電話	04-2658----
	電子郵件信箱	PDA@-----
	不動產經紀業名稱及統一編號	
	不動產經紀業電話	

S0700004401

(10)	(11) 權利人或義務人	(12) 姓名或名稱	(13) 出生年月日	(14) 統一編號	(15) 住所 縣市	鄉鎮市區	村里	鄰	街路	段	巷	弄	號	樓		(16) 簽章
申	權利人	張○勝	3*.3.1	C10058****	臺中市	北屯區			北屯路				15*			印
	義務人	李○興	3*.3.7	C10023****	臺中市	北屯區			北屯路				6*			印鑑章
請																
人	代理人	王○文	4*.5.5	C10000****	臺中市	北區			北平路	1			3*			代理人印

本案處理經過情形（以下各欄申請人請勿填寫）	初審	複審	核定	登簿	校簿	書狀列印	校狀	書狀用印
				地價異動	通知領狀	異動通知	交付發狀	歸檔

表 6-5 土地建築改良物所有權贈與移轉契約書

S0700004402

土地／建築改良物 所有權贈與移轉契約書

下列 土地／建物 經 受贈人／贈與人 雙方同意所有權贈與移轉，特訂立本契約：

土地標示	(1)坐落	鄉鎮市區	南屯區			
		段	黎明	以		
		小段		下		
	(2)地號		26*	空		
	(3)面積(平方公尺)		350	白		
	(4)權利範圍		全部			

建物標示	(5)建號		6*			
	(6)門牌	鄉鎮市區	南屯區	以		
		街路	黎明路	下		
		段巷弄	二段	空		
		號樓	5*	白		
	(7)建物坐落	段	黎明			
		小段				
		地號	26*			
	(8)面積(平方公尺)	地面層	185			
		第二層	200			
		層				
		層				
		共計	385			
	(9)附屬建物	用途	陽臺			
		面積(平方公尺)	16			
	(10)權利範圍		全部			

S0700004402

(11)申請登記以外之約定事項		(12)簽名或簽證	
	1. 他項權利情形： 2. 贈與權利價值：新臺幣 300 萬元整 3. 以下空白 4. 5.		

訂立契約人	(13)受贈人或贈與人	(14)姓名或名稱	(15)權利範圍 受贈持分	(15)權利範圍 贈與持分	(16)出生年月日	(17)統一編號	(18)住所 縣市	鄉鎮市區	村里	鄰	街路	段	巷弄	號	樓		(19)蓋章
	受贈人	張○勝	全部		3*. 3. 1	C100****00	臺中市	北屯區			北屯路			15*			印
	贈與人	李○興		全部	3*. 3. 7	C100****22	臺中市	北屯區			北屯路			6*			印鑑章
		以下空白															

(20)立約日期　中華民國 106 年 1 月 1 日

表 6-6　土地登記申請書（交換）

S0700008401

收件	日期	年　月　日　時　分	收件者章	
	字號	字第　　號		

連件序別（非連件者免填）	共　件	第　件

登記費	元	合計	元
書狀費	元	收據	字　號
罰鍰	元	核算者	

土 地 登 記 申 請 書

(1) 受理機關	縣 市 ○○地政事務所 □跨所申請	資料管轄機關	縣市 地政事務所	(2) 原因發生日期	中華民國 92 年 11 月 12 日

(3)申請登記事由（選擇打 V 一項）	(4)登記原因（選擇打 V 一項）
□ 所有權第一次登記	□ 第一次登記
V 所有權移轉登記	□ 買賣 □ 贈與 □ 繼承 □ 分割繼承 □ 拍賣 □ 共有物分割 V 交換
□ 抵押權登記	□ 設定 □ 法定 □
□ 抵押權塗銷登記	□ 清償 □ 拋棄 □ 混同 □ 判決塗銷 □
□ 抵押權內容變更登記	□ 權利價值變更 □ 權利內容等變更 □
□ 標示變更登記	□ 分割 □ 合併 □ 地目變更 □
□	□

(5)標示及申請權利內容　詳如　V 契約書　□ 登記清冊　□ 複丈結果通知書　□ 建物測量成果圖　□

(6) 附繳證件			
	1.交換所有權移轉契約書正副本各 1 份	4.印鑑證明 2 份	7　份
	2.土地、建物所有權狀各 2 份	5.土地增值稅繳（免）稅證明 1 份.	8.　份
	3.身分證明文件影本 1 份	6.契稅繳（免）稅證明 1 份	9.　份

(7)委任關係	本土地登記案之申請委託　王○文　代理。　　複代理。 委託人確為登記標的物之權利人或權利關係人，並經核對身分無誤，如有虛偽不實，本代理人(複代理人)願負法律責任。代理人印	(8)聯絡方式	權利人電話	（03）2222-****
			義務人電話	（03）2222-****
			代理人聯絡電話	（03）2352-****
(9)備註			傳真電話	（03）2222-****
			電子郵件信箱	*****@yahoo.com.tw
			不動產經紀業名稱及統一編號	
			不動產經紀業電話	

S0700008401

(10)	(11) 權利人或義務人	(12) 姓名或名稱	(13) 出生年月日	(14) 統一編號	(15) 住所 縣市	鄉鎮市區	村里	鄰	街路	段	巷	弄	號	樓		(16) 簽章
申	權利人	張○三	38.10.1	P10*****66	○○市	○○區	○○	1	○○街				61	3		印鑑章
	權利人	李○四	45.6.13	A10*****55	○○市	○○區	○○	1	○○街				28	1		印鑑章
請																
人	代理人	王○文	41.2.5	C10*****01	○○市	○○區			○○路				36			代理人印

本案處理經過情形（以下各欄申請人請勿填寫）	初審	複審	核定	登簿	校簿	書狀列印	校狀	書狀用印
				地價異動	通知領狀	異動通知	交付發狀	歸檔

表 6-7　土地建築改良物所有權交換移轉契約書

S070008402

土地／建築改良物 所有權交換移轉契約書

下列 土地／建物 經所有權人雙方同意所有權交換移轉，特訂立本契約：

土地標示		交換前		交換後	
(1) 坐落	鄉鎮市區	南屯區	南屯區	南屯區	南屯區
	段	○○○	○○○	○○○	○○○
	小段				
(2) 地號		10	13	10	13
(3) 面積（平方公尺）		48	36	48	36
(4) 所有權人姓名		張○三	李○四	李○四	張○三
(5) 權利範圍		全部	全部	全部	全部
(6) 權利價值		12 萬元	9 萬 8000 元	12 萬元	9 萬 8000 元

建物標示		交換前		交換後	
(7) 建號		201	202	201	202
(8) 門牌	鄉鎮市區	南屯區	南屯區	南屯區	南屯區
	街路	○○○	○○○	○○○	○○○
	段巷弄				
	號樓	100	102	100	102
(9) 建物坐落	段	大新	大新	大新	大新
	小段				
	地號	10	13	10	13
(10) 面積（平方公尺）	地面層	75.05	70.10	75.05	70.10
	第二層	75.05	70.10	75.05	70.10
	第三層	65.01	60.55	65.01	60.55
	層				
	共計	215.11	200.75	215.11	200.75
(11) 附屬建物	用途				
	面積（平方公尺）				
(12) 所有權人姓名		張○三	李○四	李○四	張○三
(13) 權利範圍		全部	全部	全部	全部
(14) 權利價值		23 萬元	22 萬 5000 元	23 萬元	22 萬 5000 元

S070008402

(15)申請登記以外之約定事項	1. 他項權利情形及處理方法： 2. 交換權利差額及補償情形： 3. 4. 5.	(16)簽名或簽證	

訂立契約人	(17)姓名或名稱	(18)出生年月日	(19)統一編號	(20)住所 縣市	鄉鎮市區	村里	鄰	街路	段	巷弄	號	樓		(21)蓋章
	張○三	38.9.1	○○○	臺中市	南屯區	溝墘	1	大英街			○○	○		印鑑章
	李○四	45.6.30	○○○	臺中市	南屯區	溝墘	1	大英街			○○	○		印鑑章
	以下空白													
(22)立約日期	中華民國 106 年 1 月 1 日													

表 6-8　土地登記申請書（分割）

共有物分割登記申請書

收件	日期	年　月　日　時　分	收件者章	
	字號	字第　　號		

連件序別（非連件者免填）	共　件	第　件

登記費	元	合　計	元
書狀費	元	收　據	字　號
罰　鍰	元	核算者	

土　地　登　記　申　請　書

(1)受理機關	桃園市 縣 大溪地政事務所 □跨所申請	資料管轄機關	縣 市 地政事務所	(2)原因發生日期	中華民國 100 年 1 月 31 日

(3)申請登記事由（選擇打 V 一項）	(4)登記原因（選擇打 V 一項）
☑ 所有權第一次登記	□ 第一次登記
□ 所有權移轉登記	□ 買賣 □ 贈與 □ 繼承 □ 分割繼承 □ 拍賣 ☑ 共有物分割 □
□ 抵押權登記	□ 設定 □ 法定 □
□ 抵押權塗銷登記	□ 清償 □ 拋棄 □ 混同 □ 判決塗銷 □
□ 抵押權內容變更登記	□ 權利價值變更 □ 權利內容等變更 □
□ 標示變更登記	□ 分割 □ 合併 □ 地目變更 □
□	□

(5)標示及申請權利內容	詳如 ☑ 契約書 □ 登記清冊 □ 複丈結果通知書 □ 建物測量成果圖 □

(6)附繳證件	1. 共有土地、建築改良物所有權分割契約書正副本各 1 份	4. 身分證影本 2 份	7. 土地增值稅繳（免）稅證明 2 份
	2. 土地所有權狀 4 份	5. 印鑑證明 2 份	8.　份
	3. 建物所有權狀 4 份	6. 契稅繳（免）稅證明 2 份	9.　份

(7)委任關係	本土地登記案之申請委託　王◯文　代理。　複代理。 委託人確為登記標的物之權利人或權利關係人，並經核對身分無誤，如有虛偽不實，本代理人(複代理人)願負法律責任。 代理人印	(8)聯絡方式	權利人電話	
			義務人電話	
			代理人聯絡電話	（03）387-****
(9)備註			傳真電話	（03）387-****
			電子郵件信箱	***@yahoo.com.tw
			不動產經紀業名稱及統一編號	
			不動產經紀業電話	

(10)	(11)	(12)	(13)	(14)	(15) 住所											(16)
申請人	權利人或義務人	姓名或名稱	出生年月日	統一編號	縣市	鄉鎮市區	村里	鄰	街路	段	巷	弄	號	樓		簽章
	權利人	林○華	55.7.30	H111111111	桃園	大溪	○	○	○				○			印鑑章
	權利人	林○慶	56.11.23	H222222222	桃園	大溪	○	○	○				○			印鑑章
	代理人	王○文	48.5.5	H123456789	桃園	大溪			康莊				95			代理人印

本案處理經過情形（以下各欄申請人請勿填寫）	初審	複審	核定	登簿	校簿	書狀列印	校狀	書狀用印
				地價異動	通知領狀	異動通知	交付發狀	歸檔

表 6-9　共有土地建築改良物所有權分割契約書

S0700007402

共有 土地／建築改良物 所有權分割契約書

下列 土地／建物 經全體共有人同意分割，特訂立本契約：

土地標示		分割前		分割後	
(1) 坐落	鄉鎮市區	北屯區	北屯區	北屯區	北屯區
	段	○○○	○○○	○○○	○○○
	小段				
(2) 地號		238	239	238	239
(3) 面積（平方公尺）		320	360	320	360
(4) 所有權人姓名		林○華 林○慶	林○華 林○慶	林○華	林○慶
(5) 權利範圍		各 1/2	各 1/2	全部	全部
(6) 權利價值		300 萬元	360 萬元	300 萬元	360 萬元

建物標示		分割前		分割後	
(7) 建號		63	75	63	75
(8) 門牌	鄉鎮市區	北屯區	北屯區	北屯區	北屯區
	街路	○○○	○○○	○○○	○○○
	段巷弄				
	號樓	25	27	25	27
(9) 建物坐落	段	北屯	北屯	北屯	北屯
	小段				
	地號	238	239	238	239
(10) 面積（平方公尺）	地面層	180	210	180	210
	第二層	200	230	200	230
	第三層	200	230	200	230
	共計	580	670	580	670
(11) 附屬建物	用途				
	面積（平方公尺）				
(12) 所有權人姓名		林○華 林○慶	林○華 林○慶	林○華	林○慶
(13) 權利範圍		各 1/2	各 1/2	全部	全部
(14) 權利價值		300 萬元	300 萬元	300 萬元	300 萬元

S0700007402

(15)申請登記以外之約定事項	1. 他項權利情形及處理方法： 2. 分割權利差額及補償情形：差額已補償 3. 以下空白 4. 5..	(16)簽名或簽證	

訂立契約人	(17)姓名或名稱	(18)出生年月日	(19)統一編號	(20)住所 縣市	鄉鎮市區	村里	鄰	街路	段	巷弄	號	樓		(21)蓋章
	林○華	55.7.30	N22231****	臺中市	西區			永興街			○○			印鑑章
	林○慶	56.11.23	N11331****	臺中市	西區			永興街			○○			印鑑章
	以	下	空	白										

(22)立約日期	中華民國 106 年 1 月 1 日

表 6-10　法院拍賣公告

法務部行政執行署臺中分署公告（第 1 次拍賣）

機關地址：臺中市西區建國北路二段 100 巷 16 號
傳　　真：04-23724658
承辦人及電話：陳兆禎 04-23751335#308

發文日期：中華民國 106 年 5 月 3 日

發文字號：中執孝 106 年助執字第 00000024 號

主旨：公告以投標方法拍賣本分署受理 106 年度助執字第 24 號等之營業稅法行政執行事件，義務人九達營造工程股份有限公司所有如附表所示不動產有關事項。

依據：行政執行法第 26 條、強制執行法第 81 條等。

公告事項：

一、不動產所在地、他項權利、權利範圍、拍賣最低價額：如附表。

二、保證金：如附表。

保證金在新臺幣（下同）壹萬元以下者，得以千元大鈔爲之；超過壹萬元者，應以臺灣各地金融機構簽發以臺灣各地金融機構爲付款人之得背書轉讓即期票據（受款人請填寫本分署機關名稱全銜；如非填寫本分署機關名稱，則應由受款人於票據背面簽章背書），放進投標保證金封存袋，並將袋口密封（投標保證金封存袋請向本分署爲民服務中心索取）。未將保證金放入投標保證金封存袋者，其投標無效。得標者，保證金抵充拍定價額；未得標者，於當次拍賣程序終結後由投標人當場簽名或蓋章領回。

三、閱覽查封筆錄日期及處所：自公告之日起，至拍賣期日前 1 日止（每日辦公時間內）在本分署辦理。

四、投標日時及場所：106 年 5 月 23 日（星期二）下午 2 時 30 分起，將投標書暨保證金封存袋，投入本分署拍賣室標櫃內。

五、開標日時及場所：106 年 5 月 23 日（星期二）下午 3 時 0 分，在本分署拍賣室當眾開標。

六、得標規定：以投標價額達到拍賣最低價額且標價最高者爲得標人。如投標人願出之最高價額相同者，以當場增加之金額最高者爲得標人；無人增加價額者，以抽籤定其得標人。

七、交付價金之期限：除有優先購買權人須待優先購買權行使與否確定後另行通知外，拍定人應於得標後 7 日內繳足全部價金，逾期不繳，得將不動產再拍賣，原拍定人不得應買。如再拍賣之價金低於原拍賣價金及因再拍賣所生之費用時，原拍定人應負擔其差額。如由數人共同買受，其中 1 人逾期未繳足價金，視爲全部未繳足價金，再拍賣之差額，由原拍定人連帶負擔。

八、依稅捐稽徵法第 6 條規定得優先扣繳之地價稅、房屋稅算至拍定（或承受）日。拍定（或承受）人應承擔拍定（或承受）日至權利移轉證書核發前之地價稅、房屋稅。

九、其他不動產拍賣共同注意事項，請參閱懸掛於本分署拍賣室之不動產拍賣共同注意事項公告，或進入本分署網頁（http://www.tcy.moj.gov.tw/ct.asp?xItem=298619&CtNode=33697&mp=035）查詢。

分署長 簡 文 鎮

依分層負責規定授權業務主管決定

不動產附表：

<table>
<tr><td colspan="11">103 年度助執字第 738 號等行政執行事件不動產附表　義務人：九達營造工程股份有限公司</td></tr>
<tr><td rowspan="2">編號</td><td colspan="5">土　地　坐　落</td><td rowspan="2">地目</td><td>面積</td><td rowspan="2">權利範圍</td><td rowspan="2">最低拍賣價格（新臺幣元）</td><td rowspan="2">保證金（新臺幣元）</td></tr>
<tr><td>縣市</td><td>鄉鎮市區</td><td>段</td><td>小段</td><td>地　號</td><td>平方公尺</td></tr>
<tr><td>1</td><td>臺中市</td><td>北區</td><td>錦村段</td><td></td><td>016*-00**</td><td>建</td><td>23</td><td>全部</td><td>36 萬 1,000 元</td><td>7 萬 3,000 元</td></tr>
<tr><td>備註</td><td colspan="10">使用分區：第二種住宅區。</td></tr>
</table>

附註：1. 拍賣條件：不動產一筆單獨拍賣，以出價最高者得標。

2. 點交狀況：查封時，錦村段 016*-00** 地號土地部分由第三人占用，其占用權源不明，拍定後不點交。

表 6-11　土地登記申請書（拍賣）

S0700009401

收件	日期	年　月　日　時　分	收件者章	
	字號	字第　　號		

連件序別（非連件者免填）	共　　件	第　　件

登記費	元	合　計	元
書狀費	元	收　據	字　　號
罰　鍰	元	核算者	

土　地　登　記　申　請　書

(1) 受理機關	縣 ○○地政事務所 ○　○　市 □跨所申請	資料管轄機關	縣 市 地政事務所	(2) 原因發生日期	中華民國 92 年 10 月 31 日

(3)申請登記事由（選擇打∨一項）	(4)登記原因（選擇打∨一項）
□ 所有權第一次登記	□ 第一次登記
☑ 所有權移轉登記	□ 買賣 □ 贈與 □ 繼承 □ 分割繼承 ☑ 拍賣 □ 共有物分割 □
□ 抵押權登記	□ 設定 □ 法定 □
□ 抵押權塗銷登記	□ 清償 □ 拋棄 □ 混同 □ 判決塗銷 □
□ 抵押權內容變更登記	□ 權利價值變更 □ 權利內容等變更 □
□ 標示變更登記	□ 分割 □ 合併 □ 地目變更 □
□	□

(5)標示及申請權利內容	詳如 □契約書 ☑登記清冊 □ 複丈結果通知書 □ 建物測量成果圖 □

(6) 附繳證件			
	1.法院產權移轉證明書正影本各 1 份	4.　　份	7.　　份
	2.身分證影本 1 份	5.　　份	8.　　份
	3.契稅繳（免）納證明 1 份	6.　　份	9.　　份

(7)委任關係	本土地登記案之申請委託　王○文　代理。　複代理。 委託人確為登記標的物之權利人或權利關係人，並經核對身分無誤，如有虛偽不實，本代理人(複代理人)願負法律責任。 代理人印	(8)聯絡方式	權利人電話	（04）2229-****
			義務人電話	（04）2224-****
			代理人聯絡電話	（04）2232-****
			傳真電話	（04）2622-****
(9)備註			電子郵件信箱	*****@yahoo.com.tw
			不動產經紀業名稱及統一編號	
			不動產經紀業電話	

S0700009401

(10)	(11) 權利人或義務人	(12) 姓名或名稱	(13) 出生年月日	(14) 統一編號	(15) 住所 縣市	鄉鎮市區	村里	鄰	街路	段	巷	弄	號	樓		(16) 簽章
申	權利人	張○山	42.8.20	A10*****66	○○市	○○區	○○	3	○○路				1	6		印
請	義務人	李○水	41.5.20	A10*****25	○○市	○○區	○○		○○路				5	4		
人	代理人	王○文	40.5.5	C10*****01	○○市	○○區			○○路	1			36			代理人印

本案處理經過情形（以下各欄申請人請勿填寫）	初審	複審	核定	登簿	校簿	書狀列印	校狀	書狀用印
				地價異動	通知領狀	異動通知	交付發狀	歸檔

表 6-12　拍賣登記清冊

S0700009402

登記清冊　申請人 張○山　簽章 印										
土地標示	(1)坐落	鄉鎮市區	南屯區						
		段	大新						
		小段		以下空白					
	(2)地號		○○○						
	(3)面積（平方公尺）		123						
	(4)權利範圍		5分之1						
	(5)備註								

S0700009402

建物標示	(6)建號		120	共		
	(7)門牌	鄉鎮市區	南屯區	有		
		街路	大英街	部		
		段巷弄		分		
		號樓	1	建		
	(8)建物坐落	段	大新	號		
		小段		125	以下空白	
		地號	○○○	號		
	(9)面積（平方公尺）	第五層	128.75	權		
		層		利		
		層		範		
		層		圍		
				5		
		共計	128.75	分		
	(10)附屬建物	用途		之		
		面積（平方公尺）		1		
	(11)權利範圍		全部			
	(12)備註					

表 6-13　土地登記申請書（法院判決）

S0700011401

收件	日期	年　月　日　時　分	收件者章		連件序別（非連件者免填）	共　件	第　件	登記費	元	合計	元
	字號	字第　號						書狀費	元	收據	字　號
								罰鍰	元	核算者	

土地登記申請書

(1) 受理機關	桃園縣○○ 地政事務所 市 □跨所申請	資料管轄機關	縣 市 地政事務所	(2) 原因發生日期	中華民國 105 年 10 月 15 日

(3)申請登記事由（選擇打 V 一項）	(4)登記原因（選擇打 V 一項）
□ 所有權第一次登記	□ 第一次登記
V 所有權移轉登記	□ 買賣 □ 贈與 □繼承 □ 分割繼承 □ 拍賣 □ 共有物分割 V 判決移轉(和解、調解)
□ 抵押權登記	□ 設定 □ 法定 □
□ 抵押權塗銷登記	□ 清償 □ 拋棄 □ 混同 □ 判決塗銷 □
□ 抵押權內容變更登記	□ 權利價值變更 □ 權利內容等變更 □
□ 標示變更登記	□ 分割 □ 合併 □ 地目變更 □
□	□

(5)標示及申請權利內容	詳如 契約書 V登記清冊 □ 複丈結果通知書 □ 建物測量成果圖 □

(6) 附繳證件	1.法院判決書正(影)本 1 份	4.身分證影本 1 份	7.　份
	2.法院判決確定證明書正(影)本 1 份	5.契稅繳（免）稅證明 1 份	8.　份
	3.土地增值稅繳（免）稅證明 1 份	6.	

(7)委任關係	本土地登記案之申請委託 陳○○ 代理。 複代理。 委託人確為登記標的物之權利人或權利關係人，並經核對身分無誤，如有虛偽不實，本代理人(複代理人)願負法律責任。 代理人印	(8) 聯絡方式	聯絡電話	（03）2222-****
			傳真電話	（03）2222-****
			電子郵件信箱	***** @yahoo.com.tw

(9) 備註	

S0700011401

(10)	(11) 權利人或義務人	(12) 姓名或名稱	(13) 出生年月日	(14) 統一編號	(15) 住所 縣市	鄉鎮市區	村里	鄰	街路	段	巷	弄	號	樓		(16) 簽章
申	權利人	李○○	30.7.1	N10*****78	桃園縣	○○市	○○里	1	○○路				18			印
請																
人	代理人	陳○○	50.5.5	C20*****01	桃園縣	○○市			○○街				66			代理人印

本案處理經過情形（以下各欄申請人請勿填寫）	初審	複審	核定	登簿	校簿	書狀列印	校狀	書狀用印
				地價異動	通知領狀	異動通知	交付發狀	歸檔

表 6-14　法院判決登記清冊

S0700011402

登　記　清　冊　申請人 李○光　簽章 印									
土地標示	(1) 坐落	鄉鎮市區	八德區						
		段	大湳	以					
		小段		下					
	(2) 地號		8○8	空					
	(3) 面積（平方公尺）		77	白					
	(4) 權利範圍		全部						
	(5) 備註								

S0700011402

建物標示	(6) 建號		93○○			
	(7) 門牌	鄉鎮市區	八德區			
		街路	竹高厝	以		
		段巷弄		下		
		號樓	34	空		
	(8) 建物坐落	段	大湳	白		
		小段				
		地號	○○○			
	(9) 面積（平方公尺）	地面層	36.71			
		第一層	36.71			
		第二層	36.71			
		第三層	24.11			
		共計	134.24			
	(10) 附屬建物	用途	露臺、平臺 雨遮、陽臺			
		面積（平方公尺）	12.60、10.03 4.08、6.60			
	(11) 權利範圍		全部			
	(12) 備註					

第7章 他項權利登記

第一節　他項權利登記之意義、種類

一、他項權利登記之意義

他項權利登記，乃指所有權以外之其他物權的登記，包括地上權、中華民國 99 年 8 月 3 日前發生之永佃權、不動產役權、典權、抵押權、耕作權、農育權、依習慣形成之物權之設定、移轉、及權利內容變更登記等。（土地登記規則 4）

二、他項權利之種類

㈠土地法第 11 條規定：「土地所有權以外設定他項權利之種類，依民法之規定。」

㈡民法第三編，物權有地上權、不動產役權、農育權、抵押權、典權五種。

㈢土地法又創設耕作權：承墾人自墾竣之日起，無償取得所領墾地之耕作權，應即依法向該管直轄市或縣（市）地政機關聲請為耕作權之登記。因此耕作權為土地法所創設之他項權利。（土地法 133）

㈣土地登記規則第 4 條規定：「下列土地權利之取得、設定、移轉、喪失或變更，應辦理登記：1. 所有權；2. 地上權；3. 永佃權；4. 不動產役權；5. 典權；6. 抵押權；7. 耕作權；8. 農育權；9. 依習慣形成之物權。」除所有權外，共有六種他項權利應登記。

三、他項權利登記之種類

㈠ 設定登記

他項權利一般皆由當事人以法律行爲設定之，因爲法律規定而取得，由權利人會同土地所有權人或義務人辦理設定登記。

㈡ 移轉登記

他項權利設定登記後，如有移轉，應辦理移轉登記。

㈢ 內容變更登記

他項權利設定後，權利內容變更，例如：存續期間、利息等變更，應辦理變更登記。

㈣ 塗銷登記

他項權利設定後，如因爲存續期間屆滿、拋棄、混同、公用徵收等因素，使他項權利無存在之原因，應辦理塗銷登記。

㈤ 消滅登記

他項權利設定後，土地或建物標的物滅失，他項權利無焉附存，須辦消滅登記。

四、他項權利登記之申請期限

土地總登記後設定之他項權利，或已登記之他項權利如有移轉或內容變更時，應於其權利取得或移轉變更後 1 個月內申請登記。其係繼承登記者，得自繼承開始之日起 6 個月內為之。（土地登記規則 33）

第二節　抵押權設定與塗銷登記

一、抵押權登記之意義

㈠民法第 860 條：「稱普通抵押權者，謂債權人對於債務人或第三人不移轉占有而供其債權擔保之不動產，得就該不動產賣得價金優先受償之權。」抵押權為擔保物權，以擔保債權之清償為目的，不須將標的物移轉予權利人占有，設定人仍可繼續為原來之使用、收益，或將所有權讓與他人，抵押權不受影響。

㈡依民法的規定，債權為主權利，抵押權為從權利。抵押權之發生以主債權之發生為前提，主債權若清償，則抵押權可辦理塗銷登記。

㈢抵押權之標的物限於不動產，即以土地或建物所有權設定之。或依民法第 882 條，地上權、農育權及典權，均得為抵押權之標的物。

㈣提供不動產物權作為設定標的物的抵押人（義務人）不一定是債務人。易言之，債務人可將自己所有之不動產提供作為擔保，或以第三人之不動產作為擔保。土地登記規則第 111 條規定：「申請為抵押權設定之登記，其抵押人非債務人時，契約書及登記申請書應經債務人簽名或蓋章。」

㈤抵押權設定的目的是確保債權之清償。

㈥抵押權人於債權已屆清償期而未受清償者，得聲請法院拍賣抵押物，就其賣得價金而受清償。約定於債權已屆清償期而未為清償時，抵押物之所有權移屬於抵押權人者，非經登記，不得對抗第三人（民法 873、民法 873-1）。抵押權人於債權清償期屆滿後，為受清償，得訂立契約，取得抵押物之所有權，或用拍賣以外之方法處分抵押物。但有害於其他抵押權人之利益者，不在此限（民法 878）。惟清償期屆滿前所訂定的流抵契約，無效。

二、抵押權之取得

㈠ 基於法律行為

1. 設定

依民法第 758 條、不動產物權，依法律行為而取得、設定、喪失及變更者，非經登記，不生效力。前項行為，應以書面為之。

2. 讓與

抵押權須連同債權一併受讓（民法 870），主債權移轉，抵押權亦隨同移轉。例如：權利人檢附臺灣省合作金庫開立之債務清償證明書申請塗銷原以彰化市第四信用合作社名義登記之抵押權，准由臺灣省合作金庫持憑財政部核准概括承受函文，單獨申辦抵押權移轉登記後，再據以辦理抵押權塗銷登記，免另訂定抵押權移轉契約書。（內政部 85.7.22 台內地字第 8507127 號函）因此，合作金庫概括承受彰化四信後，債權移轉，隨之也應申辦抵押權移轉登記。

㈡ 基於法律規定

民法第 513 條承攬人之法定抵押權：因承攬關係所生之債權，承攬人僅生有請求定作人會同申請抵押權登記或預為抵押權登記，登記乃承攬人取得抵押權之生效要件，亦即採「登記生效」主義。

㈢ 繼承

依民法第759條、第870條的規定，抵押權不得由債權分離而為讓與，或為其他債權之擔保。主債權發生繼承的事實，抵押權亦須辦理繼承移轉登記。

三、抵押權設定後之效力

㈠抵押權不可分性

民法第867條規定：「不動產所有人設定抵押權後，得將不動產讓與他人。但其抵押權不因此而受影響。」只要債權未清償，不動產縱經分割或出售，抵押權不受影響，仍然擔保債權之全部。

㈡抵押權之消滅與代物擔保性

民法第881條規定：「抵押權除法律另有規定外，因抵押物滅失而消滅。但抵押人因滅失得受賠償或其他利益者，不在此限。抵押權人對於前項抵押人所得行使之賠償或其他請求權有權利質權，其次序與原抵押權同。給付義務人因故意或重大過失向抵押人為給付者，對於抵押權人不生效力。抵押物因毀損而得受之賠償或其他利益，準用前三項之規定。」而代物擔保性係指抵押物全部或一部滅失時，所受之賠償金為抵押物之代替物，抵押權人得就該項賠償金行使其權利。故實務上，建物之抵押貸款，債權人常要求抵押人保火險、地震險，以免抵押物滅失，債權人失其保障。

㈢抵押權擔保的範圍

1. 抵押權所擔保之範圍

抵押權所擔保者為原債權、利息、遲延利息，違約金及實行抵押權之費用。但契約另有訂定者，不在此限。得優先受償之利息、遲延利息、一年或不及一年定期給付之違約金債權，以於抵押權人實行抵押權聲請強制執行前 5 年內發生及於強制執行程序中發生者爲限。（民法 861）

2. 抵押權效力及標的之範圍

⑴ 從物及從權利。（民法 862）

⑵ 天然孳息、法定孳息。（民法 863、864）

⑶ 因抵押物滅失得受之賠償金或其他利益。（民法 881）

3. 申請普通抵押權設定登記時，登記機關應於登記簿記明擔保債權之金額、種類及範圍；契約書訂有利息、遲延利息之利率、違約金或其他擔保範圍之約定者，登記機關亦應於登記簿記明之。（土地登記規則 111-1）

㈣ 抵押權之次序

民法第 865 條規定：「不動產所有人，因擔保數債權，就同一不動產，設定數抵押權者，其次序依登記之先後定之。」民法第 874 條規定：「抵押物賣得之價金，除法律另有規定外，按各抵押權成立之次序分配之，其次序相同者，依債權額比例分配之。」當不動產價值較高，同一不動產可先後設定數個抵押權，但是受償之次序依登記之先後。

㈤ 當債權金額較高，可以將數宗不動產共同擔保一個債權。土地登記規則第 112 條規定：「以不屬同一登記機關管轄之數宗土地權利爲共同擔保設定抵押權時，除第 3 條第 3 項及第 4 項另有規定外，應訂立契約分別向土地所在地之登記機關申請登記。」若以數宗土地，或將土地與建物共同擔保一個債權，可簽訂同一設定契約辦理之。

㈥ 不動產所有人設定抵押權後，於同一不動產上，得設定地上權或其他以使用收益爲目的之物權，或成立租賃關係。但其抵押權不因此而受影響（民法 866）。擔保物權與用益物權性質不同，因此，同一土地辦理抵押權設定登記後，仍得辦理地上權設定登記。

㈦耕地所有權之一部分可設定抵押權登記

農業發展條例第 16 條已無限制耕地移轉共有之規定，故得以耕地所有權之一部分設定抵押權登記。

四、抵押權之種類

㈠ 一般抵押權

即債務人以自己或第三人之不動產物權擔保現在發生之債權，債權額確定。如設定後欲增加擔保金額，應另行辦理設定登記或權利內容變更登記。此爲普通抵押權，又稱爲債權額抵押權。（民法 860）

㈡ 準抵押權登記

提供土地或建物所有權以外之他項權利設定者，爲準抵押權，又稱爲權利抵押權。如以地上權、農育權或典權，均得爲抵押權之標的物。（民法 882）

㈢ 法定抵押權

基於法律規定而發生之抵押權稱之。

民法第 513 條規定：「承攬之工作爲建築物或其他土地上之工作物，或爲此等工作物之重大修繕者，承攬人得就承攬關係報酬額，對於其工作所附之定作人之不動產，請求定作人爲抵押權之登記；或對於將來完成之定作人之不動產，請求預爲抵押權之登記。」承攬關係所生之法定抵押權以登記爲生效要件。

承攬人依民法第 513 條規定，申請爲抵押權登記或預爲抵押權登記，除應提出第 34 條及第 40 條規定之文件外，並應提出建築執照或其他建築許可文件，會同定作人申請之。但承攬契約經公證者，承攬人得單獨申請登記，登記機關於登記完畢後，應將登記結果通知定作人。承攬人就尚未完成之建物，申請預為抵押權登記時，登記機關應即暫編建號，編造建物登記簿，於標示部其他登記事項欄辦理登記。（土地登記規則 117）

㈣ 共同抵押權

為同一債權之擔保，於數不動產上設定抵押權，而未限定各個不動產所負擔之金額者，抵押權人得就各個不動產賣得之價金，受債權全部或一部之清償。（民法 875）

以數宗土地權利為共同擔保，申請設定抵押權登記時，已限定各宗土地權利應負擔之債權金額者，登記機關應於登記簿記明之；於設定登記後，另為約定或變更限定債權金額申請權利內容變更登記者，亦同。

前項經變更之土地權利應負擔債權金額增加者，應經後次序他項權利人及後次序抵押權之共同抵押人同意。（土地登記規則 114-1）

以不屬同一登記機關管轄之數宗土地權利為共同擔保設定抵押權時，除土地登記規則第 3 條第 3 項及第 4 項另有規定外，應訂立契約分別向土地所在地之登記機關申請登記。（土地登記規則 112）

㈤ 最高限額抵押權

1. 稱最高限額抵押權者，謂債務人或第三人提供其不動產為擔保，就債權人對債務人一定範圍內之不特定債權，在最高限額內設定之抵押權。最高限額抵押權所擔保之債權，以由一定法律關係所生之債權或基於票據所生之權利為限。（民法 881-1）

2. 最高限額抵押權人就已確定之原債權，僅得於其約定之最高限額範圍內，行使其權利。前項債權之利息、遲延利息、違約金，與前項債權合計不逾最高限額範圍者，亦同。（民法 881-2）

3. 土地登記規則 115-1 規定：

⑴ 申請最高限額抵押權設定登記時，登記機關應於登記簿記明契約書所載之擔保債權範圍。

⑵ 前項申請登記時，契約書訂有原債權確定期日之約定者，登記機關應於登記簿記明之；於設定登記後，另爲約定或於確定期日前變更約定申請權利內容變更登記者，亦同。

⑶ 前項確定期日之約定，自抵押權設定時起，不得逾 30 年。其因變更約定而申請權利內容變更登記者，自變更之日起，亦不得逾 30 年。

五、抵押權之消滅

除物權一般消滅之原因，如混同、拋棄、公用徵收等，尚有如下原因：

㈠債權消滅：債務清償、提存、抵銷。

㈡時效消滅

以抵押權擔保之債權，其請求權已因時效而消滅，如抵押權人，於消滅時效完成後，5 年間不實行其抵押權者，其抵押權消滅。（民法 880）

惟已登記之抵押權是否消滅，並非地政機關所得審認，無從依抵押人一方之聲請，逕予塗銷其登記。如抵押權人行蹤不明或拒不會同申請時，僅得訴請判決塗銷確定後，始得憑以辦理塗銷登記。（內政部 68.3.21 台內地字第 7272 號函）

㈢抵押物消滅（民法 881）

抵押權因抵押物滅失而消滅，但抵押權人對抵押人所得行使之賠償或其他請求權有權利質權，亦即代物清償。

㈣抵押權之實行

1. 抵押權人於債權已屆清償期，得聲請法院拍賣抵押物，就其賣得價金受清償。

抵押物聲請拍賣：

⑴ 聲請要件

須於債權已屆清償期，而未受清償者。（民法 873）

⑵ 賣得價金之分配

抵押物賣得之價金，除法律另有規定外，按各抵押權成立之次序分配之。其次序相同者，依債權額比例分配之。（民法 874）

⑶ 併付拍賣

民法第 877 條：「土地所有人於設定抵押權後，在抵押之土地上營造建築物者，抵押權人於必要時，得於強制執行程序中聲請法院將其建築物與土地併付拍賣。但對於建築物之價金，無優先受清償之權。前項規定，於第 866 條第 2 項及第 3 項之情形，如抵押之不動產上，有該權利人或經其同意使用之人之建築物者，準用之。」

2. 清償期屆滿後，為受清償，與抵押人訂約，取得抵押物所有權清償。或用拍賣以外的方法處分，不可有害於其他抵押權人之利益。（民法 878）

土地登記規則第 117-1 條：「申請抵押權設定登記時，契約書訂有於債權已屆清償期而未為清償時，抵押物之所有權移屬於抵押權人之約定者，登記機關應於登記簿記明之；於設定登記後，另為約定或變更約定申請權利內容變更登記者，亦同。抵押權人依前項約定申請抵押物所有權移轉登記時，應提出第 34 條及第 40 條規定之文件，並提出擔保債權已屆清償期之證明，會同抵押人申請之。前項申請登記，申請人應於登記申請書適當欄記明確依民法第 873 條之 1 第 2 項規定辦理，並簽名。」

3. 他項權利塗銷登記除權利終止外，得由他項權利人、原設定人或其他利害關係人提出第 34 條第 1 項所列文件，單獨申請之。（土地登記規則 145）

六、設定登記之應備文件

㈠登記申請書。

㈡登記原因證明文件

1. 他項權利設定契約書正、副本。

2. 法院判決書及判決確定證明書：經法院判決確定者檢附。

3. 建築執照、其他許可文件、或經公證之承攬契約：承攬人的法定抵押權。

㈢土地建物所有權狀或他項權利證明書

1. 以所有權設定抵押權者，應檢附土地、建物所有權狀。

2. 以地上權、農育權、典權設定抵押權者，應檢附各該他項權利證明書。

㈣申請人身分證明

1. 戶籍謄本或身分證影本或戶口名簿影本，經電子處理可達成查詢者，免附。

2. 法人登記證明文件及其代表人資格證明。

3. 華僑身分證明書。

㈤義務人印鑑證明。

㈥地政規費收據

1. 設定金額 1‰ 繳納登記費。

2. 書狀費每張 80 元。

七、塗銷登記之應備文件

㈠登記申請書。

㈡登記原因證明文件：債務清償證明。

㈢原抵押權設定契約書。

㈣他項權利證明書。

㈤身分證明。

㈥印鑑證明：義務人為自然人且未能親自到場者檢附。

第三節　抵押權移轉登記

一、抵押權移轉登記

㈠抵押權設定後如有債權讓與或繼承等移轉情事，應向該管地政機關申辦抵押權移轉登記。依民法第 295 條規定擔保之債權讓與時，從屬之抵押權應隨同移轉於受讓人。

㈡民法第 294 條規定，債權人得將債權讓與於第三人。但下列債權，不在此限：

1. 依債權之性質，不得讓與者。
2. 依當事人之特約，不得讓與者。
3. 債權禁止扣押者。
4. 前項第 2 款不得讓與之特約，不得以之對抗善意第三人。

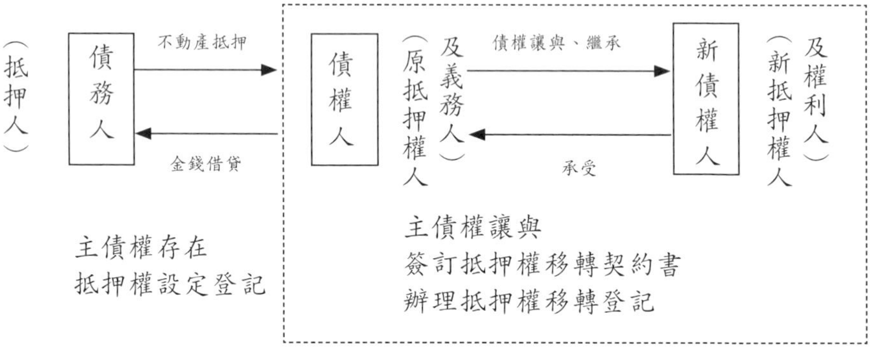

圖 7-1　抵押權移轉登記權利義務關係

二、抵押權移轉有關重要規定

㈠債權之讓與，非經讓與人或受讓人通知債務人，對於債務人不生效力。（民法 297 前段）

㈡抵押權人讓與債權並將擔保之抵押權隨同移轉於受讓人者，得附具切結書，註明本案已依規定通知債務人，如有不實，申請人願負法律責任，免由原抵押人或債務人會同申請抵押權移轉登記。（內政部 75.2.27 台內地字第 389573 號函）

㈢最高限額押權之債權額結算確定者，原抵押權人與受讓人提出債權確定證明，申辦抵押權移轉登記，免由擔保物提供人會同辦理。

㈣最高額抵押權決算期未至，債權額不確定者，移轉應以原契約之當事人及受讓人訂立三面契約爲之，未經債務人參加不得移轉。（內政部 75.8.7 台內地字第 432546 號函，79.1.25 台內地字第 763995 號函）

㈤同一土地設定數個抵押權登記後，其中一抵押權因債權讓與爲變更登記時，原登記之權利先後，不得變更。（土地登記規則 115）

㈥抵押權移轉應於移轉後 1 個月內由抵押權之讓與人及受讓人會同申請登記。

㈦最高限額抵押權之抵押物由債務人以外之第三人提供設定時，其抵押權之轉讓應由該提供設定之人在申請書內註明承諾事由，並簽名蓋章，或另提出第三人之承諾書及其印鑑證明。（內政部 75.11.10 台內地 455418 號函）

㈧抵押權移轉，依土地法第 76 條規定，聲請爲土地權利變更登記，應由權利人按申報地價或權利價值繳納移轉債權額 1‰ 登記費。抵押移轉契約書依法免貼用印花稅票。

三、抵押權移轉登記應備文件

㈠登記申請書。

㈡他項權利移轉契約書正副本、及原抵押權設定契約書。

㈢他項權利證明書。

㈣身分證明文件。

㈤義務人印鑑證明。

㈥債權讓與通知原債務人之相關證明文件。

㈦債權確定證明文件：最高限額抵押權之移轉，於債權額結算確定後檢附。

㈧登記規費收據。

第四節　抵押權內容變更登記

一、意義

㈠抵押權設定後，其抵押權內容如權利範圍、金額、利息、存續期限、清償日期等，有變更情事時，另立他項權利變更契約書，向該管地政機關申辦抵押權內容變更所爲之登記。

㈡此項變更不包括抵押權人之變更，因抵押權人之變更係屬抵押權移轉變更登記。權利內容的變更，權利主體並未變更，屬於附記登記之一種。

㈢抵押權內容變更登記與移轉登記使用同一種契約書，申辦抵押權內容變更登記時，其抵押權內容變更契約書應由全體新所有權人與抵押權人共同訂定。

二、抵押權內容變更之種類

㈠ 債權額變更

例如：原抵押設定新臺幣 100 萬元整，變更為新臺幣 150 萬元整，係債權額的增加。土地登記規則第 115 條第 2 項規定：「抵押權因增加擔保債權金額申請登記時，除經後次序他項權利人及後次序抵押權之共同抵押人同意辦理抵押權內容變更登記外，應就其增加金額部份另行辦理設定登記。」後順位的抵押權人可能因為抵押權受償的優先順序而不同意，那麼增加的債權另行設定時，優先順序則因登記在後，而處於較後的順位。

㈡ 利息或遲延利息或違約金變更

原未約定利息、遲延利息、違約金，日後如欲更改，可依抵押權內容變更的方式登記。但有次順位抵押權人，應經其同意。

㈢ 設定人（義務人）變更

抵押權之設定人有變更時，如所有權人因持分設定與出售因素，未辦變更登記，將與事實不符，導致錯誤。

㈣ 存續期限變更或清償期變更

存續期間變更或清償期延後應經次順位抵押權人之同意，否則應另為設定，如次順位抵押權人同意則可辦理變更登記。

㈤ 抵押物部分塗銷之共同擔保關係變更

土地登記規則第 114 條規定：「以數宗土地權利為共同擔保，經設定抵押權登記後，就其中一宗或數宗土地權利，為抵押權之塗銷或變更時，應辦理抵押權部分塗銷及抵押權內容變更登記。」

㈥ 抵押物增加之共同擔保關係變更

土地登記規則第 113 條：「抵押權設定登記後，另增加一宗或數宗土地權利共同爲擔保時，應就增加部分辦理抵押權設定登記，並就原設定部分辦理抵押權內容變更登記。」

㈦ 抵押權之次序讓與

土地登記規則第 116 條：「同一標的之抵押權因次序變更申請權利變更登記，應符合下列各款規定：

一、因次序變更致先次序抵押權擔保債權金額增加時，其有中間次序之他項權利存在者，應經中間次序之他項權利人同意。

二、次序變更之先次序抵押權已有民法第 870 條之 1 規定之次序讓與或拋棄登記者，應經該次序受讓或受次序拋棄利益之抵押權人同意。」

土地登記規則第 116-1 條：「同一標的之普通抵押權，因次序讓與申請權利內容變更登記者，應由受讓人會同讓與人申請；因次序拋棄申請權利內容變更登記者，得由拋棄人單獨申請之。前項申請登記，申請人應提出第 34 條及第 40 條規定之文件，並提出已通知債務人、抵押人及共同抵押人之證明文件。」

㈧ 抵押權分割登記

以一宗或數宗土地權利爲擔保之抵押權，因擔保債權分割而申請抵押權分割登記，應由抵押權人會同抵押人及債務人申請之。（土地登記規則 114-2）

㈨ 最高限額抵押權變更爲普通抵押權

最高限額抵押權因原債權確定事由發生而申請變更爲普通抵押權時，抵押人應會同抵押權人及債務人就結算實際發生之債權額申請爲

權利內容變更登記。前項申請登記之債權額，不得逾原登記最高限額之金額。（土地登記規則 115-2）

三、抵押權內容變更登記應備文件

㈠登記申請書。

㈡登記原因證明文件

1. 他項權利變更契約書正、副本。

2. 法院判決書及判決確定證明書。

3. 法院判決確定者檢附之登記原因證明文件。

㈢申請人身分證明

1. 戶籍謄本或身分證影本或戶口名簿謄本：以電子處理可達成查詢者，免附。

2. 法人登記證明文件及其代表人資格證明。

3. 華僑身分證明書。

㈣義務人之印鑑證明

內容變更登記的義務人與抵押權設定登記的義務人相同。

㈤他項權利證明書、土地建物所有權狀

債權額增加及就原設定之某宗或數宗土地增加擔保，辦理抵押內容變更登記除檢附他項權明書外，應加附土地、建物所有權狀。

㈥原他項權利設定契約書。

㈦後順位抵押權人同意書

如有影響次順位抵押權人之權益時，應經次順位抵押權人同意並檢附其同意書、印鑑證明、身分證明文件。

㈧登記規費收據

土地登記，應依土地法規定繳納登記規費。但抵押權設定登記後，另增加一宗或數宗土地權利爲共同擔保時，就增加部分辦理設定登記及抵押權次序讓與登記均免納登記費（土地登記規則 46）。抵押權內容變更登記，除了權利價值增加者，就增加部分繳納登記費以外，其餘免納登記費。

第五節　地上權設定、移轉及內容變更登記

一、意義

㈠民法第 832 條：「稱普通地上權者，謂以在他人土地之上下有建築物或其他工作物為目的而使用其土地之權。」顯然地上權是一種用益物權。

㈡民法第 841-1 條：「稱區分地上權者，謂以在他人土地上下之一定空間範圍內設定之地上權。」

㈢準地上權

土地法第 102 條：「租用基地建築房屋，應由出租人與承租人於契約成立 2 個月內，聲請該管直轄市或縣（市）地政機關為地上權登記。」租地建屋原為土地之租賃權，登記為地上權後，其效力與地上權無異，通稱為準地上權。

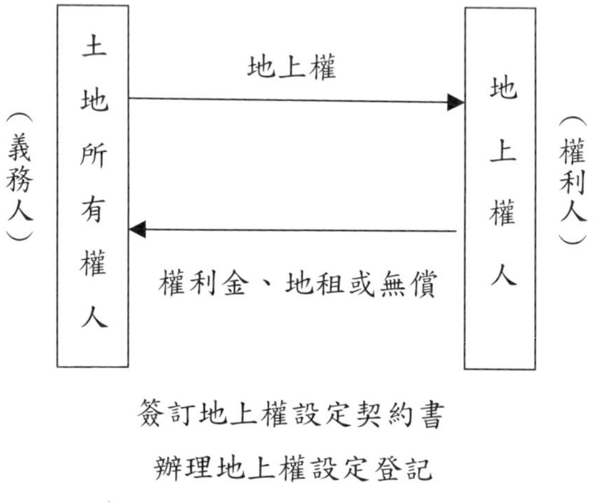

圖 7-2　地上權設定登記權利義務關係

㈣法定地上權

民法第 876 條規定土地及其土地上之建築物，同屬一人所有，而僅以土地或僅以建築物爲抵押者，於抵押物拍賣時，視爲已有地上權之設定；如經拍賣，其土地與建築物之拍定人各異時，亦視爲已有地上權登記，此即稱爲法定地上權。係基於法律規定而當然發生之地上權，不以登記爲生效要件。

㈤時效取得地上權

依民法第 772 條準用民法第 769 條及第 770 條規定，以行使地上權之意思，20 年間和平繼續公然在他人土地上有建築物或其他工作物，無論該他人土地是否已登記，均得請求登記爲地上權人。

㈥空間地上權

大衆捷運法第 19 條：「大衆捷運系統因工程上之必要，得穿越公、私有土地及其土地改良物之上空或地下，或得將管、線附掛於沿線之建物上。但應擇其對土地及其土地改良物之所有人、占有人或使用人損害最少之處所及方法爲之，並應支付相當之補償。前項須穿越私有土地及其土地改良物之上空或地下之情形，主管機關得就其需用之空間範圍，在施工前，於土地登記簿註記，或與土地所有權人協議設定地上權，協議不成時，準用土地徵收條例規定徵收取得地上權。」高鐵建設以隧道或高架橋方式通過農地，得設定空間範圍地上權，且無須辦理使用分區編定變更。（內政部 85.6.8 台內地字第 8505845 號函）

㈦共有土地之地上權

依土地法第 34 條之 1 規定，共有土地或建築改良物，其處分、變更及設定地上權、農育權、不動產役權或典權，應以共有人過半數及其應有部分合計過半數之同意行之。但其應有部分合計逾 2/3 者，其人數不予計算。

共有土地之共有人就其應有部分設定地上權，應依下列規定辦理：

1. 應不妨害他共有人之權益，申請登記時應檢附他共有人之同意書。

2. 共有人申請其應有部分設定地上權得免申請勘測位置圖，至於地上權人與他共有人對共有土地之使用，依當事人之協議或分管契約定之。

3. 就區分所有建物基地之應有部分設定地上權者，經申請人簽註後，登記機關並能自建物登記簿得知，免經基地他共有人同意。但應於他項權利部其他登記事項欄加註該區分所有建物建號。

4. 就共有土地應有部分設定之地上權，如有移轉，除法律另有規定外，得免經他共有人之同意，如申請人與他共有人已依民法第838條但書規定，將上述限制移轉之約定，於地上權設定契約書內載明，登記機關應將該約定事項登載於土地登記簿他項權利部其他登記事項欄。（內政部85.7.9台內地字第8580121號函）

二、地上權登記之種類

㈠ 地上權設定登記

1. 地上權人因為與土地所有權人簽訂設定契約書，或因為時效占有取得地上權，或因為拍賣取得法定地上權，或租地建屋再申請地上權登記，會同或單獨向地政機關申請地上權設定登記。

2. 時效占有取得地上權：土地總登記後，因主張時效完成申請地上權登記時，應提出以行使地上權意思而占有之證明文件及占有土地四鄰證明，或其他足資證明開始占有至申請登記時繼續占有事實之文件。前項登記之申請，經登記機關審查證明無誤者應即公告。公告期間為30日，並同時通知土地所有權人。土地所有權人在前項公告期間內，如有異議，依土地法第59條第2項規定處理。前4項規定，

於因主張時效完成申請不動產役權、農育權登記時準用之。（民法772，土地登記規則 118）

3. 於一宗土地內就其特定部分申請設定地上權、不動產役權、典權或農育權登記時，應提出位置圖。因主張時效完成，申請地上權登記時，應提出占有範圍位置圖。前 2 項位置圖應先向該管登記機關申請土地複丈。（土地登記規則 108）

4. 申請地上權或農育權設定登記時，登記機關應於登記簿記明設定之目的及範圍；並依約定記明下列事項：⑴ 存續期間。⑵ 地租及其預付情形。⑶ 權利價值。⑷ 使用方法。⑸ 讓與或設定抵押權之限制。前項登記，除第五款外，於不動產役權設定登記時準用之。（土地登記規則 108-1）

㈡ 地上權移轉登記

1. 民法第 838 條：地上權人於權利存續期間內得將其權利讓與他人，但契約另有訂定或另有習慣者，不在此限。地上權移轉乃指地上權人在存續期間內將地上權買賣或讓與，或因爲地上權人死亡而繼承等移轉情事，向該管地政機關申辦地上權移轉所爲之登記。

2. 地上權讓與時，應於存續期間內爲之。（內政部 80.9.13 台內地字第 8071837 號）地上權存續期間屆滿後，地上權人不得將權利讓與他人。

3. 地上權之讓與，若當事人間並無反對之約定或記載於登記簿者，無須土地所有權人之同意，僅須由原地上權人（義務人）與取得地上權（權利人）會同辦理地上權移轉登記。

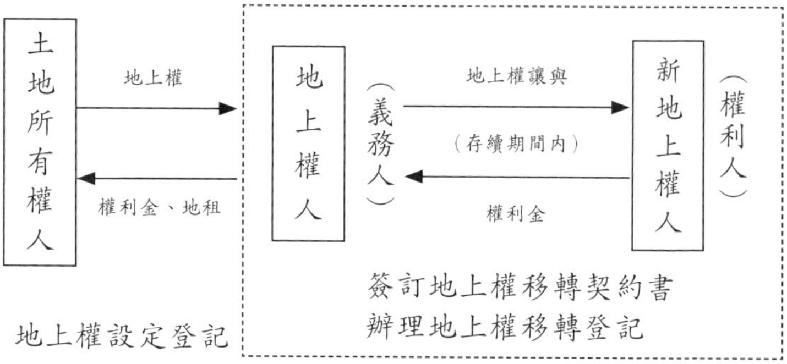

圖 7-3　地上權移轉登記權利義務關係

㈢ 地上權內容變更登記

1. 已向地政機關辦妥登記之地上權，因當事人之意思，變更地上權之存續期間、地租、權利範圍等，由權利人及義務人訂定地上權內容變更契約書，辦理地上權內容變更登記。

2. 地上權不以地租交付為必要，雖無償使用或占有時效，亦可依法取得地上權。

⑴ 但有支付地租之訂定者，地上權人拋棄其權利時，應於 1 年前通知土地所有權人或支付未到期 1 年分地租（民法 835）。若約定之地租有增減，應辦理內容變更登記。

⑵ 法定地上權地租的訂定方式：法定地上權之設定，其地租、期間及範圍由當事人協議定之。協議不成時，得聲請法院以判決定之。（民法 876）

3. 地上權存續期間之長短，法無限制，由當事人自由訂定。地上權未定有期限者，存續期間逾 20 年或地上權成立之目的已不存在時，法院得因當事人之請求，斟酌地上權成立之目的、建築物或工作物之種類、性質及利用狀況等情形，定其存續期間或終止其地上權。（民法 833-1）

4. 民法第 834 條：「地上權無支付地租之約定者，地上權人得隨時拋棄其權利。」

三、地上權之權利義務

㈠ 地上權人之權利

1. 使用收益權（民法 836-2）

地上權人應依設定之目的及約定之使用方法爲土地之使用收益；未約定使用方法者，應依土地之性質爲之，並均應保持其得永續利用。（民法 836-2 Ⅰ）

2. 處分權

⑴ 地上權讓與

地上權人，得將其權利讓與他人，並得將其地上權供爲擔保，設定抵押權。但契約另有訂定或另有習慣者，不在此限。（民法 838）

⑵ 設定地上擔保物權

地上權得供爲擔保，設定抵押權。但契約另有訂定或另有習慣者，不在此限。（民法 882）

3. 請求補償權

地上權因存續期間屆滿而消滅時，地上物爲建築物之請求補償權。（民法 840）

4. 工作物取回權

地上權消滅時，地上權人得取回其工作物。但應回復土地原狀。地上權人不於地上權消滅後 1 個月內取回其工作物者，工作物歸屬於土地所有人。其有礙於土地之利用者，土地所有人得請求回復原狀。地上權人取回其工作物前，應通知土地所有人。土地所有人願以時價購買者，地上權人非有正當理由，不得拒絕。（民法 839）

5. 優先購買權

土地出賣時，地上權有依同樣條件優先購買之權。（土地法 104）

㈡ 地上權人之義務

1. 支付地租

地租非爲地上權成立之要件，但如定有地租，地上權人即負有支付之義務。（民法 835、836、837）

2. 地狀回復

地上權消滅時，地上權人取回其工作物。但應回復土地原狀。（民法 839）

㈢ 土地所有權人之權利

1. 請求支付地租、地上權消滅時土地回復原狀，得以時價購買工作物。（民法 837、839）

2. 土地所有人在地上權的存續期間屆滿前，得請求地上權人，於建築物可得使用之期限內，延長地上權的期間。（民法 840）

㈣ 土地所有權人之義務

存續期間屆滿按建物之時價補償地上權人。（民法840）

四、地上權之消滅原因

㈠標的物滅失。

㈡存續期間屆滿。（民法840）

㈢地上權拋棄。（民法834、835）

㈣土地所有權人行使撤銷權。（民法836）

㈤公用徵收、區段徵收。

㈥混同。（民法762、763）

㈦拍賣。

五、地上權設定、移轉或權利內容變更登記應備文件

㈠登記申請書。

㈡登記原因證明文件

1. 契約書正副本

地上權設定契約書、或他項權利移轉或內容變更契約書。

2. 四鄰證明書或占有事實之證明文件

依合法占有時效取得地上權時檢附。證明人應附身分證明及印鑑證明。

㈢權利書狀

1. 設定登記時：應附土地所有權狀。

2. 移轉或內容變更登記：應附他項權利證明書。

3. 法院判決登記：免附權利書狀。

㈣身分證明文件。

㈤義務人印鑑證明。

㈥位置圖

一宗土地內就其特定部分設定者，先向該管地政事務所申請土地複丈。

㈦地政規費收據

1. 設定或移轉登記時，按權利價值 1‰ 繳納登記費。

2. 書狀費每張 80 元。

第六節　典權設定、移轉及權利內容變更登記

一、意義

㈠典權者，稱典權者，謂支付典價在他人之不動產爲使用、收益，於他人不回贖時，取得該不動產所有權之權。（民法 911）

㈡典權是用益物權之一，不動產設定典權時，出典人須預繳土地增值稅，或典權人預繳建物契稅。

㈢典權約定期限不得逾 30 年。逾 30 年者縮短爲 30 年（民法 912）。典期屆滿後，經除斥期間 2 年，出典人未回贖典物，典權人即取得典物所有權。

㈣典權登記包括設定登記、移轉登記及內容變更登記。

二、典權設定登記

㈠ 典權設定登記

典權人支付典價，使用、收益土地所有權人之不動產，經雙方訂立書面契約，向該管地政機關申辦典權設定登記。

申請典權設定登記時，登記機關應於登記簿記明其設定之範圍及典價；並依約定記明下列事項：1. 存續期間。2. 絕賣條款。3. 典物

轉典或出租之限制。（土地登記規則 109-1）

㈡ 宗地部分設定典權

典權之設定，可以整筆土地或整棟建物全部設定，亦得於一宗土地內之特定部分設定之，惟依土地登記規則第 108 條規定申請登記時，應提出位置圖，所有權人將其區分所有之建物連同基地持分設定典權時，地政機關應予受理，且可不附位置圖。

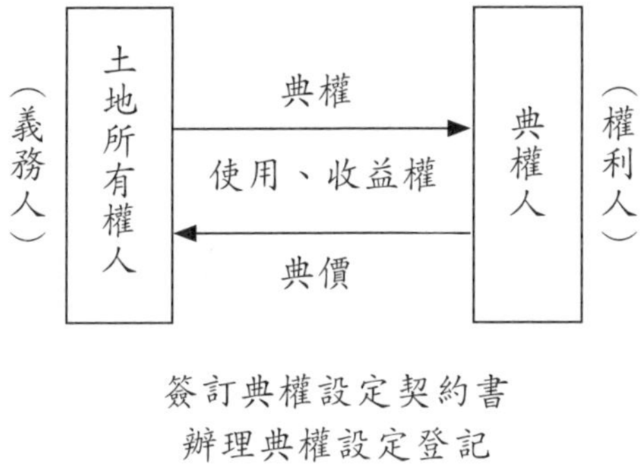

圖 7-4　典權設定登記權利義務關係

三、典權移轉登記

㈠ 典權移轉登記

典權設定後，如有讓與、繼承等移轉情事經訂立書面契約，向該管地政機關申辦典權移轉所爲之登記，爲典權移轉登記。

㈡ 典權移轉原因

民法第 917 條規定：「典權人得將典權讓與他人或設定抵押權。典物爲土地，典權人在其上有建築物者，其典權與建築物，不得分離而爲讓與或其他處分。」已登記之典權經法院拍賣、判決、和解、調解移轉者，亦屬典權移轉。

㈢ 由受讓人與出讓人會同申請

典權讓與他人，受讓人對於出典人取得與典權人同一之權利。移轉登記得僅由典權受讓人（權利人）會同出讓人（義務人）申請典權移轉登記，無須典物所有人之同意。

㈣ 轉典

係以典權爲標的再設定典權，與「典權讓與」不同。

㈤ 轉典的期限與典價

典權存續中，典權人得將典物轉典或出租與他人，典權定有期限者，其轉典或租賃之期限不得逾原典權之期限，未定期限者，不得定有期限，轉典之典價，不得超過原典價。（民法 915）

㈥ 取得典物所有權

典權定有期限者，於期限屆滿後，出典人得以原典價回贖典物。出典人於典期屆滿後，經過二年，不以原典價回贖者，典權人即取得典物所有權。典權未定期限者，出典人得隨時以原典價回贖典物。但自出典後經過 30 年不回贖者，典權人即取得典物所有權。（民法 923、924）

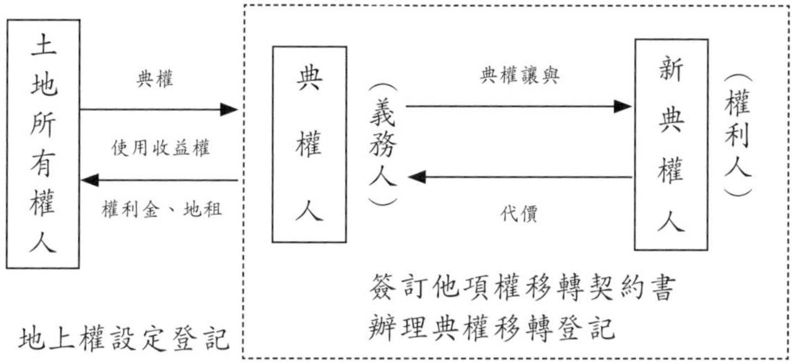

圖 7-5　典權移轉登記權利義務關係

四、典權內容變更登記

㈠典權設定後，如權利範圍、典期、典價金額等有變更情事，經權利人、義務人訂立書面契約，向該管地政機關申辦典權變更登記。

㈡定有期限之典權，如雙方當事人同意加長典期，應於典期未屆滿前爲之。

五、典權人之權利義務

㈠ 典權人之權利

1. 使用收益權。（民法 911）

2. 典物之轉典或出租

典權人得將典物轉典或出租，但須無禁止轉典或出租之契約或習慣，於典權存續中，以不逾原典權之期限及不超過原典價之條件爲之。但典物因此所受之損害，典權人負賠償責任。（民法 915、916）

3. 處分權

⑴ 讓與：典權人得將典權讓與他人。（民法 917）

⑵設定抵押權：典權人得以典權供為抵押權之標的。（民法882）

4. **留買權**

出典人將典物出賣於他人時，典權人有以相同條件留買之權。前項情形，出典人應以書面通知典權人。典權人於收受出賣通知後 10 日內不以書面表示依相同條件留買者，其留買權視為拋棄。出典人違反前項通知之規定而將所有權移轉者，其移轉不得對抗典權人。（民法 919）

5. **典物重修繕權（民法 920、921）**

典權存續中，典物因不可抗力致滅失者，典權與回贖權均歸消滅。除經出典人同意外，僅得於滅失部分價值內重建或修繕。

6. **找貼權**

典權存續中，出典人表示讓與典物所有權於典權人者，典權人得按時價找貼，取得典物所有權。（民法 926）

7. **費用求償權**

典權人因支付有益費用，使典物價值增加，或依民法第 921 條規定，重建或修繕者，於典物回贖時，得於現存利益之限度內，請求償還。

民法第 839 條規定，於典物回贖時準用之。

典物為土地，出典人同意典權人在其上營造建築物者，除另有約定外，於典物回贖時，應按該建築物之時價補償之。出典人不願補償者，於回贖時視為已有地上權之設定。（民法 927）

㈡ 典權人之義務

保存典物、損害賠償、分擔危險損失、繳納稅捐、返還典物。

六、出典人之權利義務

㈠ 出典人之權利

1. 典物所有權之讓與

出典人於典權設定後，得將典物之所有權，讓與他人。典權人對於前項受讓人，仍有同一之權利。（民法918）

2. 擔保物權之設定

典權設定後，出典人仍係所有權人，固仍得於其所有物（典物）上，設定擔保物權（但須經典權人同意）。惟不得設定與典權不能併存之權利，例如：再設定典權、地上權等。

3. 回贖典物

回贖權乃出典人提出原典價，向典權人表示回贖典物之意思，使典權歸於消滅之權利。

⑴典權定有期限者，於期限屆滿後，出典人得以原典價回贖典物。出典人於典期屆滿後，經過2年，不以原典價回贖者，典權人即取得典物所有權。（民法923）

⑵典權未定期限者，出典人得隨時以原典價回贖典物，但自出典後經過30年不回贖者，典權人即取得典物所有權。（民法924）該條文所定2年之期間，係典物回贖權之除斥期間，爲無時效性質之法定期間，並非時效期間（參照最高法院31年上字第1856號及29年上字第2034號判例），此項期間經過，出典人之回贖權即歸絕對消滅，依司法院院字第2193號及第1820號解釋，典權人無須登記當然取得典物所有權，得單獨申辦所有權移轉登記。惟其依法律直接之規定取得不動產所有權，依民法第759條之規定，非經登記不得處分其所有權。

㈡ 出典人之義務

1. 重建或修繕費用返還

出典人於回贖時，應於現存利益限度內，負償還之責。（民法927）

2. 典物瑕疵擔保

典價性質與保留買回權與買賣契約相同，故出典人應負權利及物之瑕疵擔保責任。

七、典權之消滅

㈠ 典物滅失

典物滅失，典權及回贖權均歸於消滅。（民法 920）

㈡ 典物之回贖

1. 典權定有期限者

典權定有期限者，於期限屆滿後，出典人得以原典價回贖典物。（民法 923）

2. 典權未定有期限者

典權未定期限者，出典人得隨時以原典價回贖典物。但自出典後經過 30 年不回贖者，典權人即取得典物所有權。（民法 924）

3. 回贖時期之通知

出典人之回贖，應於 6 個月前通知典權人。（民法 925）

八、典權設定、移權、變更登記之應備文件

㈠登記申請書。

㈡登記原因證明文件

典權設定契約書、他項權利移轉或內容變更契約書。

㈢權利書狀

1. 設定：土地或建物所有權狀。

2. 移轉或內容變更：他項權利證明書。

3. 法院判決：免附。

㈣身分證明文件。

㈤義務人印鑑證明。

㈥土地之土地增值稅及建物之契稅繳納收據或免繳證明書。

㈦位置圖：一宗土地內，就其特定部分設定者，先向該管地政事務所申請土地複丈。

㈧地政規費收據

1. 設定或移轉時按權利價值的1‰繳納登記費。

2. 書狀費每張80元。

第七節　不動產役權、農育權之設定、移轉及內容變更登記

一、意義

㈠ 不動產役權

1. 民法第851條：「稱不動產役權者，謂以他人不動產供自己不動產通行、汲水、採光、眺望、電信或其他以特定便宜之用爲目的之權。」

2. 不動產役權之取得

⑴ 基於法律行爲者

① 設定

不動產物權，依法律行爲而取得、設定、喪失及變更者，非經登記，不生效力。前項行爲，應以書面爲之。（民法758）

② 連同需役地一併受讓

不動產役權不得由需役不動產分離而爲讓與，或爲其他權利之標的物（民法853）。故需役不動產因讓與或設定地上權予他人，不動產役權亦隨同移轉。

⑵ 基於法律行爲以外之原因者

① 取得時效

依民法第852條規定，因時效取得者，以繼續並表見者爲限。

② 繼承。

3. 不動產役權人與供役地人之權利義務

⑴ 不動產役權人之權利義務

不動產役權人因行使權利而設置，有維持其設置的義務，並得爲必要之附隨行爲，但應擇於供役不動產損害最少之處所及方法爲之。（民法854、855）

⑵ 供役地人之權利義務

容忍及不作爲義務、使用不動產役權人之設置，應按其受益程度分擔維持設置之費用。（民法851、855）

㈡ 農育權

稱農育權者，謂在他人土地爲農作、森林、養殖、畜牧、種植竹木或保育之權。農育權之期限，不得逾20年；逾20年者，縮短爲

20年。但以造林、保育爲目的或法令另有規定者，不在此限。（民法850-1）

民法第850-2條：「農育權未定有期限時，除以造林、保育爲目的者外，當事人得隨時終止之。前項終止，應於6個月前通知他方當事人。第833-1條規定，於農育權以造林、保育爲目的而未定有期限者準用之。」

1. 稱農育權者，謂在他人土地爲農作、森林、養殖、畜牧、種植竹木或保育之權。

2. 農育權之取得

⑴ 農育權人應依設定之目的及約定之方法，爲土地之使用收益。應以書面爲之，非經登記，不生效力。

⑵ 農育權設定期限，不得逾20年；逾20年者，縮短爲20年。但以造林、保育爲目的或法令另有規定者，不在此限。（民法850-1）

⑶ 未定有期限時，除以造林、保育爲目的者外，當事人得隨時終止之。前項終止，應於6個月前通知他方當事人。（民法850-2）

⑷ 農育權不以支付地租爲要件。

⑸ 依民法第772條規定時效取得。

3. 農育權人與土地所有人之權利義務

⑴ 農育權人之權利義務

① 農育權人得將其權利讓與他人或設定抵押權。但契約另有約定或另有習慣者，不在此限。前項約定，非經登記不得對抗第三人。（民法850-3）

② 減免請求權：有支付地租之約定者，農育權人因不可抗力致收益減少或全無時，得請求減免其地租或變更原約定土地使用之目的。（民法850-4）

③ 應依設定之目的及約定之方法，爲土地之使用收益；未約

定使用方法者，應依土地之性質爲之，並均應保持其生產力或得永續利用。（民法 850-6）

④ 農育權消滅時，農育權人得取回其土地上之出產物及農育工作物，未及收穫而土地所有人又不願以時價購買者時，得請求延長農育權期間至出產物可收穫時爲止。（民法 850-7）

⑵ 土地所有人之權利義務

① 終止權：農育權人不能依原約定目的使用，或違反約定將土地或農育工作物出租於他人所有權人得終止之。（民法 850-5）

② 農育權消滅時，其出產物未及收穫者，土地所有人得以時價購買，或延長農育權期間至出產物可收穫時爲止。

③ 農育權人對增加土地生產力或使用便利之特別改良，於通知時不表示反對者，於農育權消滅時，土地所有人須返還其現存特別改良費用之增價額。

二、登記之種類

㈠ 設定登記

1. 不動產役權人或農育權人（權利人）會同土地所有權人（義務人）簽訂設定契約書，向地政機關申請設定登記；或基於時效取得，權利人單獨申請登記。

申請爲不動產役權或農育權之設定登記或移轉登記其權利價值不明者，應請申請人於申請書適當欄內自行加註，再依法計收登記費。

前 2 項權利價值低於各該權利標的物之土地申報地價或當地稅捐稽徵機關核定之房屋現值 4% 時，以各該權利標的物之土地申報地價或當地稅捐稽徵機關核定之房屋現值 4% 爲其 1 年之權利價值，按

存續之年期計算；未定期限者，以 7 年計算之價值標準計收登記費。（土地登記規則 49）

2. 已供公衆通行道路因時效完成得認爲有公用地役關係存在，由於公用地役權之權利人爲不特定之衆人，無須辦理不動產役權登記。（行政院 65.11.20 台內字第 9900 號函）

3. 同一供役地上可設定相容數不動產役權，除非其使用性質互不相容，尚無不得設定數地役權之規定。（內政部 74.12.28 台內地字第 371572 號函）

4. 農育權可自行約定地租。民法第 850-4 條：「農育權有支付地租之約定者，農育權人因不可抗力致收益減少或全無時，得請求減免其地租或變更原約定土地使用之目的。前項情形，農育權人不能依原約定目的使用者，當事人得終止之。前項關於土地所有人得行使終止權之規定，於農育權無支付地租之約定者，準用之。」

5. 得會同申請。土地登記規則第 108-2 條：「不動產役權設定登記得由需役不動產之所有權人、地上權人、永佃權人、典權人、農育權人、耕作權人或承租人會同供役不動產所有權人申請之。申請登記權利人爲需役不動產承租人者，應檢附租賃關係證明文件。前項以地上權、永佃權、典權、農育權、耕作權或租賃關係使用需役不動產而設定不動產役權者，其不動產役權存續期間，不得逾原使用需役不動產權利之期限。第 1 項使用需役不動產之物權申請塗銷登記時，應同時申請其供役不動產上之不動產役權塗銷登記。」

6. 土地登記規則第 109 條：「不動產役權設定登記時，應於供役不動產登記簿之他項權利部辦理登記，並於其他登記事項欄記明需役不動產之地、建號及使用需役不動產之權利關係；同時於需役不動產登記簿之標示部其他登記事項欄記明供役不動產之地、建號。前項登記，需役不動產屬於他登記機關管轄者，供役不動產所在地之登記機關應於登記完畢後，通知他登記機關辦理登記。」

㈡ 移轉登記

1. 不動產役權、永佃權或農育權設定後，如有讓與、繼承等移轉情事，向該管地政機關申辦不動產役權、或農育權的移轉登記。

2. 不動產役權之需役地所有人僅將役權移轉而卻保留土地所有權時，移轉無效（民法 853），即不動產役權不得由需役不動產分離而為讓與，故取得需役不動產之所有權人即取得不動產役權。

3. 需役不動產經分割者，其不動產役權為各部分之利益仍為存續。但不動產役權之行使，依其性質只關於需役不動產之一部分者，僅就該部分仍為存續。（民法 856）

4. 需役不動產因繼承、買賣、交換、贈與而移轉時，其不動產役權隨同所有權而移轉，不動產役權取得人為權利人，原不動產役權人為義務人。

5. 農育權人不得將土地或農育工作物出租於他人。但農育工作物之出租另有習慣者，從其習慣。農育權人違反前項規定者，土地所有人得終止農育權。（民法 850-5）

6. 農育權人得將其權利讓與他人或設定抵押權。（民法 805-3）

7. 中華民國 99 年 8 月 3 日前發生之永佃權權利人若死亡，其移轉由繼承人申請，若係其他原因移轉者，由權利人及義務人會同申請，取得中華民國 99 年 8 月 3 日前發生之永佃權人或農育權為權利人，原中華民國 99 年 8 月 3 日前發生之永佃權人或農育權為義務人。

㈢ 內容變更登記

不動產役權，中華民國 99 年 8 月 3 日前發生之永佃權或農育權設定後，如權利範圍、利息或地租、權利存續期限等有變更情形，應向該管地政機關申辦內容變更登記。

三、登記應備文件

㈠登記申請書。

㈡登記原因證明文件

1. 設定、移轉或變更契約書正副本。

2. 四鄰證明或占有事實之證明文件。

㈢權利書狀：土地所有權狀、他項權利證明書（移轉或內容變更）。

㈣身分證明文件：申請人身分證明文件（無法以電腦處理達成查詢者，申請人為自然人者，應檢附身分證影本或戶口名簿影本；申請人為法人者，應檢附法人登記證明文件及其代表人之資格證明，其為公司法人者，應檢附法人登記機關核發之設立、變更登記表或其抄錄本、影本）。

㈤義務人印鑑證明（義務人未能親自到場核對身分時檢附）。

㈥位置圖：一宗土地內就其部分設定者先申請土地複丈。

㈦法院許可之證明文件（監護人代理受監護人或受監護宣告之人處分土地權利時檢附）。

㈧地政規費收據。

第八節　耕作權登記

一、意義

㈠ 承墾公有荒地之耕作權

1. 依據土地法第 133 條規定，公有荒地承墾人自墾竣之日起，無償取得所領墾地之耕作權，應即依法向該管直轄市或縣（市）地政機關聲請為耕作權登記。

2. 承墾人自辦妥耕作權登記之日起算繼續耕作滿10年，無償取得土地所有權，可辦理耕作權期滿取得所有權登記。（土地法133）

㈡ 耕作權不得轉讓或出租

1. 耕作權不得轉讓，但因繼承或贈與於得為繼承人者，不在此限。（土地法133）

2. 原住民於原住民保留地取得之承租權、無償使用權或依法已設定之耕作權、地上權、農育權，除繼承或贈與於得為繼承之原住民、原受配戶內之原住民或三親等內之原住民外，不得轉讓或出租。（原住民保留地開發管理辦法15）

3. 因此耕作權設定後，如有繼承或贈與得為繼承之人，須辦理繼承登記或耕作權贈與登記。

二、耕作權登記之有關規定

㈠耕地來源

公有荒地適合耕作使用者，除政府保留使用者外，由該管直轄市或縣（市）地政機關會同主管農林機關劃定墾區，規定墾地單位，定期招墾（土地法126）。承墾人自受領承墾證書之日起，應於1年內實施開墾工作。其墾竣之年限，由主管農林機關規定之，逾限不實施開墾者，撤銷其承墾證書（土地法131）。

㈡公有荒地承墾人，自墾竣之日起，無償取得所領墾地之耕作權，應即依法向該管直轄市或縣（市）地政機關聲請為耕作權之登記，並得由該管直轄市或縣（市）政府酌予免納土地稅2年至8年（土地法133）。承墾人或其合法繼承人於無償取得所領墾地之耕作權，可附聲請書、承墾證書及墾竣證明，依土地登記規則第27條第13項之規定，單獨申請，經登記後方始生效。

㈢耕作權不得轉讓。耕作權，因繼承或贈與得為繼承之人，得辦理耕作權移轉登記。

㈣原住民使用山地保留地，依本辦法取得之耕作權或地上權登記後繼續自行經營或自用滿 5 年，經查明屬實者，由中央主管機關會同耕作權人或地上權人，向當地登記機關申請辦理所有權移轉登記。（原住民保留地開發管理辦法 17）

㈤耕作權與所有權混同後，辦理「耕作權塗銷登記」。

三、耕作權登記應備文件

㈠登記申請書。

㈡登記原因證明文件

1. 承墾證書、墾竣證明：設定登記時檢附。
2. 耕作權贈與契約書：耕作權移轉登記檢附之。

㈢權利書狀：他項權利（耕作權）證明書耕作權移轉登記適用。

㈣身分證明文件。

㈤審查清冊及鄉鎮市區土地權利審查委員會紀錄

原住民保留地土地分配、收回、所有權移轉、無償使用或機關學校使用申請案。

附錄表格

表 7-1　土地登記申請書（抵押權設定）

表 7-2　土地建築改良物抵押權設定契約書

表 7-3　土地登記申請書（抵押權部分塗銷）

表 7-4　抵押權部分塗銷登記清冊

表 7-5　土地登記申請書（抵押權移轉）

表 7-6　土地建築改良物抵押權移轉變更契約書

表 7-7　土地登記申請書（擔保物減少）

表 7-8　土地建築改良物抵押權移轉變更契約書（擔保物減少）

表 7-9　土地登記申請書（權利價值變更）

表 7-10　土地建築改良物抵押權移轉變更契約書（權利價值變更）

表 7-11　土地登記申請書（地上權）

表 7-12　地上權設定契約書

表 7-13　土地登記申請書（不動產役權）

表 7-14　不動產役權設定契約書

表 7-1　土地登記申請書（抵押權設定）

S0700012401

收件	日期	年　月　日　時　分	收件者章	
	字號	字第　號		

連件序別（非連件者免填）	共　件	第　件

登記費	元	合　計	元
書狀費	元	收　據	字　號
罰　鍰	元	核算者	

土　地　登　記　申　請　書

(1)受理機關	縣 ○○地政事務所 臺中市 ☑跨所申請	資料管轄機關	縣 臺南市 ○○ 地政事務所	(2)原因發生日期	中華民國 105 年 10 月 15 日

(3)申請登記事由（選擇打∨一項）	(4)登記原因（選擇打∨一項）
☐ 所有權第一次登記	☐ 第一次登記
☐所有權移轉登記	☐ 買賣 ☐ 贈與 ☐ 繼承 ☐ 分割繼承 ☐ 拍賣 ☐ 共有物分割 ☐
☑抵押權登記	☑ 設定 ☐ 法定 ☐
☐抵押權塗銷登記	☐ 清償 ☐ 拋棄 ☐ 混同 ☐ 判決塗銷 ☐
☐ 抵押權內容變更登記	☐ 權利價值變更 ☐ 權利內容等變更 ☐
☐ 標示變更登記	☐ 分割 ☐ 合併 ☐ 地目變更 ☐
☐	☐

(5)標示及申請權利內容	詳如 ☑契約書 ☐登記清冊 ☐ 複丈結果通知書 ☐ 建物測量成果圖 ☐		
(6)附繳證件	1.抵押權設定契約書正副本各 1 份	4.土地所有權狀 1 份	7.　份
	2.身分證影本 2 份	5.建物所有權狀 1 份	8.　份
	3.印鑑證明 1 份	6.　份	9.　份

(7)委任關係	本土地登記案之申請委託　王○○　代理。　複代理。 委託人確為登記標的物之權利人或權利關係人，並經核對身分無誤，如有虛偽不實，本代理人(複代理人)願負法律責任。代理人印	(8)聯絡方式	權利人電話	（04）22**-***1
			義務人電話	（04）22**-***0
			代理人聯絡電話	（049）22*-**20
			傳真電話	（04）22**-**20
(9)備註			電子郵件信箱	*****@ yahoo.com.tw
			不動產經紀業名稱及統一編號	
			不動產經紀業電話	

S0700012401

(10)	(11) 權利人或義務人	(12) 姓名或名稱	(13) 出生年月日	(14) 統一編號	(15) 住所 縣市	鄉鎮市區	村里	鄰	街路	段	巷	弄	號	樓		(16)簽章
申	權利人	趙○○			詳如契	約書										印
	義務人	王○○			詳如契	約書										印鑑章
請	債務人	張○○			詳如契	約書										印
人	代理人	王○○	48.10.15	C10*****01	臺中市	○○區			○○路	1			50			代理人印

本案處理經過情形（以下各欄申請人請勿填寫）								
初審	複審	核定	登簿	校簿	書狀列印	校狀	書狀用印	
			地價異動	通知領狀	異動通知	交付發狀	歸檔	

表 7-2 土地建築改良物抵押權設定契約書

S0700012402-1

土地、建築改良物抵押權設定契約書

下列 土地/建物 經 權利人/義務人 雙方同意設定（1）□普通 ☒最高限額 抵押權，特訂立本契約：

土地標示						
(2)坐落	鄉鎮市區	內湖區			
	段	本			
	小段	一	以		
(3)地號		○○○	下		
(4)面積（平方公尺）		123	空		
(5)設定權利範圍		5分之1	白		
(6)限定擔保債權金額		／			
(7)流抵約定		／			

建物標示					
(8)建號		3002			
(9)門牌	鄉鎮市區	內湖區			
	街路	民權東路			
	段巷弄	100段			
	號樓	○○○號			
(10)建物坐落	段	本	以		
	小段	一			
	地號	○○○	下		
(11)總面積（平方公尺）		128.75			
(12)附屬建物	用途		空		
	面積（平方公尺）		白		
(13)設定權利範圍		全部			
(14)限定擔保債權金額		／			
(15)流抵約定		／			

S0700012402-1

(16)提供擔保權利種類	所有權
(17)擔保債權總金額	新臺幣1,000萬元整
(18)擔保債權種類及範圍	擔保債務人對抵押權人現在(包括過去所負現在尚未清償)及將來在本抵押權設定契約書所定最高限額內所負之債務，包括借款、票據及保證。
(19)擔保債權確定期日	民國133年10月1日
(20)債務清償日期	依照各個債務契約所約定之清償日期。
(21)利息（率）	依照各個債務契約所約定之利率計算。
(22)遲延利息（率）	依照各個債務契約所約定之利率計算。
(23)違約金	依照各個債務契約所約定之違約金計收標準計算。
(24)其他擔保範圍約定	1.取得執行名義之費用。2.保全抵押物之費用。3.因債務不履行而發生之損害賠償。4.因辦理債務人與抵押權人約定之擔保債權種類及範圍所生之手續費用。5.抵押權人墊付抵押物之保險費及按抵押權人基準利率（或定儲利率指數）加碼年利率○%之利率。
(25)申請登記以外之約定事項	1. 2. 3.

訂立契約人	(26)權利人或義務人	(27)姓名或名稱	(28)債權額比例	(29)債務額比例	(30)出生年月日	(31)統一編號	(32)住所 縣市	鄉鎮市區	村里	鄰	街路	段	巷弄	號	樓		(33)蓋章
	權利人	○○商業銀行股份有限公司	全部			12345678	臺北	信義區			莊敬路			***	2		印
	法定代理人	董事長：○○○															印
	義務人兼債務人	李○		全部	65.5.5	A123456789	臺北	大安區			信義路			***			印

(34)立約日期　中華民國 106 年 1 月 1 日

表 7-3 土地登記申請書（抵押權部分塗銷）

S0700017401

收件	日期	年 月 日 時 分	收件者章	
	字號	字第 號		

連件序別（非連件者免填）	共 件	第 件

登記費	元	合計	元
書狀費	元	收據	字 號
罰鍰	元	核算者	

土地登記申請書

(1) 受理機關	桃園市 縣 ○○地政事務所 □跨所申請	資料管轄機關	縣市 地政事務所	(2) 原因發生日期	中華民國 105 年 1 月 25 日

(3)申請登記事由（選擇打 V 一項）	(4)登記原因（選擇打 V 一項）
□ 所有權第一次登記	□ 第一次登記
□所有權移轉登記	□ 買賣 □ 贈與 □ 繼承 □ 分割繼承 □ 拍賣 □ 共有物分割 □
□抵押權登記	□ 設定 □ 法定 □
V抵押權塗銷登記	□ 清償 □ 拋棄 □ 混同 □ 判決塗銷 V部分清償
□ 抵押權內容變更登記	□ 權利價值變更 □ 權利內容等變更 □
□ 標示變更登記	□ 分割 □ 合併 □ 地目變更 □
□	□

(5)標示及申請權利內容 詳如 □契約書 □ 登記清冊 □ 複丈結果通知書 □ 建物測量成果圖 V部分塗銷同意書

(6) 附繳證件			
	1.部分塗銷同意書 1 份	4. 份	7. 份
	2.身分證影本 1 份	5. 份	8. 份
	3.他項權利證明書 1 份	6. 份	9. 份

(7)委任關係	本土地登記案之申請委託 王○○ 代理。 複代理。 委託人確為登記標的物之權利人或權利關係人並經核對身分無誤，如有虛偽不實，本代理人(複代理人)願負法律責任。 代理人印
(9)備註	

(8) 聯絡方式		
	權利人電話	（04）2222-****
	義務人電話	（04）2222-****
	代理人聯絡電話	（04）2222-****
	傳真電話	（04）2222-****
	電子郵件信箱	***** @ yahoo.com.tw
	不動產經紀業名稱及統一編號	
	不動產經紀業電話	

S0700017401

(10)	(11)	(12)	(13)	(14)	(15) 住										所	(16)
申請人	權利人或義務人	姓名或名稱	出生年月日	統一編號	縣市	鄉鎮市區	村里	鄰	街路	段	巷	弄	號	樓		簽章
	權利人	王○○	49.10.10	F12*****00	臺北市	○○區	○○里	9	○○路	3			11			印
	代理人	王○○	48.5.5	C10*****01	臺中市	○○區			○○路	1			36			代理人印

本案處理經過情形（以下各欄申請人請勿填寫）	初審	複審	核定	登簿	校簿	書狀列印	校狀	書狀用印
				地價異動	通知領狀	異動通知	交付發狀	歸檔

表 7-4　抵押權部分塗銷登記清冊

S0700017402

登記清冊　申請人 王○河　簽章 印										
土地標示	(1)坐落	鄉鎮市區	八德區	以						
		段	大忠	下						
		小段		空						
	(2)地號		○○○	白						
	(3)面積（平方公尺）		334.2							
	(4)權利範圍		58/10000							
	(5)備註									

S0700017402

建物標示	(6)建號		906			
	(7)門牌	鄉鎮市區	八德區			
		街路	東勇路		以	
		段巷弄		共		
		號樓	○號○樓	有	下	
	(8)建物坐落	段	大忠	部		
		小段		分	空	
		地號	○○○	900		
	(9)面積(平方公尺)	第八層	83.44	建	白	
		層		號		
		層		範		
		層		圍		
				2/10000		
		共計	83.44			
	(10)附屬建物	用途	陽臺			
		面積(平方公尺)	10.21			
	(11)權利範圍		全部			
	(12)備註					

表 7-5 土地登記申請書（抵押權移轉）

S0700016401

收件	日期	年 月 日 時 分	收件者章	
	字號	字第 號		

連件序別（非連件者免填）	共 件	第 件

登記費	元	合計	元
書狀費	元	收據	字 號
罰鍰	元	核算者	

土地登記申請書

(1) 受理機關	臺南 縣市 臺南地政事務所 □跨所申請	資料管轄機關	縣市 地政事務所	(2) 原因發生日期：中華民國 91 年 1 月 25 日

(3)申請登記事由（選擇打∨一項）	(4)登記原因（選擇打∨一項）
□ 所有權第一次登記	□ 第一次登記
□所有權移轉登記	□ 買賣 □ 贈與 □ 繼承 □ 分割繼承 □ 拍賣 □ 共有物分割 □
□抵押權登記	□設定 □ 法定 □
□抵押權塗銷登記	□清償 □ 拋棄 □ 混同 □ 判決塗銷 □
□ 抵押權內容變更登記	□ 權利價值變更 □ 權利內容等變更 □
□ 標示變更登記	□ 分割 □ 合併 □ 地目變更 □
∨抵押權移轉登記	∨ 讓與

(5)標示及申請權利內容 詳如 ∨契約書 □ 登記清冊 □ 複丈結果通知書 □ 建物測量成果圖 □

(6) 附繳證件			
	1.抵押權移轉契約書正副本 1 份	4.義務人公司設立（變更）登記表抄錄本 1 份	7. 份
	2.他項權利證明書 1 份	5.債權確定證明文件 1 份	8. 份
	3.身分證影本 2 份	6. 份	9. 份

(7)委任關係	本土地登記案之申請委託 王○文 代理。 複代理。 委託人確為登記標的物之權利人或權利關係人並經核對身分無誤，如有虛偽不實，本代理人(複代理人)願負法律責任。 代理人印	(8)聯絡方式	權利人電話	（04）2222-****
			義務人電話	（04）2222-****
			代理人聯絡電話	（049）522-****
			傳真電話	（04）2232-****
(9)備註			電子郵件信箱	*****@yahoo.com.tw
			不動產經紀業名稱及統一編號	
			不動產經紀業電話	

S0700016401

(10)	(11) 權利人或義務人	(12) 姓名或名稱	(13) 出生年月日	(14) 統一編號	(15) 住所 縣市	鄉鎮市區	村里	鄰	街路	段	巷	弄	號	樓		(16) 簽章
申請人	權利人	洪○春			詳如契	契約書										印
	義務人	○○○開發股份有限公司			詳如契	契約書										印鑑章
	代表人	張○謀														印鑑章
	代理人	王○文	48.5.5	C100000001	臺中市	北區			北平路	1			36			代理人印

本案處理經過情形（以下各欄申請人請勿填寫）	初審	複審	核定	登簿	校簿	書狀列印	校狀	書狀用印
				地價異動	通知領狀	異動通知	交付發狀	歸檔

表 7-6 土地建築改良物抵押權移轉變更契約書

S0700016402-1

土地/建築改良物 抵押權 移轉/變更 契約書

下列 土地/建物 經 權利人/義務人 雙方同意 移轉/變更，特訂立本契約：

土地標示						
(1)坐落	鄉鎮市區	中區	中區		
	段	○○○	○○○	以	
	小段	一	一	下	
(2)地號		35	35-1	空	
(3)面積(平方公尺)		192	43	白	
(4)原設定權利範圍		全部	全部		
(5)原限定擔保債權金額					
(6)原流抵約定					

建物標示					
(7)建號		69			
(8)門牌	鄉鎮市區	中區	以		
	街路	民權路			
	段巷弄		下		
	號樓	○○號			
(9)建物坐落	段	本	空		
	小段	一			
	地號	35	白		
(10)總面積(平方公尺)		176.91			
(11)附屬建物	用途				
	面積(平方公尺)				
(12)原設定權利範圍		全部			
(13)原限定擔保債權金額					
(14)原流抵約定					

S0700016402-1

(15)原擔保債權總金額		新臺幣1,000萬元整
(16)移轉或變更	原因	讓與(本最高限額抵押權所擔保之原債權已確定)。
	內容	1. 民國102年3月28日收件地字3461號抵押權登記 2. 移轉前：權利人　○○○○開發股份有限公司 　移轉後：權利人　洪○春
(17)申請登記以外之約定事項	1. 以下空白 2. 3. 4.	

訂立契約人	(18)權利人或義務人	(19)姓名或名稱	(20)出生年月日	(21)統一編號	(22)住所 縣市	鄉鎮市區	村里	鄰	街路	段	巷弄	號	樓		(23)蓋章
	權利人	洪○春	45.3.2	E200*****	臺南市	西區			府前路			○○	10		印
	義務人	○○○○開發股份有限公司		123*****	臺北市	信義區			信義路	1		○○	3		印鑑章
	右代表人	董事長：張○謀													印鑑章
	以	下	空	白											

(24)立約日期	中華民國 106 年 1 月 1 日

表 7-7　土地登記申請書（擔保物減少）

S0700016401

收件	日期	年　月　日　時　分	收件者章	
	字號	字第　號		

連件序別（非連件者免填）	共 2 件	第 2 件

登記費	元	合　計	元
書狀費	元	收　據	字　號
罰　鍰	元	核算者	

土　地　登　記　申　請　書

(1) 受理機關	縣 臺南地政事務所 臺南市 □跨所申請	資料管轄機關	縣 市 地政事務所	(2) 原因發生日期	中華民國 91 年 1 月 25 日

(3)申請登記事由（選擇打 V 一項）	(4)登記原因（選擇打 V 一項）
□ 所有權第一次登記	□ 第一次登記
□所有權移轉登記	□ 買賣 □ 贈與 □ 繼承 □ 分割繼承 □ 拍賣 □ 共有物分割 □
□抵押權登記	□設定 □ 法定 □
□抵押權塗銷登記	□清償 □ 拋棄 □ 混同 □ 判決塗銷 □
V 抵押權內容變更登記	□ 權利價值變更 □ 權利內容等變更 V擔保物減少
□ 標示變更登記	□ 分割 □ 合併 □ 地目變更 □
□	□

(5)標示及申請權利內容　詳如　V契約書　□ 登記清冊　□ 複丈結果通知書　□ 建物測量成果圖　□

(6) 附繳證件			
	1.他項權利內容變更契約書 2 份	4.原設定契約書 1 份	7.　份
	2.身分證影本(援用第 1 件) 2 份	5.	8.　份
	3.他項權利證明書(援用第 1 件) 1 份	6.　份	9.　份

(7)委任關係	本土地登記案之申請委託　王○文　代理。　複代理。 委託人確為登記標的物之權利人或權利關係人並經核對身分無誤，如有虛偽不實，本代理人(複代理人)願負法律責任。 代理人印	(8)聯絡方式	權利人電話	（04）2222-****
			義務人電話	（04）2222-****
			代理人聯絡電話	（049）522-****
			傳真電話	（04）2232-****
(9)備註			電子郵件信箱	***** @ yahoo.com.tw
			不動產經紀業名稱及統一編號	
			不動產經紀業電話	

S0700016401

(10)	(11) 權利人或義務人	(12) 姓名或名稱	(13) 出生年月日	(14) 統一編號	(15) 住所 縣市	鄉鎮市區	村里	鄰	街路	段	巷	弄	號	樓		(16) 簽章
申請人	權利人	洪○春			詳如契	契約書										印 印鑑章
	義務人兼債務人	張○謀			詳如契	契約書										
	代理人	王○文	48.5.5	C100000001	臺中市	北區			北平路	1			36			代理人印

本案處理經過情形（以下各欄申請人請勿填寫）	初審	複審	核定	登簿	校簿	書狀列印	校狀	書狀用印
				地價異動	通知領狀	異動通知	交付發狀	歸檔

表 7-8　土地建築改良物抵押權移轉變更契約書（擔保物減少）

S0700016402-1

土地／建築改良物　抵押權　移轉／變更　契約書

下列 土地／建物 經 權利人／義務人 雙方同意 移轉／變更，特訂立本契約：

土地標示					
(1)坐落	鄉鎮市區	中區			
	段	本	以		
	小段	一	下		
(2)地號		35	空		
(3)面積（平方公尺）		192	白		
(4)原設定權利範圍		全部			
(5)原限定擔保債權金額					
(6)原流抵約定					

建物標示					
(7)建號		69			
(8)門牌	鄉鎮市區	中區	以		
	街路	民權路			
	段巷弄		下		
	號樓	** 號			
(9)建物坐落	段	本	空		
	小段	一			
	地號	35	白		
(10)總面積（平方公尺）		176.91			
(11)附屬建物	用途				
	面積（平方公尺）				
(12)原設定權利範圍		全部			
(13)原限定擔保債權金額					
(14)原流抵約定					

S0700016402-1

(15)原擔保債權總金額		新臺幣1,000萬元整
(16)移轉或變更	原因	本最高限額抵押權所擔保之原債權已㊀確定。
	內容	1. 民國102年3月28日收件地字〇〇〇〇號抵押權設定登記辦理。 2. 變更前：共同擔保中區本段一小段35，35-1地號及69建號建物。 變更後：共同擔保中區本段一小段35地號及69建號建物。
(17)申請登記以外之約定事項		1. 以下空白 2. 3. 4.

訂立契約人	(18)權利人或義務人	(19)姓名或名稱	(20)出生年月日	(21)統一編號	(22)住所 縣市	鄉鎮市區	村里	鄰	街路	段	巷弄	號	樓		(23)蓋章
	權利人(抵押權人)	洪〇春	45.3.2	E20012****	臺南市	西區			府前路			10**	10		印
	義務人兼債務人	張〇謀	50.4.3	A1234****	臺北市	信義區			信義路	1		20**	3		印鑑章

(24)立約日期　中華民國 106 年 1 月 1 日

表 7-9　土地登記申請書（權利價值變更）

S0700016401

收件	日期	年 月 日 時 分	收件者章	
	字號	字第 號		

連件序別（非連件者免填）	共 件	第 件

登記費	元	合計	元
書狀費	元	收據	字 號
罰鍰	元	核算者	

土地登記申請書

(1) 受理機關	臺南市 縣 臺南地政事務所 ☐跨所申請	資料管轄機關	縣 市 地政事務所	(2) 原因發生日期	中華民國 91 年 1 月 25 日

(3)申請登記事由（選擇打 V 一項）	(4)登記原因（選擇打 V 一項）
☐ 所有權第一次登記	☐ 第一次登記
☐ 所有權移轉登記	☐ 買賣 ☐ 贈與 ☐ 繼承 ☐ 分割繼承 ☐ 拍賣 ☐ 共有物分割 ☐
☐ 抵押權登記	☐ 設定 ☐ 法定 ☐
☐ 抵押權塗銷登記	☐ 清償 ☐ 拋棄 ☐ 混同 ☐ 判決塗銷 ☐
☑ 抵押權內容變更登記	☑ 權利價值變更 ☐ 權利內容等變更 ☐
☐ 標示變更登記	☐ 分割 ☐ 合併 ☐ 地目變更 ☐
☐	☐

(5)標示及申請權利內容	詳如 ☑ 契約書 ☐ 登記清冊 ☐ 複丈結果通知書 ☐ 建物測量成果圖 ☐

(6) 附繳證件	1.抵押權變更契約書 2 份	4.原抵押權設定契約書 1 份	7. 份
	2.他項權利證明書 1 份	5. 份	8. 份
	3.身分證影本 2 份	6. 份	9. 份

(7)委任關係	本土地登記案之申請委託 王○文 代理。 複代理。 委託人確為登記標的物之權利人或權利關係人並經核對身分無誤，如有虛偽不實，本代理人(複代理人)願負法律責任。 代理人印	(8) 聯絡方式	權利人電話	（04）2222-****
			義務人電話	（04）2222-****
			代理人聯絡電話	（049）522-****
			傳真電話	（04）2232-****
(9)備註			電子郵件信箱	*****@yahoo.com.tw
			不動產經紀業名稱及統一編號	
			不動產經紀業電話	

S0700016401

(10)	(11) 權利人或義務人	(12) 姓名或名稱	(13) 出生年月日	(14) 統一編號	(15) 住所 縣市	鄉鎮市區	村里	鄰	街路	段	巷	弄	號	樓		(16) 簽章
申請人	權利人	洪〇春			詳如契	契約書										印
	義務人兼債務人	張〇謀			詳如契	契約書										印鑑章
	代理人	王〇文	48.5.5	C100000001	臺中市	北區			北平路	1			36			代理人印

本案處理經過情形（以下各欄申請人請勿填寫）	初審	複審	核定	登簿	校簿	書狀列印	校狀	書狀用印
				地價異動	通知領狀	異動通知	交付發狀	歸檔

表 7-10　土地建築改良物抵押權移轉變更契約書（權利價值變更）

S0700016402-1

土地／建築改良物　抵押權　移轉／變更　契約書

下列 土地／建物 經 權利人／義務人 雙方同意 移轉／變更，特訂立本契約：

土地標示					
(1)坐落	鄉鎮市區	中區	中區		
	段	○○○	○○○	以	
	小段	一	一	下	
(2)地號		35	35-1	空	
(3)面積（平方公尺）		192	43	白	
(4)原設定權利範圍		全部	全部		
(5)原限定擔保債權金額		／	／		
(6)原流抵約定		／	／		

建物標示						
(7)建號		69				
(8)門牌	鄉鎮市區	中區	以			
	街路	民權路				
	段巷弄		下			
	號樓	○○號				
(9)建物坐落	段	○○○	空			
	小段	一				
	地號	35	白			
(10)總面積（平方公尺）		176.91				
(11)附屬建物	用途					
	面積（平方公尺）					
(12)原設定權利範圍		全部				
(13)原限定擔保債權金額		／				
(14)原流抵約定		／				

S0700016402-1

(15)原擔保債權總金額		新臺幣 1,000萬元整
(16)移轉或變更	原因	本最高限額抵押權所擔保之原債權已㊟確定。
	內容	1. 民國 102 年 3 月 28 日收件地○○○○號抵押權登記 2. 變更前：新臺幣1,000萬元整 變更後：新臺幣1,200萬元整
(17)申請登記以外之約定事項		1. 以下空白 2. 3. 4.

訂立契約人	(18)權利人或義務人	(19)姓名或名稱	(20)出生年月日	(21)統一編號	(22)住所 縣市	鄉鎮市區	村里	鄰	街路	段	巷弄	號	樓		(23)蓋章
	權利人	洪○春	45.3.2	E20012****	臺南市	西區			府前路			10**	10		印
	義務人兼債務人	張○謀	50.4.3	A12345****	臺北市	信義區			信義路	1		20**	3		印鑑章

(24)立約日期 中華民國 106 年 1 月 1 日

表 7-11　土地登記申請書（地上權）

S0700015401

收件	日期	年 月 日 時 分	收件	
	字號	字第 號	者章	

連件序別（非連件者免填）	共 件	第 件

登記費	元	合計	元
書狀費	元	收據	字 號
罰鍰	元	核算者	

土地登記申請書

(1) 受理機關	臺中市 縣 ○○地政事務所 □跨所申請	資料管轄機關	縣 市 地政事務所	(2) 原因發生日期	中華民國 90 年 11 月 5 日

(3)申請登記事由（選擇打∨一項）	(4)登記原因（選擇打∨一項）
□ 所有權第一次登記	□ 第一次登記
□ 所有權移轉登記	□ 買賣 □ 贈與 □ 繼承 □ 分割繼承 □ 拍賣 □ 共有物分割 □
□ 抵押權登記	□ 設定 □ 法定 □
□ 抵押權塗銷登記	□ 清償 □ 拋棄 □ 混同 □ 判決塗銷 □
□ 抵押權內容變更登記	□ 權利價值變更 □ 權利內容等變更 □
□ 標示變更登記	□ 分割 □ 合併 □ 地目變更 □
∨ 地上權登記	∨ 設定

(5)標示及申請權利內容　詳如 ∨ 契約書 □ 登記清冊 □ 複丈結果通知書 □ 建物測量成果圖 □

(6) 附繳證件			
	1.地上權設定契約書正副本各 1 份	4.戶口名簿影本 1 份	7. 份
	2.身分證影本 1 份	5.印鑑證明 1 份	8. 份
	3.土地所有權狀 1 份	6. 份	9. 份

(7)委任關係	本土地登記案之申請委託 王○○ 代理。 複代理。 委託人確為登記標的物之權利人或權利關係人並經核對身分無誤，如有虛偽不實，本代理人(複代理人)願負法律責任。 代理人印	(8)聯絡方式	權利人電話	（04）22*9-1**1
			義務人電話	（04）22*2-1**0
			代理人聯絡電話	（04）22*2-1**0
			傳真電話	（04）22*2-1**0
(9)備註			電子郵件信箱	***** @land.moi.gov.tw
			不動產經紀業名稱及統一編號	
			不動產經紀業電話	

S0700015401

(10)	(11) 權利人或義務人	(12) 姓名或名稱	(13) 出生年月日	(14) 統一編號	(15) 住 縣市	鄉鎮市區	村里	鄰	街路	段	巷	弄	號	樓 所		(16) 簽章
申請人	權利人	陳○○			詳如契	約書										印 印鑑章
	義務人	李○○			詳如契	約書										
	代理人	王○○	48.10.10	C10*****01	臺中市	○○區			○○路	1			36			代理人印

本案處理經過情形（以下各欄申請人請勿填寫）							
初審	複審	核定	登簿	校簿	書狀列印	校狀	書狀用印
			地價異動	通知領狀	異動通知	交付發狀	歸檔

表 7-12 地上權設定契約書

S0700015402

<table>
<tr><th colspan="7">地 上 權 設 定 契 約 書</th></tr>
<tr><td colspan="7">下列土地經 權利人／義務人 雙方同意設定（1）☒普通 ☐區分 地上權，特訂立本契約：</td></tr>
<tr><td rowspan="8">土地標示</td><td colspan="3">（2）坐落</td><td rowspan="2">（3）
地號</td><td rowspan="2">（4）
面積
（平方公尺）</td><td rowspan="2">（5）
設定
權利範圍</td><td rowspan="2">（6）
地租</td></tr>
<tr><td>鄉鎮
市區</td><td>段</td><td>小段</td></tr>
<tr><td>北屯區</td><td>建業</td><td></td><td>○○○</td><td>512</td><td>全部</td><td>每年新臺幣
12 萬元整</td></tr>
<tr><td>以</td><td>下</td><td>空</td><td>白</td><td></td><td></td><td></td></tr>
<tr><td></td><td></td><td></td><td></td><td></td><td></td><td></td></tr>
<tr><td></td><td></td><td></td><td></td><td></td><td></td><td></td></tr>
<tr><td></td><td></td><td></td><td></td><td></td><td></td><td></td></tr>
<tr><td></td><td></td><td></td><td></td><td></td><td></td><td></td></tr>
<tr><td colspan="3">（7）權利價值</td><td colspan="5">新臺幣 240 萬元整</td></tr>
<tr><td colspan="3">（8）存續期間</td><td colspan="5">20 年（自民國 106 年 1 月 1 日起至民國 125 年 12 月 31 日止）</td></tr>
<tr><td colspan="3">（9）設定目的</td><td colspan="5">建築房屋</td></tr>
</table>

（10）預付地租情形	新臺幣5萬元整
（11）使用方法	建築物限於木造
（12）讓與或設定抵押權之限制	本地上權不得讓與他人

（13）申請登記以外之約定事項	1. 地上權因存續期間屆滿消滅時，地上建物無償歸屬土地所有權人。 2. 3. 4.	（14）簽名或簽證	

訂立契約人	（15）權利人或義務人	（16）姓名或名稱	（17）權利範圍	（18）出生年月日	（19）統一編號	（20）住所 縣市	鄉鎮市區	村里	鄰	街路	段	巷弄	號	樓		（21）蓋章
	權利人	陳○育	全部	48.10.15	B1*****378	臺中市	北屯區	軍功里	1*	軍功路			**			印
	義務人	李○四	全部	36.2.28	B1*****543	臺中市	北區	明德里	1*	太原路	2		**			印鑑章
	以	下	空	白												

（22）立約日期	中華民國 106 年 1 月 1 日

表 7-13　土地登記申請書（不動產役權）

S0700013401

收件	日期	年 月 日 時 分	收件者章	
	字號	字第 號		

連件序別（非連件者免填）	共 件	第 件

登記費	元	合 計	元
書狀費	元	收 據	字 號
罰 鍰	元	核算者	

土地登記申請書

(1) 受理機關	縣○○ 地政事務所 臺中市 ☐跨所申請	資料管轄機關	縣 市 地政事務所	(2) 原因發生日期	中華民國 105 年 10 月 15 日

(3)申請登記事由（選擇打 V 一項）	(4)登記原因（選擇打 V 一項）
☐ 所有權第一次登記	☐ 第一次登記
☐ 所有權移轉登記	☐ 買賣 ☐ 贈與 ☐ 繼承 ☐ 分割繼承 ☐ 拍賣 ☐ 共有物分割 ☐
☐ 抵押權登記	☐ 設定 ☐ 法定 ☐
☐ 抵押權塗銷登記	☐ 清償 ☐ 拋棄 ☐ 混同 ☐ 判決塗銷 ☐
☐ 抵押權內容變更登記	☐ 權利價值變更 ☐ 權利內容等變更 ☐
☐ 標示變更登記	☐ 分割 ☐ 合併 ☐ 地目變更 ☐
V 不動產役權登記	V 設定

(5)標示及申請權利內容　詳如 V 契約書 ☐ 登記清冊 ☐ 複丈結果通知書 ☐ 建物測量成果圖 ☐

(6) 附繳證件			
	1.不動產役權設定契約書正副本各 1 份	4.戶口名簿影印本 1 份	7. 份
	2.身分證影本 1 份	5.印鑑證明 1 份	8. 份
	3.土地所有權狀 1 份	6. 份	9. 份

(7)委任關係	本土地登記案之申請委託 陳○○ 代理。 複代理。 委託人確為登記標的物之權利人或權利關係人，並經核對身分無誤，如有虛偽不實，本代理人(複代理人)願負法律責任。代理人印	(8) 聯絡方式	權利人電話	（04）2235-****
			義務人電話	（04）2835-****
			代理人聯絡電話	（04）2236-****
			傳真電話	（04）2235-****
(9)備註			電子郵件信箱	***** @ yahoo.com.tw
			不動產經紀業名稱及統一編號	
			不動產經紀業電話	

S0700013401

(10) 申請人	(11) 權利人或義務人	(12) 姓名或名稱	(13) 出生年月日	(14) 統一編號	(15) 住所 縣(市)	鄉鎮市區	村里	鄰	街路	段	巷	弄	號	樓		(16) 簽章
	權利人	王○○			詳如契	約書										印
	義務人	林○○			詳如契	約書										印鑑章
	代理人	陳○○	51.8.8	A10*****01	臺中市	○○區			○○路	2			60			代理人印

本案處理經過情形(以下各欄申請人請勿填寫)								
初審	複審	核定	登簿	校簿	書狀列印	校狀	書狀用印	
			地價異動	通知領狀	異動通知	交付發狀	歸檔	

表 7-14　不動產役權設定契約書

S0700013402

<table>
<tr><td colspan="12">不　動　產　役　權　設　定　契　約　書</td></tr>
<tr><td colspan="12">下列 土地／建物 經 權利人／義務人 雙方同意設定不動產役權，特訂立本契約：</td></tr>
<tr><td rowspan="8">供役不動產標示</td><td rowspan="4">土地標示</td><td colspan="5">（1）坐　落</td><td colspan="3" rowspan="2">（2）
地　號</td><td rowspan="2">（3）面　積
（平方公尺）</td><td rowspan="2">（4）
設定權利範圍</td></tr>
<tr><td>鄉鎮市區</td><td colspan="2">段</td><td colspan="2">小段</td></tr>
<tr><td>北區</td><td colspan="2">中清</td><td colspan="2"></td><td colspan="3">253</td><td>155</td><td>全部</td></tr>
<tr><td>以</td><td colspan="2">下</td><td colspan="2">空</td><td colspan="3">白</td><td></td><td></td></tr>
<tr><td rowspan="4">建物標示</td><td rowspan="2">（5）建號</td><td colspan="4">（6）門牌</td><td colspan="3">（7）建物坐落</td><td rowspan="2">（8）總面積
（平方公尺）</td><td rowspan="2">（9）
設定權利範圍</td></tr>
<tr><td>鄉鎮市區</td><td>街路</td><td>段巷弄</td><td>號樓</td><td>段</td><td>小段</td><td>地號</td></tr>
<tr><td>以</td><td>下</td><td>空</td><td>白</td><td></td><td></td><td></td><td></td><td></td><td></td></tr>
<tr><td></td><td></td><td></td><td></td><td></td><td></td><td></td><td></td><td></td><td></td></tr>
<tr><td rowspan="8">需役不動產標示</td><td rowspan="4">土地標示</td><td colspan="5">（10）坐　落</td><td colspan="3" rowspan="2">（11）
地　號</td><td rowspan="2">（12）面　積
（平方公尺）</td><td rowspan="2">（13）
使用需役不動產
權利關係</td></tr>
<tr><td>鄉鎮市區</td><td colspan="2">段</td><td colspan="2">小段</td></tr>
<tr><td>北區</td><td colspan="2">中清</td><td colspan="2"></td><td colspan="3">255</td><td>78</td><td>地上權</td></tr>
<tr><td>以</td><td colspan="2">下</td><td colspan="2">空</td><td colspan="3">白</td><td></td><td></td></tr>
<tr><td rowspan="4">建物標示</td><td rowspan="2">（14）
建號</td><td colspan="4">（15）門牌</td><td colspan="3">（16）建物坐落</td><td rowspan="2">（17）
總面積
（平方公尺）</td><td rowspan="2">（18）
使用需役不動產
權利關係</td></tr>
<tr><td>鄉鎮市區</td><td>街路</td><td>段巷弄</td><td>號樓</td><td>段</td><td>小段</td><td>地號</td></tr>
<tr><td>以</td><td>下</td><td>空</td><td>白</td><td></td><td></td><td></td><td></td><td></td><td></td></tr>
<tr><td></td><td></td><td></td><td></td><td></td><td></td><td></td><td></td><td></td><td></td></tr>
</table>

（19）權利價值	新臺幣 90 萬元整
（20）存續期間	15 年（自民國 106 年 1 月 1 日起至民國 120 年 12 月 31 日止）
（21）設定目的	供通行使用
（22）地租	每年新臺幣 6 萬元整
（23）預付地租情形	新臺幣 1 萬元整
（24）使用方法	禁止車輛進出
（25）申請登記以外之約定事項	1. 2. 3. 4.
（26）簽名或簽證	

訂立契約人	（27）權利人或義務人	（28）姓名或名稱	（29）權利範圍	（30）出生年月日	（31）統一編號	（32）住所 縣市	鄉鎮市區	村里	鄰	街路	段	巷弄	號	樓		（33）蓋章
	權利人	王○男	全部	52.1.3	A1*****496	臺中市	北區	長青	10	漢口路	3		○			印
	義務人	林○明	全部	56.5.1	B1*****299	臺中市	北區	長青	10	漢口路	3		○			印鑑章
		以	下	空	白											

（34）立約日期	中華民國 106 年 1 月 1 日

第 8 章 繼承登記

第一節　繼承的意義、要件及法律適用

一、繼承登記的意義

土地總登記或建物所有權第一次登記之後，自不動產的登記名義人死亡時開始，由與被繼承人有一定親屬關係的合法繼承人，概括承受被繼承人遺產上一切的權利義務，向國稅局報繳遺產稅，並向地政機關申請繼承所有權移轉登記。

(一) 繼承開始

民法第 1147 條：「繼承，因被繼承人死亡而開始。」

(二) 繼承登記的效力

民法第 759 條：「因繼承、強制執行、徵收、法院之判決或其他非因法律行為，於登記前已取得不動產物權者，應經登記，始得處分其物權。」

㈢ 繼承登記的申請人及期限

土地權利變更登記，應由權利人及義務人會同聲請之。其無義務人者，由權利人聲請之。其係繼承登記者，得由任何繼承人爲全體繼承人聲請之。但其聲請，不影響他繼承人拋棄繼承或限定繼承之權利（土地法 73）。繼承登記，應自繼承開始之日起 6 個月內申請之。

㈣ 逾期辦理依土地法第 73 條之 1 規定辦理

土地或建築改良物，自繼承開始之日起逾 1 年未辦理繼承登記者，經該管直轄市或縣市地政機關查明後，應即公告繼承人於 3 個月內聲請登記，並以書面通知繼承人；逾期仍未聲請者，得由地政機關予以列冊管理。但有不可歸責於聲請人之事由，其期間應予扣除。前項列冊管理期間爲 15 年，逾期仍未聲請登記者，由地政機關書面通知繼承人及將土地或建築改良物清冊移請財政部國有財產署公開標售。

二、繼承登記之要件

㈠ 須土地或建物已辦竣總登記或建物所有權第一次登記

申辦繼承登記，須土地已辦竣總登記或建物所有權第一次登記。因登記名義人死亡，始得申辦繼承登記。

㈡ 須登記名義人有死亡之事實

民法第 1147 條規定繼承，因被繼承人死亡而開始，故死亡爲繼承開始之原因，包括自然死亡及受死亡之宣告。

㈢ 須由合法繼承人申請

繼承登記應由合法繼承人共同申請之，民法第 1138 條：遺產繼承人，除配偶外，依直系血親卑親屬、父母、兄弟姊妹、祖父母為繼承順序之合法繼承人，須無民法第 1145 條所列各款喪失繼承權的情事。

㈣ 須向登記機關申辦

依土地法第 39 條規定，繼承登記，由遺產土地或建物所在地之市（縣）地政機關辦理之。但各該地政機關得在轄區內分設登記機關，辦理登記。

三、繼承登記時間之法律適用

繼承開始之時間與繼承人繼承順序、應繼分，所適用之法律規定不同而產生繼承結果之差異，以繼承開始的時間，可區分以下三種適用範圍：（繼承登記法令補充規定 103.9.10 內授中辦地字第 10366518403 號令修正）

㈠繼承開始在民國 34 年 10 月 24 日以前（即臺灣光復前，應適用當時之臺灣習慣）。

㈡繼承開始在民國 34 年 10 月 25 日以後至民國 74 年 6 月 4 日止，依修正前之民法親屬、繼承兩編及其施行法規定辦理。繼承開始於民國 74 年 6 月 4 日以前，依修正前民法第 1142 條第 2 項「養子女應繼分，為婚生子女之 1/2」之規定主張繼承者，以養子女與婚生子女共同繼承養父母之遺產時，始有其適用。

㈢繼承開始於民國 74 年 6 月 5 日以後者，應依現行民法親屬、繼承兩編暨其施行法規定辦理。

第二節　臺灣光復前之繼承習慣

一、遺產種類

日據時期臺灣人財產繼承習慣分爲家產繼承與私產繼承兩種。家產爲家所有之財產，性質上爲公同共有，但由戶主來繼承；私產係指家屬個人之特有財產。家產繼承因戶主喪失戶主權而開始；私產繼承則因家屬之死亡而開始。（繼承登記法令補充規定 2）

二、家產繼承

㈠戶主喪失戶主權之原因：

1. 戶主之死亡。死亡包括事實上之死亡及宣告死亡。

2. 戶主之隱居。民國 24 年（日本昭和 10 年）4 月 5 日臺灣高等法院上告部判官及覆審部判官聯合總會決議，承認隱居有習慣法之效力，自該日起隱居始成爲戶主繼承開始之原因。但隱居發生於該決議日期以前者，不能認爲因隱居而開始之戶主繼承，而應以被繼承人死亡日期定其繼承開始日期。

3. 戶主之國籍喪失。

4. 戶主因婚姻或收養之撤銷而離家。

5. 有親生男子之單身女戶主，未廢家而入他家爲妾。

㈡因戶主喪失戶主權而開始之財產繼承，其繼承人之順序爲：

1. 法定之推定財產繼承人

⑴第一順序之法定推定財產繼承人係男子直系血親卑親屬（不分長幼、嫡庶、婚生或私生、自然血親或準血親），且係繼承開始當時之家屬爲限。女子直系卑親屬及因別籍異財或分家等原因離家之男子直系卑親屬均無繼承權。「寄留」他戶之男子直系卑親屬對家產仍有繼承權。

⑵男子直系卑親屬有親等不同者，以親等近者爲優先。親等相同之男子有數人時，共同均分繼承之。

2. 指定之財產繼承人

⑴戶主無法定之推定戶主繼承人時，得以生前行爲指定繼承人或以遺囑指定繼承人。如未指定時，親屬得協議爲選定繼承人。指定或選定之繼承人無妨以女子或非家屬者充之。（繼承登記法令補充規定 4）

⑵戶主指定某人爲戶主權之繼承人，應同時指定該人爲財產繼承人，兩者有不可分之關係。故戶主僅爲指定戶主繼承人之表示或僅爲指定財產繼承人之表示，應視爲兩者併爲指定。但被指定人得僅承認戶主繼承而拋棄財產繼承。惟其拋棄戶主繼承時，則視爲亦拋棄財產繼承。（繼承登記法令補充規定 5）

⑶指定或選定的戶主繼承人，依當時的戶口規則申報始生效力，申請繼承家產。

3. 選定之財產繼承人

第三順序選定之財產繼承人，不以在民法繼承編施行前選定爲限。但至民國 98 年 12 月 11 日止，尚未合法選定繼承人者，自該日起，依現行民法繼承編之規定辦理繼承。（繼承登記法令補充規定3）

無法定之推定戶主繼承人，法定戶主繼承人喪失繼承權，或無指定的戶主繼承人，得由親屬會議選定之。被選定人之資格，未設任何限制。

三、私產之繼承（繼承登記法令補充規定 12）

㈠日據時期家屬（非戶主）之遺產爲私產。私產爲家屬私人之財產。因家屬死亡而開始之私產繼承，僅有法定繼承人，而無指定或選定繼承人。

㈡私產繼承純屬財產繼承性質，與家之觀念無關，故分戶別居、別籍異財之直系卑親屬對家產雖無繼承權，但對於私產仍有繼承權。

㈢私產繼承之法定繼承人之順序如下：

1. 直系卑親屬

第一順序繼承人直系卑親屬有親等不同時，以親等近者為優先。親等相同之直系卑親屬有數人時，按人數共同均分繼承，不分男女、嫡庶、婚生、私生或收養，均得為繼承人。

日據時期招婿（贅夫）對於招家的財產無繼承權，與妻所生之子女，冠母姓者，繼承其母之遺產，冠父姓者，繼承其父之遺產。但父母共同商議決定繼承關係者，從其約定。（繼承登記法令補充規定10）

2. 配偶

無直系血親卑親屬時，由配偶繼承。夫妾婚姻，夫得繼承妾之遺產，但妾非配偶，對夫遺產尚無繼承權可言。（繼承登記法令補充規定23）

3. 直系尊親屬

親等不同者，以親等近者為先。

4. 戶主

無前順位繼承人時，依當時有效之日本民法規定，其遺產應由戶主繼承。嗣後被選為家屬繼承人之戶主，仍得為遺產繼承人。

四、共有人的繼承（繼承登記法令補充規定11）

日據時期共有人中之一人死亡而無合法繼承人時，其他共有人如踐行日本民法所定繼承人曠缺手續，經公示催告為無繼承人後，其應有部分始歸屬於其他共有人。如光復前未踐行此項程序者，應依我國民法繼承編施行法第8條規定其繼承人，如仍無法定繼承人承認繼承時，即應依民法第1177條、1178條所定程序公示催告確定無繼承人後，其遺產歸屬於國庫。

五、養子女、過房子、螟蛉子等之繼承（繼承登記法令補充規定 24～37）

㈠過房子及螟蛉子

是指男子無子而以兄弟之子為後乃同宗立嗣。螟蛉子是指收養異姓人家之子為子，為異宗養子。日據時期養親無子，以立嗣為目的而收養之過房子及螟蛉子，於本省光復後開始繼承者，其繼承順序及應繼分與婚生子女同。

㈡日據時期臺灣有死後養子之習慣，即凡人未滿 20 歲死亡者，得由親屬會議以祭祀死者，並繼承其財產為目的，追立繼承人為其養子，依此目的收養之養子，對死者之遺產得繼承，稱為追立繼承。

六、養女、媳婦仔等之繼承（繼承登記法令補充規定 38～42）

㈠ 媳婦仔對養家財產無繼承權

日據時期媳婦仔係以將來婚配養家男子為目的而收養之異姓幼女，縱本姓上冠以養家之姓，其與養家僅有姻親關係，並無擬制血親關係，性質與養女有別，對養家財產不得繼承，而與其本生父母互有繼承權。

㈡ 養女、媳婦仔與養家間之關係完全不同

養女嗣後被他人收養為媳婦仔，其與養父母之收養關係並不終止，亦不發生一人同時為兩人之養女之情形，其對養父之遺產仍有繼承權。

㈢ 媳婦仔的身分轉換為養女

「無頭對」媳婦仔日後在養家招婿，且所生長子在戶籍上稱為

「孫」者，自該時起該媳婦仔與養家發生準血親關係，即身分轉換爲養女。但媳婦仔如由養家主婚出嫁，除另訂書約或依戶籍記載爲養女外，難謂其身分當然轉換爲養女。

㈣ 光復後需依民法規定認養

光復後養家有意將媳婦仔之身分變更爲養女，應依民法第 1079 條規定訂立書面契約向法院聲請認可，並向戶政機關申報爲養女，否則不能認其具有養女身分。

七、代襲繼承

㈠ 家產與私產的代襲繼承

日據時期家產之第一順序法定之推定財產繼承人於繼承開始前死亡或喪失繼承權時，代襲（代位）財產繼承人限於被代襲人之直系男性卑親屬；至於私產，如被繼承人之直系卑親屬有於繼承開始前死亡或喪失繼承權者，無論被代襲人之直系男卑親屬或直系女卑親屬均得代襲繼承。

㈡ 代襲繼承似在民法的代位繼承

民法第 1138 條所定第一順序之繼承人有於繼承開始前死亡或喪失繼承權者，依同法第 1140 條規定，由其直系血親卑親屬代位繼承其應繼分。

八、拋棄繼承

㈠臺灣光復前的拋棄繼承

日據時期臺灣地區有關繼承權之拋棄，參照民國 25 年 4 月 20 日（昭和 11 年 4 月 20 日）臺灣高等法院上告部及同院覆審部判官聯合總會會議決議，應於繼承開始 3 個月內向管轄地方法院單獨申報後發生效力。於該決議作成前繼承人所為之拋棄繼承，不發生效力，與新修正的民法不同。

㈡臺灣光復前的拋棄繼承與現行民法的規定不同

民法第 1174 條規定，繼承人得拋棄其繼承權。前項拋棄，應於知悉其得繼承之時起 3 個月內以書面向法院為之。並以書面通知因其拋棄而應為繼承之人，但不能通知者，不在此限。

㈢民法第 1174 條 74 年 6 月 4 日以前原規定，拋棄繼承權，應向法院、親屬會議或其他繼承人為之。新修正則僅向法院為之。76 年 6 月 4 日以前因向法院或親屬會議拋棄，手續較為繁複，是以實務上，以向其他繼承人拋棄者居多，但應附印鑑證明書。

第三節　臺灣光復後之繼承登記

一、繼承人之順序與應繼分

繼承事實開始於臺灣光復後，繼承人之種類、順序及應繼分，完全依照民法之規定辦理。繼承開始於民國 74 年 6 月 4 日以前，依修正前民法之規定，繼承開始於 74 年 6 月 5 日以後，依修正後民法之規定。

㈠ 法定繼承人之順序（民法 1138、1141、1144）

除配偶外，依序為：

1. 直系血親卑親屬（第一順序）

⑴ 直系血親卑親屬為第一順序之繼承人，其親等相同者同為

繼承人，若親等不同者以親等近者爲先（民法 1139）。直系血親卑親屬，包括養子女在內（舊民法第 1142 條）。民法第 1166 條規定胎兒爲繼承人，非保留其應繼分，他繼承人不得分割遺產，胎兒關於遺產之分割，以其母爲代理人。故胎兒同屬第一順序之繼承人。

⑵ 應繼分：爲同一順序繼承人之應繼分，按人數平均繼承（民法 1141）。養子女對養父母之遺產，其繼承順序亦爲第一順序（民法修正前第 1142 條），其應繼分與婚生子女同；民法修正生效日（民國 74 年 6 月 4 日）前，其應繼分爲婚生子女 1/2，但養父母無直系血親卑親屬爲繼承人時，其應繼分與婚生子女同。養子女一旦爲人收養後，其與本生父母關係，已告停止，喪失其繼承之權利，若於養親間之繼承關係中，復遭不平等之待遇，顯失法律之公平，爰將舊民法第 1142 條予以刪除，使養子女之繼承順序及應繼分，均與婚生子女適用同一法則。

2. 父母（第二順序）

⑴ 被繼承人之父母，爲第二順序之繼承人，父母包括親生父母、養父母及嗣父母。但養子女或嗣子女與其本生父母間之權利義務，已被停止，只和養父母有相互繼承權。父母再婚後，對於子女遺產之繼承權，亦不受影響。

⑵ 應繼分：被繼承人如無第一順序之繼承人，其遺產由其配偶與其父母共同繼承之（民法 1141）。即配偶爲 1/2、父母爲 1/2。若第二順序繼承人已故者，不得代位繼承。（民法 1140）

3. 兄弟姊妹（第三順序）

⑴ 被繼承人之兄弟姊妹，爲第三順序繼承人（民法 1138 Ⅲ）。所謂兄弟姊妹包括同父母、同父異母及同母異父之兄弟姊妹在內。親生子女、養子女或嗣子女間亦包括在內。

⑵應繼分：應繼分為兄弟姊妹數人平均繼承，配偶與第三順序之繼承人同為繼承時，其應繼分為遺產1/2。第三順序之繼承人於開始繼承前已故者，不得代位繼承。（民法1140）

4. 祖父母（第四順序）

⑴被繼承人之祖父母，為第四順序之繼承人（民法1138 Ⅳ）。祖父母包括外祖父母及養父母之父母。

⑵應繼分：同一順序之繼承人有數人時，按人數平均繼承，配偶與第四順序之繼承人同為繼承時，其應繼分為遺產2/3，祖父母的應繼分為1/3。

㈡ 配偶

1. 配偶有相互繼承遺產之權（民法1144前段），如被繼承人死亡者尚有其他繼承人，得與其共同繼承；如無其他繼承人，得單獨繼承全部遺產。所謂配偶，指繼承開始時，有夫妻關係存在者而言。

2. 應繼分（民法1144）

⑴與民法第1138條所定第一順序之繼承人同為繼承時，其應繼分與他繼承人平均。

⑵與民法第1138條所定第二順序或第三順序之繼承人同為繼承時，其應繼分為遺產1/2。

⑶與民法第1138條所定第四順序之繼承人同為繼承時，其應繼分為遺產2/3。

⑷無民法第1138條所定第一順序至第四順序之繼承人時，其應繼分為遺產全部。

⑸配偶如在繼承開始後再婚、另娶、出贅，其繼承權不受影響。民法親屬編修正前有配偶者發生重婚，如未經利害關係人依修正前民法第992條之規定請求撤銷，其對重婚後配偶之遺產有繼承權。

（內政部 80.10.15 台內地字第 8004720 號函）

二、夫妻聯合財產制之繼承

㈠ 夫妻聯合財產的更名，不屬於繼承

民法第 1017 條於民國 74 年 6 月 4 日修正生效前規定：聯合財產中，妻於結婚時所有之財產，及婚姻關係存續中因繼承或其他無償取得之財產，爲夫或妻之原有財產，各保有其所有權。聯合財產中，夫之原有財產及不屬於妻之原有財產之部分，爲夫所有。民國 74 年 6 月 4 日以前，以妻名義登記之不動產，除妻之原有財產或特有財產外推定爲夫所有，夫或妻於民國 86 年 9 月 26 日以前死亡，得提出規定文件，申請更名登記爲夫所有。（夫妻聯合財產更名登記審查要點1）

㈡ 要件

1. 臺灣光復後至民國 74 年 6 月 4 日以前，以妻名義登記之不動產。（夫妻聯合財產更名登記審查要點 1）

2. 妻之原有財產或特有財產除外。

3. 以妻名義登記之夫妻聯合財產辦理更名登記爲夫所有，應就登記之權利範圍全部爲之。（夫妻聯合財產更名登記審查要點 2）

4. 夫或妻一方或夫妻均於民國 86 年 9 月 26 日以前死亡。

5. 新增民法親屬編施行法第 6 條之 1 規定，中華民國 74 年 6 月 4 日以前結婚，並適用聯合財產制之夫妻，於婚姻關係存續中以妻之名義在同日以前取得不動產，而有下列情形之一者，於本施行法中華民國 85 年 9 月 6 日修正生效 1 年後，適用中華民國 74 年民法親屬編修正後之第 1017 條規定：

⑴ 婚姻關係尚存續中且該不動產仍以妻之名義登記者。

⑵ 夫妻已離婚而該不動產仍以妻之名義登記者。

㈢ 登記時機

參照法務部 103 年 6 月 20 日法律字第 10303503770 號函釋，夫妻聯合財產中，民國 74 年 6 月 4 日以前以妻名義登記之不動產，於民國 86 年 9 月 26 日以前，夫或妻一方死亡或夫妻均死亡者，該財產之歸屬逕推定夫所有，易生爭議。而內政部訂頒之夫妻聯合財產更名登記審查要點第 1 點及第 3 點已配合修正應由申請人提出相關文件證明爲夫所有後，始得申請更名爲夫所有；又該要點第 8 點已規定夫之繼承人就以妻名義登記之夫妻聯合財產申請繼承登記，應先申辦更名登記爲夫名義後始得辦理繼承登記，爰本點無再重複規定之必要。（內政部 103.9.10 內授中辦地字第 10366518403 號令）

三、大陸人民的繼承

㈠ 大陸人民的定義

1. 指在大陸地區設有戶籍之人民。（臺灣地區與大陸地區人民關係條例 2 Ⅳ）

2. 本條例關於大陸地區人民之規定，於大陸地區人民旅居國外者，適用之。（臺灣地區與大陸地區人民關係條例 3）

3. 本條例關於大陸地區人民之規定，包括下列人民：

⑴ 在大陸地區出生並繼續居住之人民，其父母雙方或一方爲大陸地區人民者。

⑵ 在臺灣地區出生，其父母均爲大陸地區人民者。

⑶ 在臺灣地區設有戶籍，中華民國 90 年 2 月 19 日以前轉換身分爲大陸地區人民，未依第 6 條規定回復臺灣地區人民身分者。

⑷ 依本條例第 9 條之 1 第 2 項規定在大陸地區設有戶籍或領用大陸地區護照，而喪失臺灣地區人民身分者。（臺灣地區與大陸地區人民關係條例施行細則 5）

4. 臺灣地區與大陸地區人民關係條例施行細則第6條：

中華民國76年11月2日起，迄中華民國90年2月19日間前往大陸地區繼續居住逾四年致轉換身分爲大陸地區人民，其在臺灣地區原設有戶籍，且未在大陸地區設有戶籍或領用大陸地區護照者，得申請回復臺灣地區人民身分，並返臺定居。

前項申請回復臺灣地區人民身分有下列情形之一者，主管機關得不予許可其申請：

⑴現（曾）擔任大陸地區黨務、軍事、行政或具政治性機關（構）、團體之職務或爲其成員。

⑵有事實足認有危害國家安全、社會安定之虞。

依第1項規定申請回復臺灣地區人民身分，並返臺定居之程序及審查基準，由主管機關另定之。

5. 本條例第3條所定大陸地區人民旅居國外者，包括在國外出生，領用大陸地區護照者。但不含旅居國外4年以上之下列人民在內：（臺灣地區與大陸地區人民關係條例施行細則7）

⑴取得當地國籍者。

⑵取得當地永久居留權並領有我國有效護照者。

前項所稱旅居國外4年之計算，指自抵達國外翌日起，4年間返回大陸地區之期間，每次未逾30日而言；其有逾30日者，當年不列入4年之計算。但返回大陸地區有下列情形之一者，不在此限：

⑴懷胎7月以上或生產、流產，且自事由發生之日起未逾2個月。

⑵罹患疾病而離開大陸地區有生命危險之虞，且自事由發生之日起未逾2個月。

⑶大陸地區之二親等內之血親、繼父母、配偶之父母、配偶或子女之配偶在大陸地區死亡，且自事由發生之日起未逾2個月。

⑷遇天災或其他不可避免之事變，且自事由發生之日起未逾

1個月。

㈡ 繼承應於繼承開始3年內表示

大陸地區人民繼承臺灣地區人民之遺產，應於繼承開始起3年內以書面向被繼承人住所地之法院爲繼承之表示；逾期視爲拋棄其繼承權。繼承在本條例施行前開始者，期間自臺灣地區與大陸地區人民關係條例施行之日（中華民國81年8月2日）起算。（臺灣地區與大陸地區人民關係條例66 Ⅰ、Ⅲ）

㈢ 繼承之額度以200萬元爲限

臺灣地區與大陸地區人民關係條例第67條：被繼承人在臺灣地區之遺產，由大陸地區人民依法繼承者，其所得財產總額，每人不得逾新臺幣200萬元。超過部分，歸屬臺灣地區同爲繼承之人；臺灣地區無同爲繼承之人者，歸屬臺灣地區後順序之繼承人；臺灣地區無繼承人者，歸屬國庫。

前項遺產，在本條例施行前已依法歸屬國庫者，不適用本條例之規定。其依法令以保管款專戶暫爲存儲者，仍依本條例之規定辦理。

遺囑人以其在臺灣地區之財產遺贈大陸地區人民、法人、團體或其他機構者，其總額不得逾新臺幣200萬元。

第1項遺產中，有以不動產標的者，應將大陸地區繼承權利折算爲價額。但其爲臺灣地區繼承人賴以居住之不動產者，大陸地區繼承人不得繼承之，於定大陸地區繼承人應得部分時，其價額不計入遺產總額。

㈣ 遺產之管理

臺灣地區與大陸地區人民關係條例第67條之1：前條第1項遺產事件，其繼承人全部爲大陸地區人民者，除應適用第68條之情形者外，由繼承人、利害關係人或檢察官聲請法院指定財政部國有財產署爲遺產管理人，管理其遺產。被繼承人之遺產依法應登記者，遺產管理人應向該管登記機關登記。

㈤ 准許繼承者，應備下列文件

1. 法院准許繼承之證明文件。

2. 大陸地區繼承人身分證明文件。

3. 大陸地區人民已受領繼承財產應得對價之證明文件、其應得之對價已依法提存之證明文件、遺產分割協議書（依兩岸人民關係條例第 67 條第 1 項規定，大陸地區人民依法繼承所得財產總額，每人不得逾新臺幣 200 萬元）或其同意申請人辦理繼承登記之同意書。上開已受領對價之證明文件、協議書或同意書，應經財團法人海峽基金會驗證。（內政部 82.1.15 台內地字第 8113186 號函）

第四節　遺產繼承登記的種類

一、均分繼承

㈠民法第 1138 條：「遺產繼承人，除配偶外，依左列順序定之：1. 直系血親卑親屬。2. 父母。3. 兄弟姊妹。4. 祖父母。」

㈡民法第 1141 條：「同一順序之繼承人有數人時，按人數平均繼承。但法律另有規定者，不在此限。」

㈢民法第 1144 條：「配偶有相互繼承遺產之權，其應繼分，依左列各款定之：

1. 與第 1138 條所定第一順序之繼承人同爲繼承時，其應繼分與他繼承人平均。

2. 與第 1138 條所定第二順序或第三順序之繼承人同為繼承時，其應繼分為遺產 1/2。

3. 與第 1138 條所定第四順序之繼承人同為繼承時，其應繼分為遺產 2/3。

4. 無第 1138 條所定第一順序至第四順序之繼承人時，其應繼分為遺產全部。」

二、公同共有繼承

㈠ 遺產分割前為公同共有

依民法第 1151 條規定：「繼承人有數人時，在分割遺產前，各繼承人對於遺產全部為公同共有。」

㈡ 公同共有遺產的管理

依民法第 1152 條規定：「前條公同共有之遺產，得由繼承人中互推一人管理之。」

㈢ 繼承遺產按比例負擔債務

依民法第 1153 條規定：「繼承人對於被繼承人之債務，以因繼承所得遺產為限，負連帶責任。繼承人相互間對於被繼承人之債務，除法律另有規定或另有約定外，按其應繼分比例負擔之。」

㈣ 辦理共同公有或分割共有之登記

繼承人為二人以上，部分繼承人因故不能會同其他繼承人共同申辦繼承登記時，得由其中一人或數人為全體繼承人之利益，就被繼承人之土地，申請為公同共有之登記。其經繼承人全體同意者，得申請為分別共有之登記。登記機關於登記完畢後，應將登記結果通知他繼

承人。（土地登記規則 120）

㈤ 遺產管理人之登記

遺產管理人就其所管理之土地申請遺產管理人登記時，除法律另有規定外，應提出親屬會議選定或經法院選任之證明文件。（土地登記規則 122）

三、分割繼承

㈠ 遺產分割之意義

遺產分割者，乃遺產共同繼承人，以消滅遺產之公同共有關係爲目的之法律行爲。

㈡ 遺產分割之自由

繼承人除法律另有規定或契約另有訂定外，得隨時請求分割遺產。（民法 1164）

㈢ 遺產分割之限制

1. 遺囑禁止分割者

民法第 1165 條第 2 項遺囑禁止遺產分割者，其禁止之效力以 10 年爲限。

2. 契約禁止分割

繼承人得訂立契約，不分割遺產，但其期間不得逾 5 年。（民法 823）

3. 須保留胎兒應繼分

胎兒爲繼承人時，非保留其應繼分，他繼承人不得分割遺產。（民法 1166）

㈣ 遺產分割之方法

1. 遺囑分割

被繼承人之遺囑，定有分割遺產之方法，或託他人代定者，從其所定。（民法 1165）

2. 協議分割

無遺囑時由繼承人協議定之。不能協議者，聲請法院定之。若被繼承人遺有多筆遺產，得經全體繼承人一致同意，以消滅遺產之公同共有關係爲目的，訂定遺產分割協議書，協議按其所得部分爲取得遺產所有權之繼承登記。

㈤ 分割之效力

1. 遺產分割前，爲各繼承人公同共有。

2. 遺產分割後，各繼承人按其所得部分，對於他繼承人因分割而得之遺產，負與出賣人同一之擔保責任。（民法 1168）

3. 遺產分割後，各繼承人按其所得部分，對於他繼承人因分割而得之債權，就遺產分割時債務人之支付能力，負擔保之責。前項債權，附有停止條件或未屆清償期者，各繼承人就應清償時債務人之支付能力，負擔保之責。（民法 1169）

4. 遺產分割後，按各繼承人協議的內容，可將取得部分的遺產登記爲單獨所有。遺產分割協議書須各繼承人同意。

5. 辦理遺產分割繼承登記，不論分割之結果與應繼分是否相

當，不課徵土地增值稅或契稅。（繼承登記法令補充規定 103）

四、拋棄繼承

㈠ 拋棄繼承之意義

拋棄繼承係指繼承人於繼承開始後概括放棄，遺產上的一切權利和義務之意思表示。依民法規定繼承之效力，因繼承開始當然發生，不須繼承人之意思表示，但應於「知悉其得為繼承之時」起 3 個月內，以書面向法院拋棄繼承，使其個人喪失繼承權。

㈡ 拋棄之期間

繼承人得拋棄其繼承權。前項拋棄，應於知悉其得繼承之時起 3 個月內為之。（民法 1174）

1. 所謂「知悉」其得繼承之時起 3 個月內拋棄繼承權，該期間之起算，係以繼承人知悉被繼承人死亡之時為準，非自被繼承人死亡之時或自繼承人知悉被繼承人遺有財產之時起算，逾期拋棄，不生效力。

2. 先順序繼承人拋棄繼承，次順序應為繼承之人欲拋棄繼承權者，其拋棄期間 3 個月之計算，應自知悉先順序繼承人拋棄繼承致其得為繼承人時起算，而非自知悉被繼承人死亡之時起算。

3. 被繼承人被法院判決宣告死亡後，其繼承人拋棄繼承權之期間應自法院宣示（指受送達之繼承人）或送達宣告死亡判決之翌日起算，不以判決內所確定死亡之時為準。

㈢ 拋棄之效力

1. 拋棄繼承生效之時期：繼承之拋棄，溯及於繼承開始時發生效力。（民法 1175）

2. 繼承人拋棄繼承後，其應繼分不適用代位繼承的規定，應繼分應依民法第 1176 條歸屬同一順位或下一順位之繼承人，而非由其子女代位繼承。

㈣ 繼承拋棄，該繼承人之應繼分之歸屬

1. 民法第 1176 條規定：

⑴ 第一順序之繼承人中有拋棄繼承權者，其應繼分歸屬於其他同為繼承之人。

⑵ 第二順序至第四順序之繼承人中，有拋棄繼承權者，其應繼分歸屬於其他同一順序之繼承人。

⑶ 與配偶同為繼承之同一順序繼承人均拋棄繼承權，而無後順序之繼承人時，其應繼分歸屬於配偶。

⑷ 配偶拋棄繼承權者，其應繼分歸屬於與其同為繼承之人。

⑸ 第一順序之繼承人，其親等近者均拋棄繼承權時，由次親等之直系血親卑親屬繼承。

⑹ 先順序繼承人均拋棄其繼承權時，由次順序之繼承人繼承。其次順序繼承人有無不明或第四順序之繼承人均拋棄其繼承權者，準用關於無人承認繼承之規定。

⑺ 因他人拋棄繼承而應為繼承之人，為限定繼承或拋棄繼承時，應於知悉其得繼承之日起 3 個月內為之。

2. 民法第 1176 條之 1 規定：「拋棄繼承權者，就其所管理之遺產，於其他繼承人或遺產管理人開始管理前，應與處理自己事務為同一之注意，繼續管理之。」

㈤ 拋棄之方式

繼承之拋棄為要式行為，不依法定方式為之者，亦屬無效。繼承開始前預為繼承權之拋棄者無效。拋棄須就其應繼分全部為之，拋棄

後不得撤銷，拋棄不得附以條件。

1. 依程序從新原則，民國 97 年 1 月 2 日以後，繼承人應於知悉其得繼承之時起 3 個月內，以書面向法院爲之。

2. 民國 74 年 6 月 5 日以後～97 年 1 月 2 日前：繼承之拋棄應於知悉其得繼承之時起 2 個月內以書面向法院爲之，並以書面通知因其拋棄而應爲繼承之人，但不能通知者，不在此限。

3. 民國 74 年 6 月 4 日以前：民法修正前原條文拋棄係以書面向法院、親屬會議或其他繼承人爲之。但親屬會議並非常設機構，向親屬會議爲拋棄繼承表示，窒礙難行。而向其他繼承人以書面表示，應附拋棄書及印鑑證明，常會有倒填年月日，僞造拋棄證明文件等情事，故以書面向法院爲之，並以書面通知因其拋棄而應爲繼承之人，最爲確實易行。

4. 法院依非訟事件程序予以審查，就當事人拋棄繼承之表示，是否符合拋棄繼承之規定分別爲「准予備查」或「駁回」之裁定，此項裁定不必作成裁定書，只需記載於拋棄繼承之書狀內，由法院通知拋棄繼承當事人。當事人拋棄繼承，應就其拋棄爲合法之事實負舉證之責，法院則依非訟事件法第 16 條規定，得依職權調查其事實及必要之證明。

㈥ 拋棄繼承權後發現遺產漏辦登記

繼承開始於民國 74 年 6 月 4 日以前，部分繼承人拋棄繼承權，於登記完畢後發現尚有部分遺產漏辦登記，補辦繼承登記時，倘原繼承登記申請書件已逾保存年限經依規定銷毀者，其繼承人以土地登記簿所載者爲準，免再添附部分繼承人之繼承權拋棄書。惟申請人應於繼承系統表內記明其事由，並自負損害賠償之法律責任。（繼承登記法令補充規定 58）

五、代位繼承

㈠ 代位繼承之意義

代位繼承者乃指民法第 1138 條所定第一順序之繼承人，有於繼承開始前死亡或喪失繼承權者，由其直系血親卑親屬代位繼承其應繼分。（民法 1140）

㈡ 代位繼承之要件

1. 須被代位人於繼承開始前死亡，或喪失繼承權，始可代位繼承。若繼承人於被繼承人死亡後死亡，則屬於「再轉繼承」。所謂死亡包括自然死亡及死亡宣告。所謂喪失繼承權，依民法第 1145 條規定有下列各款情事之一者，喪失其繼承權：

⑴ 故意致被繼承人或應繼承人於死或雖未致死因而受刑之宣告者。

⑵ 以詐欺或脅迫使被繼承人爲關於繼承之遺囑，或使其撤回或變更之者。

⑶ 以詐欺或脅迫妨害被繼承人爲關於繼承之遺囑，或妨害其撤回或變更之者。

⑷ 僞造、變造、隱匿或湮滅被繼承人關於繼承之遺囑者。

⑸ 對於被繼承人有重大之虐待或侮辱情事，經被繼承人表示其不得繼承者。

前項第 2 款至第 4 款之規定，如經被繼承人宥恕者，其繼承權不喪失。

2. 以第一順序直系血親卑親屬之繼承人爲限，第二、第三、第四順序繼承人則不能代位繼承。

3. 代位繼承人及被代位繼承人均須爲被繼承人之直系血親卑親屬，得代位之親等，並無限制。但配偶、婚生子女之配偶及其他順序之繼承人並無代位繼承權。

4. 代位繼承人以繼承原繼承人之應繼分爲限。

六、限定繼承

㈠ 限定繼承之意義

民法第 1148 條：「繼承人自繼承開始時，除本法另有規定外，承受被繼承人財產上之一切權利、義務。但權利、義務專屬於被繼承人本身者，不在此限。繼承人對於被繼承人之債務，以因繼承所得遺產爲限，負清償責任。」

民法第 1154 條：「繼承人對於被繼承人之權利、義務，不因繼承而消滅。」

㈡ 限定繼承之方式

1. 時間：繼承人於知悉其得繼承之時起 3 個月內開具遺產清冊陳報法院。前項 3 個月期間，法院因繼承人之聲請，認爲必要時，得延展之。繼承人有數人時，其中一人已依第 1 項開具遺產清冊陳報法院者，其他繼承人視爲已陳報。（民法 1156）

2. 債權人得向法院聲請命繼承人於 3 個月內提出遺產清冊。法院於知悉債權人以訴訟程序或非訟程序向繼承人請求清償繼承債務時，得依職權命繼承人於 3 個月內提出遺產清冊。（民法 1156-1）

3. 公告報明債權：繼承人依民法第 1156 條及 1156 條之 1 規定陳報法院時，法院應依公示催告程序公告，命被繼承人之債權人於一定期限內報明其債權，期間不得在 3 個月以下。（民法 1157）

4. 繼承人在前條所定之一定期限內，不得對於被繼承人之任何債權人償還債務。（民法 1158）

5. 前條所定之一定期限屆滿後，繼承人對於在該一定期限內報明之債權及繼承人所已知之債權，均應按其數額比例計算，以遺產分別清償，但不得有害及優先權人之利益。繼承人對於繼承開始時未屆清償期之債權，亦應依第 1 項規定予以清償。前項未屆清償期之債權，於繼承開始時，視爲已到期。其無利息者，其債權額應扣除自第 1157 條所定之一定期限屆滿時起至到期時止之法定利息。（民法 1159）

6. 繼承人非依民法第 1159 條規定，償還債務後，不得對於受遺贈人交付遺贈。（民法 1160）

㈢ 限定繼承之效果

繼承人得限定以因繼承所得之遺產，償還被繼承人之債務。償還被繼承人之債務，尚有不足時，繼承人亦不負責，債權人亦不得就繼承人固有之財產爲清償之請求。古謂父債子還，主張限定繼承時，不能成立。債務人則只能對被繼承人的遺產請求，繼承人以所得遺產爲限，負清償責任。但是限定繼承對於債權人證明顯失公平者，不在此限。

繼承在民法繼承編中華民國 98 年 5 月 22 日修正施行前開始，繼承人未逾修正施行前爲限定繼承之法定期間，且未爲概括繼承之表示或拋棄繼承者，自修正施行之日起，適用修正後民法第 1148 條、第 1153 條至第 1163 條之規定。

繼承在民法繼承編中華民國 98 年 5 月 22 日修正施行前開始，繼承人對於繼承開始以前已發生代負履行責任之保證契約債務，以所得遺產爲限，負清償責任；但債權人證明顯失公平者，不在此限。

繼承在民法繼承編中華民國 98 年 5 月 22 日修正施行前開始，繼承人已依民法第 1140 條之規定代位繼承，以所得遺產爲限，負清償責任。但債權人證明顯失公平者，不在此限。

繼承在民法繼承編中華民國 98 年 5 月 22 日修正施行前開始，

繼承人因不可歸責於己之事由或未同居共財者，於繼承開始時無法知悉繼承債務之存在，致未能於修正施行前之法定期間為限定或拋棄繼承，以所得遺產為限，負清償責任。但債權人證明顯失公平者，不在此限。

前 3 項繼承人依修正施行前之規定已清償之債務，不得請求返還。（民法繼承編施行法 1-3）

七、遺贈

㈠ 意義

遺贈者，遺囑人以遺囑對於他人無償給與財產之謂也。

㈡ 會同申請

1. 先辦繼承登記及遺囑執行人登記

受遺贈人申辦遺贈之土地所有權移轉登記，如遺囑另指定有遺囑執行人時，應於辦畢繼承登記及遺囑執行人登記後，由遺囑執行人會同受遺贈人申請之。（土地登記規則 123 Ⅰ後段）

2. 無指定遺囑執行人先辦繼承登記

受遺贈人申辦遺贈之土地所有權移轉登記，如遺囑無指定遺囑執行人時，應由繼承人先辦繼承登記後，由繼承人會同受遺贈人申請之。（土地登記規則 123 Ⅰ前段）

3. 繼承人有無不明

受遺贈人申辦遺贈之土地所有權移轉登記，繼承人之有無不明時，應於辦畢遺產管理人登記後，由其會同受遺贈人申請之。（土地登記規則 123 Ⅱ）

4. 繼承人有無不明依無人承認繼承

被繼承人死亡時，其繼承人之有無不明者，雖其生前以遺囑指定有遺囑執行人，惟並不能排除民法有關無人承認繼承規定之適用。（繼承登記法令補充規定 76）

㈢ 應依遺囑內容辦理繼承登記

被繼承人以遺囑就其遺產指定繼承人之應繼分，非屬遺贈性質，應依遺囑內容辦理繼承登記。（內政部 81.6.20 台內地字第 8181523 號函）

㈣ 遺贈土地之所有權移轉登記

受遺贈人申辦遺贈之土地所有權移轉登記，應由繼承人先辦繼承登記後，由繼承人會同受遺贈人申請之；如遺囑另指定有遺囑執行人時，應於辦畢遺囑執行人及繼承登記後，由遺囑執行人會同受遺贈人申請之。前項情形，於繼承人有無不明時，仍應於辦畢遺產管理人登記後，由遺產管理人會同受遺贈人申請之。（土地登記規則 123）

第五節 無人承認之繼承

一、無人承認繼承之意義

民法第 1177 條規定，繼承開始時，繼承人之有無不明者，由親屬會議於 1 個月內選定遺產管理人，並將繼承開始及選定遺產管理人之事由，向法院報明。

二、遺產管理人之管理

㈠ 繼承人之搜索

親屬會議依前條規定為報明後，法院應依公示催告程序，定 6 個月以上之期限，公告繼承人，命其於期限內承認繼承。無親屬會議或親屬會議未於前條所定期限內選定遺產管理人者，利害關係人或檢察官，得聲請法院選任遺產管理人，並由法院依前項規定為公示催告。（民法 1178）

㈡ 遺產管理人之職務

1. 編製遺產清冊。
2. 為保存遺產必要之處置。
3. 聲請法院公示催告債權人及受遺贈人報明。
4. 清償債權或交付遺贈物。
5. 有人承認繼承或應歸屬國庫時，移交遺產。

三、無人承認繼承時，財產之歸屬

㈠ 無繼承人承認繼承時

法院公示催告所定之期限屆滿，無人承認繼承時，其遺產於清償債權，並交付遺贈物後，如有賸餘，歸屬國庫。（民法 1185）

㈡ 不動產逾期未申請繼承登記，依土地法第 73 條之 1 處理

1. 土地或建築改良物，自繼承開始之日起逾 1 年未辦理繼承登記者，經該管直轄市或縣市地政機關查明後，應即公告繼承人於 3 個月內聲請登記，並以書面通知繼承人；逾期仍未聲請者，得由地政機

關予以列冊管理。但有不可歸責於聲請人之事由，其期間應予扣除。

2. 前項列冊管理期間為 15 年，逾期仍未聲請登記者，由地政機關書面通知繼承人及將該土地或建築改良物清冊移請財政部國有財產署公開標售。繼承人占有或第三人占有無合法使用權者，於標售後喪失其占有之權利；土地或建築改良物租賃期間超過 5 年者，於標售後以 5 年為限。

3. 依第 2 項規定標售土地或建築改良物前應公告 3 個月，繼承人、合法使用人或其他共有人就其使用範圍依序有優先購買權。但優先購買權人未於決標後 30 日內表示優先購買者，其優先購買權視為放棄。

4. 標售所得之價款應於國庫設立專戶儲存，繼承人得依其法定應繼分領取。逾 10 年無繼承人申請提領該價款者，歸屬國庫。

5. 第 2 項標售之土地或建築改良物無人應買或應買人所出最高價未達標售之最低價額者，由財政部國有財產署定期再標售，於再行標售時，財政部國有財產署應酌減拍賣最低價額，酌減數額不得逾 20%。經 5 次標售而未標出者，登記為國有並準用第 2 項後段喪失占有權及租賃期限之規定。自登記完畢之日起 10 年內，原權利人得檢附證明文件按其法定應繼分，向國有財產署申請就第 4 項專戶提撥發給價金；經審查無誤，公告 90 日期滿無人異議時，按該土地或建築改良物第 5 次標售底價分算發給之。

㈢ 無人承認繼承之遺產之登記加註字樣

無人承認繼承之遺產，依民法第 1185 條規定，應歸屬國庫者，財政部國有財產署申請國有登記時，應於申請書備註欄加註「確依民法規定完成公示催告程序，期間屆滿無人主張權利」等字樣。（繼承登記法令補充規定 59）

第六節　繼承登記之應備文件

一、申報遺產稅，取得遺產稅繳清（免納）證明，或不計入遺產總額證明

在申請繼承登記之前，須備齊文件向國稅局申報遺產稅，取得遺產及贈與稅法第 42 條之四種文件，辦理繼承登記。遺產及贈與稅法第 42 條：「地政機關及其他政府機關，或公私事業辦理遺產或贈與財產之產權移轉登記時，應通知當事人檢附稽徵機關核發之稅款繳清證明書，或核定免稅證明書，或不計入遺產總額證明書，或不計入贈與總額證明書，或同意移轉證明書之副本；其不能繳附者，不得逕爲移轉登記。」

二、應備文件

㈠登記申請書。

㈡登記清冊：分割繼承時得免附。

㈢戶籍謄本：（土地登記規則 119）

1. 載有被繼承人死亡之戶籍謄本

被繼承人死亡日期之認定，應以戶籍登記簿記載之死亡日期爲準，能以電腦處理達成查詢者，得免提出，因法院判決繼承登記者免附。

2. 繼承人現在之戶籍謄本

不得以戶口名簿影本或身分證影本代替，能以電腦處理達成查詢者，得免提出。

㈣繼承系統表：（土地登記規則 119 Ⅳ）

1. 由申請人依民法有關規定自行訂定並註明：「如有遺漏或錯誤致他人受損害者，申請人願負法律責任」，並簽名。

2. 法院判決繼承登記者免附。

㈤土地、建物所有權狀或他項權利證明書

如無法檢附者，應由繼承人出具切結書，並於登記完畢由地政事務所公告作廢。

㈥遺產稅繳（免）納證明書或其他有關證明文件

地政機關及其他政府機關，或公私事業辦理遺產或贈與財產之產權移轉登記時，應通知當事人檢附稽徵機關核發之稅款繳清證明書，或核定免稅證明書，或不計入遺產總額證明書，或不計入贈與總額證明書，或同意移轉證明書之副本；其不能繳附者，不得逕爲移轉登記。（遺產及贈與稅法 42、土地登記規則 119）

㈦法院准予備查之繼承權拋棄文件：（土地登記規則 119）

1. 74 年 6 月 5 日以後發生繼承，合法繼承人中有拋棄其繼承權者，應以書面向法院爲之，檢附法院准予備查之證明文件。

2. 法院判決繼承登記者，免附。

㈧繼承權拋棄書：（土地登記規則 119）

1. 74 年 6 月 4 日以前發生繼承而以書面向法院、親屬會議或其他繼承人表示拋棄者，檢附之。

2. 拋棄人應親自到場在拋棄書內簽名。

3. 法院判決繼承登記者，免附。

㈨印鑑證明

1. 向其他繼承人表示拋棄者或遺產分割時檢附之。

2. 由父母代爲拋棄或代爲協議分割時，應加附其印鑑證明。

3. 拋棄繼承權證件，由法院核准備查者免附或遺產分割書經法院公證者免附。

㈩遺產分割契約書或協議書

繼承人分割遺產時檢附之。

㈩印花稅繳納收據

遺產分割協議書應按不動產價值 1‰ 貼印花稅票。

㈪遺囑

遺囑繼承時檢附，應符合民法規定。

㈫代管費用繳納證明文件

於代管期間內申辦繼承登記之土地檢附之。

㈬法院准許繼承之證明文件

大陸地區人民經法院准許繼承者，由臺灣地區人民申辦繼承登記時檢附之。但如屬臺灣地區繼承人賴以居住，經申請人聲明並切結者免附。

㈭提存之證明文件或同意書

大陸地區人民經法院准許繼承者，應檢附大陸地區人民已受領繼承財產應得對價之證明文件、其應得之對價已依法提存之證明文件、遺產分割協議書（依兩岸人民關係條例第 67 條第 1 項規定，大陸地區人民依法繼承所得財產總額，每人不得逾新臺幣 200 萬元）或其同意申請人辦理繼承登記之同意書。上開已受領對價之證明文件、協議書或同意書，應經財團法人海峽交流基金會驗證。

㈮切結書

申辦繼承登記之不動產，爲依兩岸人民關係條例第 67 條第 4 項規定屬臺灣地區繼承人賴以居住，經申請人書面聲明並切結如有不實願負法律責任者，無須檢附第 ㈣ 點規定之文件（內政部 82.1.15 台內地字第 8113186 號函）。即免附上述 ㈬、㈭ 之文件。

三、申請登記事由：為繼承登記

四、登記原因

(一) 繼承

土地、建物所有權人或他項權利人死亡，所爲之繼承登記。

(二) 贈與

登記名義人死亡，以其土地、建物權利遺贈於法定繼承人以外之他人所爲之登記。

(三) 分割繼承

登記名義人死亡，各繼承人間依協議分割繼承土地、建物權利所爲之登記。

五、登記原因日期

爲被繼承人死亡之日期。

附錄表格

表 8-1　土地登記申請書（繼承）

表 8-2　繼承登記清冊

表 8-3　繼承系統表

表 8-4　遺產分割協議書

表 8-5　家事聲請狀（拋棄繼承）

表 8-6　繼承登記未附權狀切結書

表 8-1 土地登記申請書（繼承）

S0700005401

收件	日期	年 月 日 時 分	收件者章	
	字號	字第 號		

連件序別（非連件者免填）	共 件	第 件

登記費	元	合計	元
書狀費	元	收據	字 號
罰鍰	元	核算者	

土地登記申請書

(1)受理機關	○○縣 ○○市 地政事務所 □跨所申請	資料管轄機關	縣市 地政事務所	(2)原因發生日期	中華民國 95 年 7 月 15 日

(3)申請登記事由（選擇打∨一項）	(4)登記原因（選擇打∨一項）
□ 所有權第一次登記	□ 第一次登記
☑ 所有權移轉登記	□ 買賣 □ 贈與 ☑繼承 □ 分割繼承 □ 拍賣 □ 共有物分割 □
□ 抵押權登記	□ 設定 □ 法定 □
□ 抵押權塗銷登記	□ 清償 □ 拋棄 □ 混同 □ 判決塗銷 □
□ 抵押權內容變更登記	□ 權利價值變更 □ 權利內容等變更 □
□ 標示變更登記	□ 分割 □ 合併 □ 地目變更 □
□	□

(5)標示及申請權利內容 詳如□ 契約書 ☑登記清冊 □ 複丈結果通知書 □ 建物測量成果圖 □

(6)附繳證件			
	1. 繼承系統表 1 份	4. 土地所有權狀 1 份	7.
	2. 戶籍謄本 1 份（能以電腦處理達成查詢者免附）	5. 建物所有權狀 1 份	8.
	3. 遺產稅繳（免）稅證明 1 份	6.	

(7)委任關係	本土地登記案之申請委託 陳○美 代理。 複代理。 委託人確為登記標的物之權利人或權利關係人，並經核對身分無誤，如有虛偽不實，本代理人(複代理人)願負法律責任。代理人印	(8)聯絡方式	權利人電話	04-2250----
			義務人電話	04-2381----
			代理人聯絡電話	04-2257----
			傳真電話	04-2658----
(9)備註	本人並非以代理他人申請土地登記為業，且未收取報酬，如有不實，願負法律責任。代理人印 95 年 7 月 20 日 本人未給付報酬予代理人，如有不實，願負法律責任。印		電子郵件信箱	PDA@-----
			不動產經紀業名稱及統一編號	
			不動產經紀業電話	

S0700005401

(10)	(11) 權利人或義務人	(12) 姓名或名稱	(13) 出生年月日	(14) 統一編號	(15) 住所 縣市	鄉鎮市區	村里	鄰	街路	段	巷	弄	號	樓		(16) 簽章
申	被繼承人	李○光		N10*****78	○○縣	○○市			黎○路				18			
請	繼承人兼法定代理人	李○天	40.11.11	N12*****80	同	上										印
	繼承人	李○地	70.6.8	N12*****34	同	上										印
人																
	代理人	陳○美	50.5.5	C20*****01	○○縣	○○市			忠○街				66			代理人印

本案處理經過情形（以下各欄申請人請勿填寫）	初審	複審	核定	登簿	校簿	書狀列印	校狀	書狀用印
				地價異動	通知領狀	異動通知	交付發狀	歸檔

表 8-2　繼承登記清冊

S0700005402

登　記　清　冊　申請人 李○天 李○地 簽章 印 印									
土地標示	(1)坐落	鄉鎮市區	八德區						
		段	大湳	以					
		小段		下					
	(2)地號		888	空					
	(3)面積（平方公尺）		77	白					
	(4)權利範圍		全部						
	(5)備註		李○天、李○地各持分 2 分之 1						

S0700005402

建物標示	(6)建號		9351			
	(7)門牌	鄉鎮市區	八德區			
		街路	黎明路	以		
		段巷弄		下		
		號樓	34	空		
	(8)建物坐落	段	大湳	白		
		小段				
		地號	888			
	(9)面積（平方公尺）	地面層	36.71			
		第二層	36.71			
		第三層	36.71			
		第四層	24.11			
		共計	134.24			
	(10)附屬建物	用途	露臺、平臺 雨遮、陽臺			
		面積（平方公尺）	12.60、10.03 4.08、6.60			
	(11)權利範圍		全部			
	(12)備註		李○天、李○地 各2分之1			

表 8-3　繼承系統表

繼　承　系　統　表（填寫範例）

	長子李〇天	出生日期：〇年〇月〇日 ■繼承□拋棄□無繼承權□絕嗣
	次子李〇地	出生日期：〇年〇月〇日 ■繼承□拋棄□無繼承權□絕嗣
被繼承人：李〇光 ○年○月○日出生 ○年○月○日死亡	三子	出生日期：　年　月　日 □繼承□拋棄□無繼承權□絕嗣
	四子	出生日期：年　月　日 □繼承□拋棄□無繼承權□絕嗣
	五子	出生日期：　年　月　日 □繼承□拋棄□無繼承權□絕嗣
	長女李〇玲	出生日期：〇年〇月〇日 ■繼承□拋棄□無繼承權□絕嗣
配偶：林〇美 ○年○月○日出生 ○年○月○日 死亡	次女李〇香	出生日期：〇年〇月〇日 ■繼承□拋棄□無繼承權□絕嗣
	三女	出生日期：年　月　日 □繼承□拋棄□無繼承權□絕嗣
	四女	出生日期：　年　月　日 □繼承□拋棄□無繼承權□絕嗣
	五女	出生日期：　年　月　日 □繼承□拋棄□無繼承權□絕嗣

上列繼承系統表係參酌民法繼承編第1138 條至 1140 條之規定訂立。如有遺漏或錯誤致他人受損害者，由繼承人負損害賠償及有關法律上之完全責任。

繼承人：李〇天　　印　　蓋章

繼承人：李〇地　　印　　蓋章

繼承人：李〇玲　　印　　蓋章

繼承人：李〇香　　印　　蓋章

中　華　民　國　102　年　01　月　01　日

表 8-4　遺產分割協議書

遺　產　分　割　協　議　書（填寫範例）

立協議書人王○成等 5 人係被繼承人王○明之合法繼承人，因被繼承人於 94 年2月1日死亡 ，為日後管理遺產便利起見，經立協議書人一致同意，按下列方式分割遺產，俾據以辦理繼承登記。

土地標示：
樹林市育英段1地號，面積100平方公尺，權利範圍：全部，由王○成、王○益各繼承2分之1

建物標示：
門牌：樹林市中山路1號
樹林區育英段2建號，權利範圍：全部，由王○成、王○益各繼承2分之1

現金：新臺幣參拾萬元整由王○慧繼承

立協議書人（全體繼承人）：
王○成（簽名並加蓋印鑑章）
王○益（簽名並加蓋印鑑章）
王○慧（簽名並加蓋印鑑章）

中　華　民　國　○　○　年　○　○　月　○　○　日

表 8-5　家事聲請狀（拋棄繼承）

法院書狀參考範例

家事聲請狀（聲明拋棄繼承准予備查）

承辦股別：

案號：　　年度　　字第　　號

訴訟標的金額或價額：新臺幣　　元

聲請人：

國民身分證統一編號：

（如為法人或非本國人，請勾選身分證明文件如下：□營利事業登記證□護照□居留證□工作證□其他。證號：　　）

性別：□男□女□其他

生日：

戶籍地：

現住地：□同戶籍地。

□其他：

電話：

傳真：

電子郵件位址：

送達代收人：

送達處所：

法院書狀參考範例

為聲明拋棄繼承權請准予備查事：

聲請人為被繼承人○○○（出生年月日、國民身分證統一編號、最後住所地地址）之合法繼承人，

□被繼承人於民國○○年○月○日死亡，

□聲請人於民國○○年○月○日接獲前一順位繼承人拋棄繼承通知書，始知悉繼承開始，

聲請人自願拋棄繼承權，除分別通知其他繼承人外，依法檢陳被繼承人□死亡證明書□除戶戶籍謄本一份、聲請人戶籍謄本○份、繼承系統表、繼承權拋棄通知書收據等如附件，具狀聲明拋棄繼承權，請准予備查。

證物名稱及件數：

一、被繼承人□死亡證明書□除戶戶籍謄本乙件。

二、拋棄繼承人之戶籍謄本○件。

三、繼承系統表。

四、繼承權拋棄通知書及收據（或回執）各乙件。

五、其他（如印鑑證明）。

此　致

○○○○地方法院（少年及家事法院）家事法庭　公鑒

中　華　民　國　　　　年　　　　月　　　　日

具狀人　　　　簽名蓋章

撰狀人　　　　簽名蓋章

表 8-6　繼承登記未附權狀切結書

切結書

被繼承人○○○於民國　　年　　月　　日逝世，其遺留下列不動產之□所有權狀 □他項權利證明書，

因　　　　　　　　，致未能檢附，茲為申辦繼承登記，特立本切結書，如有不實，致他人權益

受損害者，立切結書人願負法律責任。

此致

○○地政局（○○○地政事務所）

不動產標示（如有不敷使用時，可另附相同格式之清冊）

土地標示					建物標示		
鄉鎮市區	段	小段	地號	權利範圍	建號	門牌	權利範圍

立切結書人：

中華民國　　　　年　　　　月　　　　日

第9章 土地權利信託登記

第一節　信託概論

一、信託的相關法規

㈠信託法：中華民國85年1月26日公布，98年12月30日修正。

㈡信託業法：中華民國89年7月19日公布，107年01月31日最新修正。

㈢土地法。

㈣土地登記規則。

二、信託的意義

信託法第1條：「稱信託者，謂委託人將財產權移轉或為其他處分，使受託人依信託本旨，為受益人之利益或為特定之目的，管理或處分信託財產之關係。」委託人將自己所有的信託財產管理處分權，信託登記予受託人，受託人負有管理信託財產的義務。受託人須將信託財產的收益交給委託人，並得請求管理的報酬。若委託人可能同時為受益人或將信託受益贈與予其他受益人。

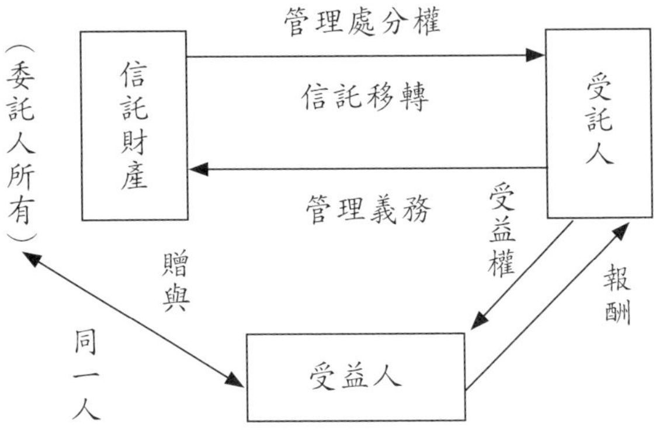

圖 9-1　信託的權利義務關係

本規則所稱土地權利信託登記（以下簡稱信託登記），係指土地權利依信託法辦理信託而爲變更之登記。（土地登記規則 124）

三、信託的成立

㈠意定信託：以契約或遺囑爲之而成立。

㈡法定信託：法律規定而成立。

㈢信託法第 2 條規定：「信託，除法律另有規定外，應以契約或遺囑爲之。」

㈣宣言信託：法人所設立的公益性宣言信託。

法人爲增進公共利益，得經決議對外宣言自爲委託人及受託人，並邀公眾加入爲委託人。（信託法 71）

土地權利因成立信託關係而移轉或爲其他處分所爲之登記，一律以「信託登記」爲登記申請事由，以「信託」爲登記原因。

四、信託關係的存續

信託關係不因委託人或受託人死亡、破產或喪失行爲能力而消滅。委託人或受託人爲法人時，因解散或撤銷設立登記而消滅者，適用前項之規定（信託法 8）。信託有效成立後，即以信託財產爲中心，而有其獨立性，自不能因自然人的委託人或受託人死亡、破產或喪失行爲能力等情事而消滅。

受託人任務終了後，即應進行選任新受託人的程序，以產生新受託人續爲處理信託事務。信託法第 45 條：「受託人之任務，因受託人死亡、受破產、監護或輔助宣告而終了。其爲法人者，經解散、破產宣告或撤銷設立登記時，亦同。」信託法第 36 條：「受託人違背其職務或有其他重大事由時，法院得因委託人或受益人之聲請將其解任。」

除信託行爲另有訂定外，委託人得指定新受託人，如不能或不爲指定者，法院得因利害關係人或檢察官之聲請選任新受託人，並爲必要之處分。委任關係，因當事人一方死亡、破產或喪失行爲能力而消滅。但契約另有訂定，或因委任事務之性質不能消滅者，不在此限（民法 550）。因此，土地權利信託登記後，受託人有變動、死亡……等，應爲受託人變更登記。

五、信託目的的限制

依信託法第 5 條規定：「信託行爲，有左列各款情形之一者，無效：㈠ 其目的違反強制或禁止規定者。㈡ 其目的違反公共秩序或善良風俗者。㈢ 以進行訴願或訴訟爲主要目的者。㈣ 以依法不得受讓特定財產權之人爲該財產權之受益人者。」

㈠ 不得違反強制禁止規定

我國信託法第 34 條有關禁止受託人享受信託利益的規定，在法律實質上，係屬強制禁止規定。受託人不得以任何名義享有信託利益，應指不論受託人以直接或間接的方法，皆不得享有信託利益而言。信託行爲如違反強制禁止規定時，仍應依法益權衡的法理以決定是否當然無效。

㈡ 不得違反公序良俗

我國民法第 72 條規定：「法律行為，有背於公共秩序或善良風俗者，無效。」

㈢ 禁止訴願及訴訟信託

我國信託法第 5 條第 3 款規定，信託行為以進行訴願或訴訟為主要目的者，無效。例如：委託人甲將其對丙的 1,000 萬元債權信託給受託人乙，並約定只要能收回債權，則只要交付 200 萬元給甲，其餘則歸乙所有，此時如乙向丙提起返還 1,000 萬的民事訴訟時，丙可抗辯甲乙間的信託行為無效，法院即應為乙敗訴的判決。

㈣ 禁止脫法信託

脫法行為所採取的手段雖係合法，但因其實質上係達成違法的目的，故應認為無效。例如：對依我國法律的規定不得享有特定財產權者，以給與信託利益的方式，來達到享有同一財產的目的。

所謂依法不得受讓特定財產，係指權利能力受限而言。例如：就外國人而言，不得取得林、漁、狩、鹽、礦等直接生產用地（土地法 17），故外國人不得為各該規定所定財產權信託的受益人。

按贈與乃財產所有人以自己之財產無償給予他人，經他人允受而生效力之行為（遺產及贈與稅法 4 Ⅱ，民法 406），其對各級政府、財團法人、公益信託等為贈與者，一般稱為「捐贈」。信託財產乃受益人受益權之所繫，非為受託人之自有財產，倘受託人欲以「受託人名義」為捐贈，縱為信託契約所約定，其約定亦與信託之本旨有違。

其次依信託法第一條規定，受託人須為受益人利益或特定目的管理、處分信託財產；其因管理、處分信託財產取得之財產權，仍屬信託財產（同法第9條第2項規定參照）。單純之拋棄或捐贈，未能取得任何對價，殊難解爲係爲受益人之利益（法務部92.4.11法律字第0920011607號函），況且是以「受託人名義」爲捐贈，縱稅法對個人或營利事業之捐贈有得列舉扣除或得列爲當年度費用等優惠（所得稅法17、36），受益人或委託人（自益信託之情形）亦不能享有。而本件信託若係爲使受託人假信託之方式而遂行其節稅或其他脫法之目的，其信託行爲自是無效。（法務部92.8.20法律字第0920031754號函）

㈤ 撤銷詐害信託

信託行爲設定後，信託財產須自委託人移轉給受託人，並獨立存在，對委託人的債權人而言，委託人的責任財產因而減少至無法履行清償全部債務時，其債權人即有受損害的可能。我國信託法第6條第1項爰規定：「信託行爲有害於委託人之債權人權利者，債權人得聲請法院撤銷之。」

1. 債權人行使撤銷權的要件

依我國信託法第6條第1項規定，只要債務人所爲的信託行爲有害於債權者，債權人即得聲請法院撤銷。信託法第6條第3項並規定：「信託成立後6個月內，委託人或其遺產受破產之宣告者，推定其行爲有害及債權。」，舉證責任轉換爲由委託人或其破產管理人與受託人負擔之，避免債權人舉證困難。

2. 債權人行使撤銷權的方式

必須向法院提起形成之訴，該形成訴訟的原告固爲債權人。如契約信託時，應以信託當事人雙方爲被告；遺囑信託應以遺囑執行人、遺產管理人或委託人爲被告。宣言信託，以委託人爲被告。

3. 債權人行使撤銷權的效果

爲兼顧受益人的權益，於信託法第 6 條第 2 項規定：「前項撤銷，不影響受益人已取得之利益。但受益人取得之利益未屆清償期或取得利益時明知或可得而知有害及債權者，不在此限。」以保護不知有詐害行爲存在的受益人，使其得繼續享有其既得權，而不必依民法不當得利的規定負返還義務。

4. 債權人得行使撤銷權的除斥期間

信託法第 7 條規定：「前條撤銷權，自債權人知有撤銷原因時起，1 年間不行使而消滅。自行爲時起逾 10 年者，亦同。」

六、信託的公示

我國信託法爲保護交易安全與第三人的利益，乃於第 4 條設計一套「信託公示制度」。

所謂信託公示，係在一般財產權變動等公示方法以外，再予以加重其公示的表徵。以不動產爲對象設立信託，應檢具信託契約辦理不動產信託登記。按我國信託法第 4 條第 1 項規定：「以應登記或註冊之財產權爲信託者，非經信託登記，不得對抗第三人。」如不動產物權以登記爲對抗要件者，應登記始發生對抗效力。

七、信託財產的獨立性

㈠ 信託財產的非繼承性

信託財產名義上雖屬受託人所有，惟其並非受託人的自有財產，故於受託人死亡，繼承開始時，不能將信託財產列入其遺產，使成繼承的標的。（信託法 10）

受託人死亡時，依我國信託法第 45 條第 1 項規定，受託人的任務因而終了，由委託人指定新受託人，如不能或不為指定者，法院得因利害關係人或檢察官聲請選任新受託人，以維信託的存續。

㈡ 破產財團的排除

信託法第 11 條：「受託人破產時，信託財產不屬於其破產財團。」

㈢ 強制執行的禁止

我國信託法第 12 條第 1 項規定：「對信託財產不得強制執行。但基於信託前存在於該財產之權利、因處理信託事務所生之權利或其他法律另有規定者，不在此限。」

㈣ 抵銷的禁止

我國信託法第 13 條規定：「屬於信託財產之債權與不屬於該信託財產之債務不得互相抵銷。」以免減損該信託財產而害及受益人的權益。

同屬於同一信託財產的債權與債務，依我國信託法第 13 條的反面解釋，自得互相抵銷。

㈤ 混同的限制

信託財產若為所有權以外的權利，例如：為地上權、抵押權或質權等時，若受託人以其個人名義或以其他信託財產受託人的身分，因繼承或買賣關係等事由，而取得該權利標的物的所有權時，實質歸屬主體實不相同，受託人雖為形式上的權利主權，但實質上僅於信託目的範圍內為受益人的利益而保有。

信託法第 14 條規定：「信託財產為所有權以外之權利時，受託人雖取得該權利標的之財產權，其權利亦不因混同而消滅。」信託法

第35條第1項的規定，原則上禁止受託人於信託財產上設定或取得權利。

信託財產為地上權，而未為信託登記，受託人嗣後取得該地上權所附麗的土地所有權，地上權雖不因混同而消滅，但如受託人將土地所有權讓與第三人時，則委託人、受益人或其他利益關係人，則不得以地上權信託為理由，對抗善意的第三人。

八、受託人與受益人之區別

受益人係指委託人欲使其享有信託利益者或其權利的繼受人而言。又受益人既享受由信託關係所生的信託利益，受益人自應有權利能力，故自然人、法人、受監護宣告之人、破產人、未成年人等均可成為受益人。且胎兒以非死產者為限。

財產權的內容分為管理權能與收益支配權能，前者歸屬於受託人，後者歸於受益人。移轉財產權給受託人，乃在於賦予其管理權能，至於財產權的支配收益權能則仍歸受益人享有。其結果，由於受託人僅享有管理權能，因此在稅制上，應向有受益權的受益人課徵稅金，乃為當然。

九、贈與稅、契稅、土地增值稅、地價稅的課徵

㈠持有期間的地價稅以受託人為納稅義務人

1. 土地為信託財產者

土地為信託財產者，於信託關係存續中，以受託人為地價稅或田賦的納稅義務人。地價稅由受託人支付。

2. 信託利益之受益人為委託人者

土地應與委託人在同一直轄市或縣（市）轄區內所有之土地合併計算地價總額，依土地稅法第16條規定稅率課徵地價稅，分別就各該土地地價占地價總額之比例，計算其應納之地價稅。

3. 信託利益之受益人爲非委託人

受益人非委託人且符合下列各款規定者，前項土地應與受益人在同一直轄市或縣（市）轄區內所有之土地合併計算地價總額：（土地稅法 3-1）

⑴ 受益人已確定並享有全部信託利益者。

⑵ 委託人未保留變更受益人之權利者。

㈡ 以不動產爲信託財產，於信託關係人之間移轉所有權，不課徵土地增值稅、契稅。（土地稅法 28-3，契稅條例 14-1）

1. 於信託關係人之間移轉所有權，係指於下列各款信託關係人間移轉所有權

⑴ 因信託行爲成立，委託人與受託人間。

⑵ 信託關係存續中受託人變更時，原受託人與新受託人間。

⑶ 信託契約明定信託財產之受益人爲委託人者，信託關係消滅時，受託人與受益人間。

⑷ 因遺囑成立之信託，於信託關係消滅時，受託人與受益人間。

⑸ 因信託行爲不成立、無效、解除或撤除，委託人與受託人間。

因此信託取得，依信託法第 1 條規定，由委託人移轉與受託人者，其權利變更登記原因既爲「信託」，與一般土地所有權移轉情形有別，應不課徵土地增值稅、契稅。

2. 信託取得後，再次移轉時增值稅的計算

土地所有權因信託取得，不課徵土地增值稅。但於再次移轉應課徵土地增值稅時，其原地價之認定，以該土地不課徵土地增值稅前之原規定地價或前次移轉現值爲準。

因遺囑成立之信託，於應課徵土地增值稅之情形時，其原地價指遺囑人死亡日當期之公告土地現值。（土地稅法 31-1）

3. 仍須查清欠稅

有關土地所有權因信託行為成立，而依信託法第 1 條規定，由委託移轉與受託人，申辦土地所有權移轉登記案件，無須先向主管稽徵機關申報土地移轉現值，惟仍應依法辦理查欠作業，檢附無欠稅（費）證明文件，憑向地政機關辦理移轉登記。（財政部 86.12.18 台財稅第 861931633 號函）

㈢以不動產為信託財產，於信託關係人之間移轉所有權，不課徵贈與稅。（遺產及贈與稅法 5-2）

信託財產於左列各款信託關係人間移轉或為其他處分者，不課徵贈與稅：

1. 因信託行為成立，委託人與受託人間。

2. 信託關係存續中受託人變更時，原受託人與新受託人間。

3. 信託關係存續中，受託人依信託本旨交付信託財產，受託人與受益人間。

4. 因信託關係消滅，委託人與受託人間或受託人與受益人間。

5. 因信託行為不成立、無效、解除或撤銷，委託人與受託人間。

㈣信託歸屬之相關稅賦

1. 以不動產為信託財產者，受託人依信託本旨移轉信託財產與委託人以外之歸屬權利人時，應由歸屬權利人估價立契，依第 16 條規定之期限申報繳納贈與契稅。（契稅條例 7-1）

2. 以土地為信託財產，受託人依信託本旨移轉信託土地與委託人以外之歸屬權利人時，以該歸屬權利人為納稅義務人，課徵土地增值稅。（土地稅法 5-2）

3. 信託財產於信託關係存續中，受託人依信託本旨交付信託財產，受託人與受益人間移轉或為其他處分者，不課徵贈與稅。（遺產及贈與稅法 5-2 Ⅲ）

㈤受託人處分信託財產

受託人就受託土地，於信託關係存續中，有償移轉所有權、設定典權或依信託法第 35 條第 1 項規定轉爲其自有土地時，以受託人爲納稅義務人，課徵土地增值稅。

㈥信託契約的受益人非委託人，應課贈與稅

信託契約明定信託利益之全部或一部之受益人爲非委託人者，視爲委託人將享有信託利益之權利贈與該受益人，依本法規定，課徵贈與稅。信託契約明定信託利益之全部或一部之受益人爲委託人，於信託關係存續中，變更爲非委託人者，於變更時，適用前項規定課徵贈與稅。信託關係存續中，委託人追加信託財產，致增加非委託人享有信託利益之權利者，於追加時，就增加部分，適用第 1 項規定課徵贈與稅。前 3 項之納稅義務人爲委託人。但委託人有第 7 條第 1 項但書各款情形之一者，以受託人爲納稅義務人。（遺產及贈與稅法 5-1）

㈦遺囑信託，遺囑人死亡應課遺產稅

因遺囑成立之信託，於遺囑人死亡時，其信託財產應依本法規定，課徵遺產稅。信託關係存續中受益人死亡時，應就其享有信託利益之權利未領受部分，依本法規定課徵遺產稅。（遺產及贈與稅法 3-2）

㈧受託人變更，不課徵土地增值稅、契稅、贈與稅

1. 受託人變更不課徵土地增值稅

土地爲信託財產者，於信託關係存續中受託人變更時，原受託人與新受託人間移轉所有權，不課徵土地增值稅。（土地稅法 28-3 Ⅱ）

2. 受託人變更

不動產爲信託財產者，於信託關係存續中受託人變更時，原受託人與新受託人間移轉所有權，不課徵契稅。（契稅條例 14-1 Ⅱ）

3. 原受託人與新受託人間移轉或爲其他處分者，不課徵贈與稅

信託財產於信託關係存續中受託人變更時，原受託人與新受託人

間移轉或為其他處分者，不課徵贈與稅。（遺產及贈與稅法 5-2 Ⅱ）

㈨塗銷信託不課徵土地增值稅、契稅、贈與稅

1. 受益人為委託人，信託關係消滅移轉於受益人：土地為信託財產者，於信託契約明定信託財產之受益人為委託人者，信託關係消滅時，受託人與受益人間移轉所有權，不課徵土地增值稅、契稅。（土地稅法 28-3 Ⅲ，契稅條例 14-1 Ⅲ）

2. 因遺囑成立之信託，於信託關係消滅時，受託人與受益人間，不課徵土地增值稅、契稅。（土地稅法 28-3，契稅條例 14-1 Ⅳ）

3. 信託行為不成立、無效、解除或撤銷而回復原狀，不課徵土地增值稅、契稅、贈與稅：土地為信託財產者，於委託人與受託人間，因信託行為不成立、無效、解除或撤銷而回復原狀時，不課徵土地增值稅、契稅。（土地稅法 28-3 Ⅴ，契稅條例 14-1 Ⅴ，遺產及贈與稅法 5-2 Ⅴ）

第二節　信託登記

一、土地權利信託登記的意義

㈠ 意義

土地登記規則第 124 條：「本規則所稱土地權利信託登記（以下簡稱信託登記）係指土地權利依信託法辦理信託而為變更之登記。」

㈡ 登記產生對抗第三人之效力

信託法第 4 條之信託公示規定，乃信託之第三人對抗要件，故以土地為信託者，須辦理權利變更登記（民法第 758 條採登記生效要件主義），始得以其信託對抗第三人。故信託財產為不動產時，雖不以

登記爲生效要件，惟經登記有公示對抗第三人之效力。

二、信託登記的種類

㈠ 信託登記

1. 信託以契約爲之者，信託登記應由委託人與受託人會同申請之。（土地登記規則 125）

2. 信託以遺囑爲之者，信託登記應由繼承人辦理繼承登記後，會同受託人申請之；如遺囑另指定遺囑執行人時，應於辦畢遺囑執行人及繼承登記後，由遺囑執行人會同受託人申請之。前項情形，於繼承人有無不明時，仍應於辦畢遺產管理人登記後，由遺產管理人會同受託人申請之。（土地登記規則 126）

由當事人持信託契約或信託遺囑申辦土地權利移轉登記，其土地登記申請書中之「申請登記事由」均爲「信託登記」，登記原因爲「信託」。

㈡ 受託人變更登記

信託財產因受託人變更，應由新受託人會同委託人申請受託人變更登記，委託人未能或無須會同申請時，得由新受託人提出足資證明文件單獨申請之。（土地登記規則 129）

土地權利信託登記後，受託人有變動、死亡……等所爲之受託人變更登記，登記原因爲「受託人變更」。

㈢ 塗銷信託

於委託人與受託人間，因信託關係之消滅或其他原因而回復至原委託人所有者，應爲塗銷信託登記，應由信託法第 65 條規定之權利人會同受託人申請塗銷信託登記，登記原因爲「塗銷信託」。

前項登記，受託人未能會同申請時，得由權利人提出足資證明信託關係消滅之文件單獨申請之。如未能提出受託人持有之土地所有權狀或建物所有權狀時，得檢附切結書或於土地登記申請書敘明未能提出之事由，原權利書狀公告註銷。（土地登記規則 128）

㈣ 信託歸屬登記

土地權利因信託關係消滅而移轉予委託人以外之歸屬權利人者，應爲信託歸屬登記。應由信託法第 65 條規定之權利人會同委託人申請歸屬登記，登記原因爲「信託歸屬」。

㈤ 信託取得登記

受託人於信託期間，因信託行爲取得土地權利所爲之登記，登記原因爲「信託取得」。

㈥ 信託專簿內容變更登記

信託內容有變更，而不涉及土地權利變更登記者，委託人應會同受託人檢附變更後之信託內容變更文件，以申請書向登記機關提出申請。登記機關於接獲前項申請書後，應依信託內容變更文件，將收件號、異動內容及異動年月日於土地登記簿其他登記事項欄註明，並將登記申請書件複印併入信託專簿。（土地登記規則 133）

三、信託登記的申請方式

㈠ 會同申請

1. 因契約成立的信託，由委託人、受託人會同申請之：信託以契約爲之者，信託登記，應由委託人與受託人會同申請之。（土地登記規則 125）

2. 因遺囑成立的信託，由繼承人、遺囑執行人辦理繼承登記後，會同受託人申請之。（土地登記規則 126）

3. 辦理信託登記後，於信託關係消滅時，應由信託法第 65 條規定之權利人會同受託人申請塗銷信託或信託歸屬登記。（土地登記規則 128）

4. 信託財產因受託人變更，應由新受託人會同委託人申請受託人變更登記。（土地登記規則 129）

5. 信託內容有變更，而不涉及土地權利變更登記者，委託人應會同受託人檢附變更後之信託內容變更文件，以登記申請書向登記機關提出申請。（土地登記規則 133）

㈡ 囑託登記

1. 依法院囑託變更信託財產管理方法

信託財產之管理方法因情事變更致不符合受益人之利益時，委託人、受益人或受託人得聲請法院變更之。前項規定，於法院所定之管理方法，準用之。（信託法 16）

2. 依主管機關囑託變更信託條款

公益信託成立後發生信託行爲當時不能預見之情事時，目的事業主管機關得參酌信託本旨，變更信託條款。（信託法 73）

㈢ 代位申請

代位申請，亦即在受託人有申請信託登記（如信託法第 9 條），或信託塗銷登記（信託關係消滅時）義務而不爲申請時，委託人、受益人或歸屬權利人得代位申請之。

㈣ 單獨申請

1. 受託人依信託法第 9 條第 2 項取得之土地權利，應由受託人登記名義人提出第 34 條所列文件向登記機關申請移轉登記。前項申請登記，應於申請書適當欄內敘明該取得財產為信託財產及委託人身分資料，登記機關辦理登記時，應依第 130 條至第 132 條規定辦理。（土地登記規則 127）

2. 信託登記之塗銷登記或信託歸屬登記，受託人未能會同申請時，得由權利人提出足資證明信託關係消滅之文件單獨申請之。如未能提出受託人持有之土地所有權狀或建物所有權狀時，得檢附切結書或於土地登記申請書敘明未能提出之事由，原權利書狀公告註銷。（土地登記規則 128 Ⅱ）

3. 辦理受託人變更登記時，委託人未能或無須會同申請時，得由新受託人提出足資證明文件單獨申請之。未能提出權利書狀時，準用第 128 條第 2 項規定。（土地登記規則 129 Ⅱ）

四、登簿方式

㈠ 登記於登記簿及信託專簿

信託登記，除應於登記簿所有權部或他項權利部登載外，並於其他登記事項欄記明信託財產、委託人姓名或名稱，信託內容詳信託專簿。前項其他登記事項欄記載事項，於辦理受託人變更登記時，登記機關應予轉載。（土地登記規則 130）

申請人依不動產證券化條例或金融資產證券化條例規定申請信託登記時，為資產信託者，應檢附主管機關核准或申報生效文件及信託關係證明文件；登記機關辦理登記時，應於登記簿其他登記事項欄記明委託人姓名或名稱。

前項信託登記，為投資信託者，應檢附主管機關核准或申報生效文件，無須檢附信託關係證明文件；登記機關辦理登記時，應於登記簿其他登記事項欄記明該財產屬不動產投資信託基金信託財產。

依前項規定辦理信託登記後，於信託關係消滅、信託內容變更時，不適用第128條、第133條規定。（土地登記規則133-1）

㈡ 權利書狀中記明爲信託財產

信託登記完畢，發給土地或建物所有權狀或他項權利證明書時，應於書狀記明信託財產，信託內容詳信託專簿。（土地登記規則131）

㈢ 信託專簿可公開閱覽影印，並保存15年

1. 土地權利經登記機關辦理信託登記後，應就其信託契約或遺囑複印裝訂成信託專簿，提供閱覽或申請複印，並準用土地法規定計徵閱覽費或複印工本費。

2. 信託專簿，應自塗銷信託登記或信託歸屬登記之日起保存15年。（土地登記規則132）

3. 登記機關於接獲前項申請書後，應依信託內容變更文件，將收件號、異動內容及異動年月日於土地登記簿其他登記事項欄註明，並將登記申請書件複印併入信託專簿。（土地登記規則133 Ⅱ）

五、信託契約書的內容

信託登記契約書應記載下列事項：

㈠信託目的。

㈡受益人姓名。

㈢信託監察人姓名。

㈣信託期間。

㈤信託關係消滅事由。

㈥信託財產之管理或處分方法。

㈦信託關係消滅時，信託財產之歸屬人。

㈧其他約定事項。

申請信託登記，載明上述前 4 款的目的，在於查知其信託是否成立或有效，且稅捐機關在課稅時亦可參考。例如：他益信託委託人爲自然人者，須課贈與稅；或委託人爲營利事業者，須課所得稅以及土地增值稅。

「信託登記制度」之設立，除爲保護信託財產外，旨在使信託主要條款公示周知，俾與之交易之第三人或利害關係人於閱覽時，即知信託當事人、信託目的、受託人權限及信託消滅事由等，而免遭受不測損害，此無礙於契約自由之原則。

六、應備文件

㈠登記申請書。

㈡登記原因證明文件：

1. 信託（內容變更）契約書。

2. 遺囑。

㈢權利書狀。

㈣身分證明。

㈤印鑑證明或其他替代方式。

㈥遺產稅、贈與稅繳（免）納證明書或其他有關證明文件。

依據遺產及贈與稅法第 42 條、第 3-1 條、第 3-2 條、第 5-1 條：

1. 信託契約明定信託利益之全部或一部之受益人爲非委託人者應課徵贈與稅。

2. 因遺囑成立之信託，於遺囑人死亡時應課徵遺產稅。

㈦信託財產歸屬權利人非委託人時應貼印花稅票。

㈧地政規費收據：

1. 登記費以當事人自行書寫於信託契約或信託遺囑之權利價值課 1‰ 登記費。

2. 書狀費。

㈨切結書：塗銷登記未能檢附原權利書狀者檢附之。

七、申辦抵押權信託登記應備文件

金融機構依金融資產證券化條例規定申辦抵押權信託登記，應依土地登記規則第 34 條、第 127 條及金融資產證券化條例施行細則第 19 條等規定，由當事人（委託人、受託人）檢附下列文件：

㈠土地登記申請書（備註欄應簽註已依規定公告或通知債務人，如有不實，申請人願負法律責任之字樣）。

㈡抵押權（金融資產信託）移轉契約書正副本。

㈢他項權利證明書。

㈣受託人身分證明文件。

㈤委託人身分證明文件及印鑑證明或符合土地登記規則第 41 條第 2、4、6 款規定之情形者。

㈥財政部核准文件。

㈦債權額決算確定證明書（讓與最高限額抵押權時檢附）。

㈧特殊目的信託契約書影本等相關證明文件向所轄地政事務所申請之。

申辦上開抵押權信託登記，委託人身分證明文件及印鑑證明，參依內政部 88.9.17 台內中地字第 8885915 號函示得援用已函送地政事務所備查之文件，免逐案檢附。

至登記機關受理登記時，應依土地登記規則第 130 條、第 131 條及第 132 條規定辦理。（內政部中華民國 92.10.31 內授中辦地字第 0920084470 號函）

附錄表格

S0700041401

收件	日期	年　月　日　時　分	收件者章	
	字號	字第　　號		

連件序別（非連件者免填）	共　件	第　件

登記費	元	合　計	元
書狀費	元	收　據	字　號
罰　鍰	元	核算者	

土　地　登　記　申　請　書

(1)受理機關	臺中市　縣　中正地政事務所　☐跨所申請	資料管轄機關	縣 市 地政事務所	(2)原因發生日期	中華民國 106 年1月1日

(3)申請登記事由（選擇打∨一項）	(4)登記原因（選擇打∨一項）
☐ 所有權第一次登記	☐ 第一次登記
☑ 所有權移轉登記	☐ 買賣　☐ 贈與　☐ 繼承　☐ 分割繼承　☐ 拍賣　☐ 共有物分割　☑ 信託
☐ 抵押權登記	☐ 設定　☐ 法定　☐
☐ 抵押權塗銷登記	☐ 清償　☐ 拋棄　☐ 混同　☐ 判決塗銷　☐
☐ 抵押權內容變更登記	☐ 權利價值變更　☐ 權利內容等變更　☐
☐ 標示變更登記	☐ 分割　☐ 合併　☐ 地目變更　☐
☐ 抵押權移轉登記	☐ 信託

(5)標示及申請權利內容	詳如　☑ 契約書　☐ 登記清冊　☐ 複丈結果通知書　☐ 建物測量成果圖　☐

(6)附繳證件			
	1. 信託契約書正副本各 1 份	4. 建物所有權狀 2 份	7.　份
	2. 身分證影本 2 份	5. 印鑑證明 2 份	8.　份
	3. 土地所有權狀 1 份	6.　份	9.　份

(7)委任關係	本土地登記案之申請委託　王○○　代理。　複代理。 委託人確為登記標的物之權利人或權利關係人，並經核對身分無誤，如有虛偽不實，本代理人(複代理人)願負法律責任。代理人印	(8)聯絡方式	權利人電話	(04)2222-****
			義務人電話	(04)2282-****
			代理人聯絡電話	(04)2272-****
(9)備註			傳真電話	(04)282-2****
			電子郵件信箱	****@tahoo.com.tw
			不動產經紀業名稱及統一編號	
			不動產經紀業電話	

S0700041401

(10)	(11)	(12)	(13)	(14)	(15) 住所											(16)
申請人	權利人或義務人	姓名或名稱	出生年月日	統一編號	縣市	鄉鎮市區	村里	鄰	街路	段	巷	弄	號	樓		簽章
	權利人（委託人）	陳○二		詳	如	契	約	書								印
	義務人（委託人）	張○中		詳	如	契	約	書								印鑑章
	代理人	王○○	48.＊.15	C10*****01	臺中市	○○區			○○路	1			36			代理人印

本案處理經過情形（以下各欄申請人請勿填寫）							
初審	複審	核定	登簿	校簿	書狀列印	校狀	書狀用印
			地價異動	通知領狀	異動通知	交付發狀	歸檔

表 9-2　土地建築改良物信託契約書

土地／建築改良物 信託契約書　　S0700039402

下列 土地／建物 經 受託人／委託人 雙方同意，特 訂立　　本契約：

土地標示					
(1)坐落	鄉鎮市區	北屯區	北屯區		
	段	開元	開元		
	小段				
(2)地號		876	972	以	
(3)面積(平方公尺)		276	136	下	
(4)信託權利種類		所有權	所有權	空	
(5)信託權利範圍		全部	全部	白	

建物標示					
(6)建號		492	559		
(7)門牌	鄉鎮市區	北屯區	北屯區		
	街路	開元路	開元路		
	段巷弄	333	333		
	號樓	21-2	345		
(8)建物坐落	段	開元	開元		
	小段				
	地號	876	972	以	
(9)面積(平方公尺)	地面層	37.58	105.53	下	
	地下二層	44.78	114.38	空	
				白	
	地平面騎樓		18.00		
	共計	82.36	273.91		
(10)附屬建物	用途				
	面積(平方公尺)				
(11)信託權利種類		所有權	所有權		
(12)信託權利範圍		全部	全部		

(13) 信託權利價值總金額　　新臺幣78萬8,000元整

(14)信託主要條款	
	1. 信託目的：管理、處分信託土地及建物所有權。 2. 受益人姓名：張○中　　住址：臺南市北區新勝里開元路○段○○號 3. 信託監察人姓名(無者免填)：　　住址： 4. 信託期間：自民國105年12月22日起至民國115年12月21日止計10年 5. 信託關係消滅事由：信託目的完成。 6. 信託財產之管理或處分方法：受託人依約管理、處分信託物所有權。 7. 信託關係消滅時，信託財產之歸屬人：張○中 8. 其他約定事項：

訂立契約人	(15)受託人或委託人	(16)姓名或名稱	(17)權利範圍		(18)出生年月日	(19)統一編號	(20)住所										(21)蓋章
			受託持分	委託持分			縣市	鄉鎮市區	村里	鄰	街路	段	巷弄	號	樓		
	受託人	陳○二	全部		38.9.25	D101240002	臺南市	北區	新勝		開元路	1		168			印
	委託人	張○中		全部	40.1.15	D101240001	臺南市	北區	新勝		開元路	2		899			印鑑章
		以	下	空	白												

(22)立約日期	中華民國 106 年 1 月 1 日

表 9-3　土地登記申請書（信託內容變更）

S0700046401

收	日期	年　月　日　時　分	收件	
件	字號	字第　　號	者章	

連件序別（非連件者免填）	共　件	第　件

登記費	元	合　計	元
書狀費	元	收　據	字　號
罰　鍰	元	核算者	

土　地　登　記　申　請　書

(1)受理機關	臺南市　縣　臺南地政事務所　☐跨所申請	資料管轄機關	縣　市　地政事務所	(2)原因發生日期	中華民國　98　年　3　月　2　日

(3)申請登記事由（選擇打∨一項）	(4)登記原因（選擇打∨一項）
☐ 所有權第一次登記	☐ 第一次登記
☐ 所有權移轉登記	☐ 買賣 ☐ 贈與 ☐ 繼承 ☐ 分割繼承 ☐ 拍賣 ☐ 共有物分割 ☐
☐ 抵押權登記	☐ 設定 ☐ 法定 ☐
☐ 抵押權塗銷登記	☐ 清償 ☐ 拋棄 ☐ 混同 ☐ 判決塗銷 ☐
☐ 抵押權內容變更登記	☐ 權利價值變更 ☐ 權利內容等變更 ☐
☐ 標示變更登記	☐ 分割 ☐ 合併 ☐ 地目變更 ☐
∨註記登記	∨註記

(5)標示及申請權利內容　詳如 ∨ 契約書 ☐ 登記清冊 ☐ 複丈結果通知書 ☐ 建物測量成果圖 ☐

(6)附繳證件			
	1. 信託內容變更契約書正副本各1 份	4. 公司（設立）變更登記正本或抄錄本1 份	7.　份
	2. 土地所有權狀2　份	5. 身分證影本2　份	8.　份
	3. 建物所有權狀1　份	6.　份	9.　份

(7)委任關係	本土地登記案之申請委託　王○文　代理。　　複代理。 委託人確為登記標的物之權利人或權利關係人並經核對身分無誤，如有虛偽不實，本代理人(複代理人)願負法律責任。代理人印	(8)聯絡方式	權利人電話	（04）2242-****
			義務人電話	（04）****-1125
			代理人聯絡電話	（04）2262-****
			傳真電話	（04）****-1822
(9)備註			電子郵件信箱	*****@land.moi.gov.tw
			不動產經紀業名稱及統一編號	
			不動產經紀業電話	

S0700046401

(10)	(11) 權利人或義務人	(12) 姓名或名稱	(13) 出生年月日	(14) 統一編號	(15) 住所 縣市	鄉鎮市區	村里	鄰	街路	段	巷	弄	號	樓		(16) 簽章
申	權利人	○○股份有限公司		00000000	臺北	大安	大安		四維			88				印
請	代表人	吳○亮														
人	義務人	李○興	40.01.15	A10124****	臺南	北區	新勝		開元	2		899				印鑑章
	受益人	李○明	53.6.16	L10257****	臺061	北區	新勝		開元	2		899				印
	代理人	王○文	48.01.15.	C10000****	臺中	北區	賴厝	20	北平一	13			36			代理人印

本案處理經過情形（以下各欄申請人請勿填寫）	初審	複審	核定	登簿	校簿	書狀列印	校狀	書狀用印
				地價異動	通知領狀	異動通知	交付發狀	歸檔

表 9-4　土地建築改良物信託內容變更契約書

土地／建築改良物 信託內容變更契約書　　S0700046402

下列 土地／建物 經 受託人／委託人 雙方同意變更　特訂定　本契約：

土地標示	(1)坐落	鄉鎮市區	北屯	北屯		
		段	開元	開元		
		小段			以	
	(2)地號		876	972	下	
	(3)面積(平方公尺)		276	136	空	
	(4)信託權利種類		所有權	所有權	白	
	(5)信託權利範圍		全部	全部		

建物標示	(6)建號		492	559		
	(7)門牌	鄉鎮市區	北屯	北屯		
		街路	開元	開元		
		段巷弄	333	333		
		號樓	21-2	345		
	(8)建物坐落	段	開元	開元		
		小段				
		地號	876	972	以	
	(9)面積(平方公尺)	地面層	37.58	105.53	下	
		地下二層	44.78	114.38	空	
		騎樓		18.00	白	
		共計	82.36	273.91		
	(10)附屬建物	用途				
		面積(平方公尺)				
	(11)信託權利種類		所有權	所有權		
	(12)信託權利範圍		全部	全部		

(13) 信託權利價值總金額　新臺幣 78萬8,000元整

(14)變更之原因及內容		
	原　　因	受益人及信託財產歸屬人變更登記
	內　　容	1. 民國 00 年 00 月 00 日收件字第 0000 號信託登記。 2. 變更前：受益人及信託財產歸屬人：張中 變更後：受益人及信託財產歸屬人：李○明

訂立契約人	(15)受託人或委託人	(16)姓名或名稱	(17)權利範圍 受託持分	(17)權利範圍 委託持分	(18)出生年月日	(19)統一編號	(20)住所 縣市	鄉鎮市區	村里	鄰	街路	段	巷弄	號	樓		(21)蓋章
	受託人	○○股份有限公司	全部			00000000	臺北	大安	大安		四維			88			印
	代表人	吳○亮															印
	委託人	李○興		全部	40.01.15	A10124****	臺南	北區	新勝		開元	2		899			印鑑章
	受益人	李○明			53.6.16	L10257****	臺南	北區	新勝		開元	2		899			印

(22)立約日期	中華民國	106 年	1 月	1 日

第10章 更正登記及限制登記

第一節　更正登記

一、意義

登記人員或利害關係人，於登記完畢後，發見登記錯誤或遺漏時，非以書面聲請該管上級機關查明核准後，不得更正。（土地法69）

二、要件

㈠ 登記完畢後申請

登記人員或利害關係人，於登記完畢後，發見登記錯誤或遺漏時，提出申請。（土地法69）

㈡ 由利害關係人，或登記人員申請

1. 如係土地標示部及所有權部有錯誤或遺漏，由所有權人單獨

申請更正。如係他項權利部錯誤或遺漏，由他項權利人單獨申請更正。如該項之錯誤或遺漏，涉及原設定人之權利義務時，應由他項權利人會同原設定人申請更正登記。

2. 登記人員逕爲更正：登記之錯誤或遺漏，如純屬登記人員記載時之疏忽，並有原始登記原因證明文件可稽者，由登記機關逕行更正之（土地法 69）。登記機關逕爲更正登記後，應通知全體利害關係人。（更正登記法令補充要點 1）

㈢ 須因登記錯誤或遺漏

土地法第 68 條第 1 項及第 69 條所稱「登記錯誤」，係指登記事項與登記原因證明文件所載之內容不符者；所稱「遺漏」，係指應登記事項而漏未登記者。（土地登記規則 13）

㈣ 須經有利害關係之第三人同意

若登記名義人自行申請更正，未影響他人權益，則免經他人同意。若涉及登記以外的第三人者，應由第三人會同申請，如有爭議應訴請法院裁判。

㈤ 須不妨害原登記之同一性

更正後仍爲原登記之同一權利，並不得變更原登記所示之法律關係。

行政法院 48 年判字第 72 號判例：謂土地登記完畢後，利害關係人發見登記錯誤時，固得依土地法第 69 條之規定，以書面聲請該管上級機關，查明核准更正。但此種登記種類錯誤之更正，應以不妨害原登記之同一性爲限。若登記人以外之人，對登記所示之法律關係有所爭執，則應訴由司法機關審判，以資解決，殊非可依上述規定聲請更正登記，以變更原登記所示之法律關係。

所謂不妨礙原登記之同一性，亦即更正後與原登記者是否同一土地或建物、同一權利種類及同一登記權利人。更正登記以原始之登記原因證明文件爲準。如因面積、地號等標示之漏誤，而證明其屬同一土地，或姓名、住址、身分證統一編號、出生年月日之錯誤，可證明爲同一人或地租、存續期間之漏誤、權利持分之漏誤等而有原始證明文件足以證明爲同一樣權利種類，則應准予更正登記。申請更正登記，如更正登記後之權利主體、種類、範圍或標的與原登記原因證明文件所載不符者，有違登記之同一性，應不予受理。（更正登記法令補充要點6）

若原始登記原因之記載與登記結果相符，則登記無誤。若爲當事人或地政士之意思表示錯誤，以致登記原因證明文件之記載，非當事人辦理登記的事實，則須以其他方式另案申請登記補救之。

三、補充規定

㈠ 户政機關辦妥更正，登記機關得逕爲更正

登記名義人之姓名、住址、國民身分證統一編號或出生年月日等，已經戶政主管機關辦妥更正且有足資證明文件者，登記機關得於該登記名義人申辦登記時，逕爲辦理更正登記。（更正登記法令補充要點2）

㈡ 共有土地之持分額漏未登記，切結後申辦更正登記

共有土地之持分額漏未登記，部分共有人或其繼承人得依民法第817條第2項規定，申請登記爲均等。但申請人須先通知他共有人或其繼承人限期提出反證，逾期未提出反證推翻者，申請人應檢附通知文件，並於登記申請書備註欄切結「已通知其他共有人，逾期未提出反證，如有不實願負法律責任」，憑以申辦更正登記。登

記機關於更正登記完畢後，應將登記結果通知他共有人或其繼承人。前項更正登記申請時，申請人應於申請書內載明他共有人之現住址，其已死亡者，應載明其繼承人及該繼承人之現住址；確實證明在客觀上不能載明者，由申請人於登記申請書備註欄切結不能載明之事實。（更正登記法令補充要點 9）

㈢ 部分繼承人申請登記為公同共有後之更正登記

部分繼承人，就被繼承人之土地，申請為公同共有之登記或因強制執行，由債權人代為申辦繼承登記後，該繼承人中如確有合法拋棄繼承權者，得由利害關係人辦理登記名義人更正登記。（更正登記法令補充要點 12）

四、申請登記事由及登記原因

㈠ 申請登記事由

為「更正登記」。

㈡ 登記原因

1. 姓名更正。

2. 統一編號更正。

3. 地建號更正：地號或建號因重複登記或誤載。

4. 出生日期更正。

5. 更正：除姓名更正、統一編號更正、地號更正、更正編定、住址更正、出生日期更正、遺漏更正、名義更正、面積更正外，其餘各類更正皆以更正為登記原因。

㈢ 登記原因發生日期

爲登記錯誤或遺漏日。

五、應備文件

㈠登記申請書。

㈡原因證明文件（若無則須保證書）

1. 因登記申請書填寫錯誤時：附原登記契約書正本。

2. 因審查，繕校、測繪錯誤時：附登記簿影本。

3. 因測量人員、測繪錯誤時：附勘測結果通知書及地籍圖謄本。

4. 因法院判決更正：附法院判決書及判決確定證明書。

㈢權利書狀

更正事項涉及權利書狀時。

㈣身分證明文件。

㈤同意書

涉及第三人之利害關係時，應檢附利害關係人之同意書及印鑑證明。

第二節　限制登記之意義及種類

一、意義

土地法第 78 條第 8 項所稱限制登記，謂限制登記名義人處分其土地權利所爲之登記（土地登記規則 136 Ⅰ）。其目的在防止登記名義人任意處分其土地權利，以致妨礙利害關係人之利益。

二、種類

前項限制登記，包括預告登記、查封、假扣押、假處分或破產登記，及其他依法律所為禁止處分之登記。（土地登記規則 136 Ⅱ）

㈠預告登記應經登記名義人同意始得辦理，屬任意性之限制登記。

㈡查封、假扣押、假處分及破產登記屬強制性之限制登記，無須登記名義人同意。地政機關收到法院囑託登記函應即刻辦理。

㈢其他依法律所為禁止處分之登記，係由行政機關所為之限制登記，包括：

1. 防止逃稅之限制登記：稅捐稽徵法第 24 條第 1 項規定「納稅義務人欠繳應納稅捐者，稅捐稽徵機關得就納稅義務人相當於應繳稅捐數額之財產，通知有關機關，不得為移轉或設定他項權利。」

2. 實施土地重劃、區段徵收之禁止登記：政府因實施土地重劃、區段徵收及依其他法律規定，公告禁止所有權移轉、變更、分割及設定負擔之土地，登記機關應於禁止期間內，停止受理該地區有關登記案件之申請。但因繼承、強制執行、徵收、法院判決確定或其他非因法律行為，於登記前已取得不動產物權而申請登記者，不在此限（土地登記規則 70）。其禁止期間，以 1 年 6 個月為期。（平均地權條例 53、59）

3. 禁止處分登記與法院之查封登記效力相同，惟囑託之機關不同，所為之目的亦不同。禁止處分登記係稅捐稽徵機關為保全稅款之稽徵程序；法院查封係應債權人請求為保全債權人權利而為之一保全程序。就登記本身而言，皆為對所有權人行使其所有權有一定之限制。有關查封登記之規定，於稅捐稽徵機關或其他機關依法所為之禁止處分登記時準用之。

三、效力

土地經辦理查封、假扣押、假處分、暫時處分、破產登記或因法院裁定而為清算登記後，未為塗銷前，登記機關應停止與其權利有關之新登記。但有下列情形之一為登記者，不在此限：

㈠徵收、區段徵收或照價收買。

㈡依法院確定判決申請移轉、設定或塗銷登記之權利人為原假處分登記之債權人。

㈢公同共有繼承。

㈣其他無礙禁止處分之登記。

有前項第 2 款情形者，應檢具法院民事執行處或行政執行分署核發查無其他債權人併案查封或調卷拍賣之證明書件。（土地登記規則 141）

第三節　預告登記

一、意義

「預告登記」係預為保全對於他人土地或建物權利取得、喪失、變更登記之請求權所為之登記。由雙方當事人間約定，檢附登記名義人之同意書，為保障將來之處分或所承受之權利，於事前先辦理保全其請求權，向登記機關申請禁止登記名義人妨礙請求權所為之登記。

二、要件

㈠須經登記名義人之同意

聲請保全請求權之預告登記，應由請求權人檢附登記名義人之同意書為之。（土地法 79-1）

㈡預告登記須有請求權人

預告登記之聲請人，係基於一定事實或法律行為之請求權人。

㈢須以他人經登記之土地或建物權利為對象

未經登記所有權之土地，除法律或本規則另有規定外，不得為他項權利登記或限制登記。（土地登記規則 11）

㈣預告登記須為保全土地權利之移轉、消滅、內容或次序變更，或附條件期限之請求權。

三、預告登記與查封、假扣押、假處分或破產登記之異同

表 10-1　預告登記與查封、假扣押、假處分、破產登記之異同表

	預告登記	查封、假扣押、假處分、破產登記
種類	限制登記	限制登記
目的	保全請求權人之請求權	保全債權人之債權及第三人之利益
原因	1. 土地權利移轉或消滅之請求權 2. 土地權利內容或次序變更之請求權 3. 附條件或期限之請求權	1. 查封：不動產債權之強制執行 2. 假扣押：債權人金錢請求之強制執行 3. 假處分：金錢以外請求之強制執行 4. 破產登記：債務人不能清償債務之強制執行
性質	任意	強制
申請人	請求權人	債權人（破產登記債務人亦得申請）
登記申請機關	登記機關	法院
登記申請方式	單獨申請	囑託登記
原登記名義人同意	需要	不需要

四、預告登記之原因

對於他人土地權利之請求權。（土地法 79-1）

㈠ 關於土地權利移轉或使其消滅之請求權

土地權利移轉的請求權係指土地所有權或他項權利，因買賣所生之土地權利移轉請求權。因買賣契約所生之移轉請求權，申請預告登記，可防止一屋兩賣的情形。所謂使其消滅之請求權，係指塗銷權利之請求權，如債務清償而生之塗銷抵押權之請求權等。

㈡ 土地權利內容或次序變更之請求權

係指他項權利內容有所變更或抵押權次序有所變更所生之變更請求權，在未為變更登記前，得為預告登記，例如：抵押權、地上權或典權等存續期間變更，或利息租金變更之請求權均屬內容變更之請求權。又如第一順位之抵押權人對於後順序之抵押權人有讓與次序之義務時，次順位抵押權人對前一順位抵押權人有變更次序之請求權時，屬次序變更之請求權。為保全其變更內容或次序之請求權，得為預告登記。

㈢ 附條件或期限之請求權

係因條件成就或期限屆滿所生有關土地權利之請求權，於條件未成就或期限未屆滿前，得先申辦預告登記，以保障其附條件或期限之請求權。例如：某甲答應以樓房一棟贈與某乙，但附帶條件為某乙必須與其女兒結婚，在某乙未與某甲的女兒結婚前，得對某甲之樓房申請預告登記。又如張三答應兒子，待其大學畢業後，願將其土地贈與給他，其子亦得申請預告登記。

預告登記在未塗銷前，應保持土地權利之現狀，登記名義人不得爲有妨礙該已登記請求權之任何處分。但預告登記只能限制登記名義人所爲之處分。對於因徵收、法院判決或強制執行等所爲之新登記，並無排除之效力。

五、預告登記之效力

㈠土地法第 79-1 條第 2 項規定：預告登記未爲塗銷前，登記名義人就其權利所爲之處分，對於所登記之請求權有妨礙者無效。

例如：甲出賣房屋與乙，而辦理移轉請求權之預告登記後，仍將其所有權出售與丙。丙雖不得對抗乙，但仍得對抗其他人。如甲乙雙方之買賣契約無效時或乙之預告登記之原因消滅（例如：乙同意甲移轉與丙），則甲丙之間所有權之讓與仍爲有效。

㈡土地所有權人就其已辦竣預告登記之土地，再申辦他項權利設定登記，應檢附預告登記請求權人之同意書。（限制登記作業補充規定 2）

㈢土地經設定抵押權後，第三人爲保全土地權利移轉之請求權，得辦理預告登記。（限制登記作業補充規定 1）

㈣預告登記，因徵收、法院判決或強制執行而爲新登記，無排除之效力。預告登記，僅有保全請求權之效力，並無創設力。因爲「土地徵收」，係國家公共事業之需，或實施國家經濟政策，對於土地所有權之徵用，乃爲創設的處分，爲國家公權力之行使。「法院判決」，因判決確定而生物權變動之效力，自有創設力。「強制執行」，係國家執行之強制力，使受強制之人實現法令上效果之行爲，所以預告登記對之亦無排除之效力。

㈤共有土地他共有人之應有部分經限制登記者，應依下列規定辦理：（土地法第 34 條之 1 執行要點 8 Ⅵ）

1. 他共有人之應有部分經法院或行政執行分署囑託查封、假扣押、假處分、暫時處分、破產登記或因法院裁定而爲清算登記者，登記機關應依土地登記規則第 141 條規定徵詢原囑託或裁定機關查明有無妨礙禁止處分之登記情形，無礙執行效果者，應予受理登記，並將原查封、假扣押、假處分、暫時處分、破產登記或法院裁定開始清算程序事項予以轉載，登記完畢後通知原囑託或裁定機關及債權人；有礙執行效果者，應以書面敘明理由及法令依據，駁回登記之申請。

2. 他共有人之應有部分經有關機關依法律囑託禁止處分登記者，登記機關應洽原囑託機關意見後，依前目規定辦理。

3. 他共有人之應有部分經預告登記且涉及對價或補償者，應提出該共有人已受領及經原預告登記請求權人同意之證明文件及印鑑證明；為該共有人提存者，應提出已於提存書對待給付之標的及其他受取提存物所附之要件欄內記明提存物受取人領取提存物時，須檢附預告登記請求權人之同意書及印鑑證明領取之證明文件。登記機關應逕予塗銷該預告登記，於登記完畢後通知預告登記請求權人。

六、預告登記之塗銷

㈠ 預告登記之他項權利拋棄或因時效消滅

㈡ 預告登記原因不存在

例如：買賣原因不存在而依買賣契約而辦理之預告登記，理應經法院判決而塗銷之。

㈢ 預告登記原因被解除

買賣契約因雙方合意而解除或依法定解除原因，被預告登記之權利因而消滅，其預告登記應塗銷之。

㈣ 預告登記原因契約無效或撤銷

買賣契約因無效或經撤銷，而相對的使其預告登記失所依據時，應予塗銷之。例如：以詐欺、強迫而簽訂之買賣或抵押權設定，契約無效。

㈤ 預告登記人之同意

預告登記之塗銷登記，應由預告登記人檢附印鑑證明及原申請人塗銷同意等向地政機關辦理。

七、申請登記事由及登記原因

㈠ 申請登記事由

為「限制登記」。

㈡ 登記原因

為「預告登記」。

㈢ 登記原因發生日期

為登記名義人出具同意書日。

八、預告登記之應備文件

預告登記聲請登記時，應填具登記申請書，敘明登記事由、登記原因及所請求保全權利事項與範圍。並應檢附土地權利登記名義人之同意書及其印鑑證明，及該項登記原因契約書，在經登記機關審查合法後即予登記。並於登記總簿原登記名義人所有權部及他項權利部「其他登記事項欄」以附記登記敘明預告登記事項。登記完竣後再通知聲請人及登記名義人，但不必發給任何憑證。

㈠登記申請書。

㈡登記清冊。

㈢土地建物所有權人同意書

1. 申請預告登記，除提出土地登記規則第 34 條各款規定之文件外，應提出登記名義人同意書。前項登記名義人除符合第 41 條第 2 款、第 4 款至第 8 款、第 10 款、第 15 款及第 16 款規定之情形者外，應親自到場，並依第 40 條規定辦理。（土地登記規則 137）

2. 預告登記之塗銷，應提出原預告登記請求權人之同意書。前項請求權人除符合第 41 條第 2 款、第 4 款至第 8 款、第 10 款、第 15 款及第 16 款規定之情形者外，應親自到場，並依第 40 條規定程序辦理。預告登記之請求權爲保全土地權利移轉者，請求權人會同申辦權利移轉登記時，於登記申請書備註欄記明併同辦理塗銷預告登記者，免依前 2 項規定辦理。（土地登記規則 146）

㈣登記原因契約書

依法所爲之預告登記僅由請求權人檢附登記名義人之同意書辦理。除此之外，如辦理預告買賣登記時，應檢附不動產預定買賣契約書，如辦理抵押權預告登記應檢附不動產預定抵押契約書，如辦理地上權預告登記應檢附不動產預定地上權設定契約書，亦即辦理任何項目之他項權利預告登記時均應檢附該項契約書。

㈤申請人身分證明。

㈥印鑑證明。

㈦土地或建物所有權狀。

第四節　查封、假扣押、假處分、暫時處分、破產登記、清算登記

一、意義

㈠ 查封登記

查封為強制執行的方法之一，強制執行法第 75 條第 1 項規定：「不動產之強制執行，以查封、拍賣、強制管理之方法行之。」同法 11 條第 1 項規定：「供強制執行之財產權，其取得、設定、喪失或變更，依法應登記者，為強制執行時，執行法院應即通知該管登記機關登記其事由。」可見查封登記，係執行法院應債權人之請求，依強制執行法就提供強制執行之不動產，囑託登記機關為限制該不動產處分之登記。為貫徹查封之效力，防止該已被查封之不動產，再為移轉或設定他項權利等有妨害執行效果之登記，執行法院於對不動產實施查封後，應即通知登記機關為查封登記。而查封登記一經實施，立即發生效力，可保護債權人及第三人之利益，以阻止債務人脫產。

㈡ 假扣押

假扣押係債權人就金錢請求或得易為金錢請求之請求，欲保全強制執行者，得向法院聲請假扣押。此屬民事訴訟法上之保全程序，債權人為保全其本身之權益，因有日後不能強制執行或執行困難者得聲請法院對債務人之財產暫行扣押。假扣押本身為強制執行之執行名義之一，假扣押之執行，亦以查封方法為之，對於不動產執行假扣押時，必須由法院囑託地政機關為假扣押之登記，其效力及一般有關規定與查封登記相同。假扣押非日後不能強制執行或恐難執行者不得為之。所謂不能強制執行，如債務人浪費財產、增加負擔或就其財產為

不利益之處分將成爲無資力之情形。所謂恐難執行，如債務人將移住遠方或逃匿。

㈢ 假處分

假處分係債權人就金錢請求以外之請求，欲保全強制執行者，得聲請假處分。假處分非因請求標的之現狀變更，有日後不能強制執行，或執行困難者不得爲之。爭執之法律關係有定暫時狀態之必要者亦得爲此聲請。假處分對於不動產之執行，亦由法院囑託登記機關爲之，其效力與查封、假扣押相同。

㈣ 破產登記

債務人不能清償其債務者，法院因債權人或債務人之聲請宣告破產，法院爲破產宣告時，就破產人或破產財團有關之登記應即通知登記機關，囑託爲破產之登記。破產人因破產之宣告，對於應屬破產財團之財產，喪失其管理及處分權。故破產登記係法院因債務人不能清償其債務，爲兼顧債權人及債務人之利益，就債務人之總財產依職權所爲之必要保全處分，於實務上，實亦即爲查封登記，其效力及一般規定與查封登記同。

㈤ 暫時處分

法院就已受理之家事非訟事件，除法律別有規定外，於本案裁定確定前，認有必要時，得依聲請或依職權命爲適當之暫時處分。但關係人得處分之事項，非依其聲請，不得爲之。（家事事件法85 Ⅰ）

㈥ 因法院裁定而爲清算登記

法院裁定開始清算程序時，就債務人或清算財團有關之登記，應即通知該管登記機關爲清算之登記。（消費者債務清理條例87）

二、登記辦理方式

㈠ 登記機關接獲囑託時，應即辦理

土地總登記後，法院或行政執行分署囑託登記機關辦理查封、假扣押、假處分、暫時處分、破產登記或因法院裁定而為清算登記時，應於囑託書內記明登記之標的物的標示及其事由。登記機關接獲法院或行政執行分署之囑託時，應即辦理，不受收件先後順序之限制。（土地登記規則 138 Ⅰ）

㈡ 登記標的物如已移轉而未登記完畢，接獲囑託時

登記標的物如已由登記名義人申請移轉或設定登記而尚未登記完畢者，應即改辦查封、假扣押、假處分、暫時處分、破產登記或清算登記，並通知登記申請人。（土地登記規則 138 Ⅱ）

㈢ 登記標的物如已移轉登記完畢，接獲囑託時

登記標的物如已由登記名義人申請移轉與第三人並已登記完畢者，登記機關應即將無從辦理之事實函復法院或行政執行分署。但法院或行政執行分署因債務人實行抵押權拍賣抵押物，而囑託辦理查封登記，縱其登記標的物已移轉登記與第三人，仍應辦理查封登記，並通知該第三人及將移轉登記之事實函復法院或行政執行分署。（土地登記規則 138 Ⅲ）

㈣ 同一土地經辦理查封後，法院再囑託查封時

同一土地經辦理查封、假扣押或假處分登記後，法院或行政執行分署再囑託為查封、假扣押或假處分登記時，登記機關應不予受理，並復知法院或行政執行分署已辦理登記之日期及案號。（土地登記規則 140）

㈤ 登記機關先後接獲查封或其他禁止處分登記時

有下列情形之一者，登記機關應予登記，並將該登記之事由分別通知有關機關：

1. 土地經法院或行政執行分署囑託查封、假扣押、假處分、暫時處分、破產登記或因法院裁定而爲清算登記後，其他機關再依法律囑託禁止處分之登記。

2. 土地經其他機關依法律囑託禁止處分登記後，法院或行政執行分署再囑託查封、假扣押、假處分、暫時處分、破產登記或因法院裁定而爲清算登記。（土地登記規則142）

㈥ 查封已登記土地上之未登記建物時

法院或行政執行分署囑託登記機關，就已登記土地上之未登記建物辦理查封、假扣押、假處分、暫時處分、破產登記或因法院裁定而爲清算登記時，應於囑託書內另記明登記之確定標示以法院或行政執行分署人員指定勘測結果爲準字樣。

前項建物，由法院或行政執行分署派員定期會同登記機關人員勘測。勘測費，由法院或行政執行分署命債權人於勘測前向登記機關繳納。

登記機關勘測建物完畢後，應即編列建號，編造建物登記簿，於標示部其他登記事項欄辦理查封、假扣押、假處分、暫時處分、破產或清算登記。並將該建物登記簿與平面圖及位置圖之影本函送法院或行政執行分署。

前 3 項之規定，於管理人持法院裁定申請爲清算之登記時，準用之。但是法院若囑託就未辦登記建物共用部分之應有部分辦理勘測或查封登記時，因共用部分產權無從查悉，應將無從辦理事實函復法院。（土地登記規則139）

㈦ 查封登記與破產登記兩者性質不同，可併存而辦登記。（限制登記作業補充規定17）

不動產經法院或行政執行分署囑託辦理查封、假扣押、假處分登記後，可再爲破產登記。

不動產經法院或行政執行分署囑託辦理限制登記後，同一法院或行政執行分署之檢察官或行政執行官再囑託爲禁止處分登記，應予受理。

㈧ 爲實行抵押權而查封拍賣已移轉之抵押物

法院因債權人實行抵押權拍賣抵押物，而囑託辦理查封登記，縱其登記標的物已移轉登記與第三人，仍應即辦理查封登記，並將移轉登記之事實函覆法院。已設定抵押權的標的物，就其賣得的價金受清償之權，不因標的物的移轉而有影響。

㈨ 稅捐稽徵機關囑託禁止處分登記

稅捐稽徵法第24條第1～3項：「納稅義務人欠繳應納稅捐者，稅捐稽徵機關得就納稅義務人相當於應繳稅捐數額之財產，通知有關機關，不得爲移轉或設定他項權利；其爲營利事業者，並得通知主管機關，限制其減資或註銷之登記。

前項欠繳應納稅捐之納稅義務人，有隱匿或移轉財產、逃避稅捐執行之跡象者，稅捐稽徵機關得聲請法院就其財產實施假扣押，並免提供擔保。但納稅義務人已提供相當財產擔保者，不在此限。

在中華民國境內居住之個人或在中華民國境內之營利事業，其已確定之應納稅捐逾法定繳納期限尚未繳納完畢，所欠繳稅款及已確定之罰鍰單計或合計，個人在新臺幣100萬元以上，營利事業在新臺幣200萬元以上者；其在行政救濟程序終結前，個人在新臺幣150萬元以上，營利事業在新臺幣300萬元以上，得由財政部函請內政部入出國及移民署限制其出境；其為營利事業者，得限制其負責人出境。但已提供相當擔保者，應解除其限制。」

㈩ 塗銷登記之辦理

查封、假扣押、假處分、破產登記或其他禁止處分之登記，應經原囑託登記機關或執行拍賣機關之囑託，始得辦理塗銷登記。但因徵收、區段徵收或照價收買完成後，得由徵收或收買機關囑託登記機關辦理塗銷登記。（土地登記規則147）

所有權或抵押權經查封登記未塗銷前，持憑法院確定判決申請塗銷所有權登記或塗銷抵押權登記，應不予受理。（限制登記作業補充規定20）

破產管理人處分破產人之不動產，申辦所有權移轉登記時，應先報請法院囑辦塗銷破產登記後，再行辦理。（限制登記作業補充規定12）

⑴ 查封未辦理繼承之不動產

依「未繼承登記不動產辦理強制執行聯繫辦法」：

第1條：「未辦理繼承登記之不動產，執行法院因債權人之聲請，依強制執行法第11條第3項或第4項規定，以債務人費用，通知地政機關登記為債務人所有時，得依同法第28條第2項規定准債權人代債務人申繳遺產稅及登記規費。」

第2條：「債權人依前條向執行法院聲請時，應具聲請書一式二份，記載下列事項及提供下列文件：

1. 債權人姓名、年齡、出生地及住居所。
2. 被繼承人之姓名、年齡、出生地及住居所。
3. 繼承人或遺囑執行人姓名、年齡、出生地及住居所。

4. 聲請之原因。

5. 繼承系統表或指定繼承人之遺囑及繼承人之戶籍謄本。

6. 不動產所有權狀。其不能提出者，債權人應陳明理由，聲請執行法院通知地政機關公告作廢。但應提出不動產登記簿謄本代之。」

附錄表格

表 10-1　土地登記申請書（更正）

表 10-2　更正登記清冊

表 10-3　土地登記申請書（預告登記）

表 10-4　預告登記同意書

表 10-5　土地登記申請書（塗銷預告登記）

表 10-6　塗銷預告登記同意書

表 10-1　土地登記申請書（更正）

S0700026401

收件	日期	年　月　日　時　分	收件者章	
	字號	字第　　號		

連件序別（非連件者免填）	共　件	第　件

登記費	元	合　計	元
書狀費	元	收　據	字　號
罰　鍰	元	核算者	

土　地　登　記　申　請　書

(1)受理機關	桃園　縣 八德地政事務所 市 □跨所申請	資料管轄機關	縣 市 地政事務所	(2)原因發生日期	中華民國 105 年 9 月 9 日

(3)申請登記事由（選擇打 V 一項）	(4)登記原因（選擇打 V 一項）
□ 所有權第一次登記	□ 第一次登記
□ 所有權移轉登記	□ 買賣 □ 贈與 □ 繼承 □ 分割繼承 □ 拍賣 □ 共有物分割 □
□ 抵押權登記	□ 設定 □ 法定 □
□ 抵押權塗銷登記	□ 清償 □ 拋棄 □ 混同 □ 判決塗銷 □
□ 抵押權內容變更登記	□ 權利價值變更 □ 權利內容等變更 □
□ 標示變更登記	□ 分割 □ 合併 □ 地目變更 □
V 更正登記	V 姓名更正

(5)標示及申請權利內容　詳如 □ 契約書 V 登記清冊 □ 複丈結果通知書 □ 建物測量成果圖 □

(6)附繳證件			
	1.更正原因證明文件 1 份	4.身分證明文件影本 1 份	7.　　份
	2.土地所有權狀 1 份	5.　　份	8.　　份
	3.建物所有權狀 1 份	6.　　份	9.　　份

(7)委任關係	本土地登記案之申請委託　王○○　代理。　　複代理。委託人確為登記標的物之權利人或權利關係人並經核對身分無誤，如有虛偽不實，本代理人(複代理人)願負法律責任。代理人印	(8)聯絡方式	權利人電話	（04）222***11
			義務人電話	（04）265***20
			代理人聯絡電話	（04）222***11
			傳真電話	（04）273***20
			電子郵件信箱	***** @ yahoo.com.tw
(9)備註	更正前：張○四　　更正後：張○三		不動產經紀業名稱及統一編號	
			不動產經紀業電話	

S0700026401

(10)	(11) 權利人或義務人	(12) 姓名或名稱	(13) 出生年月日	(14) 統一編號	(15) 住										所	(16) 簽章
					縣市	鄉鎮市區	村里	鄰	街路	段	巷	弄	號	樓		
申	權利人	張○三	52.*.1	N10*****47	桃園市	○○區	○○	2	○○路		11	1	11			印
請																
人																
	代理人	王○○	47.*.5	C10*****01	臺中市	○○區			○○路				36			代理人印

本案處理經過情形（以下各欄申請人請勿填寫）	初審	複審	核定	登簿	校簿	書狀列印	校狀	書狀用印
				地價異動	通知領狀	異動通知	交付發狀	歸檔

表 10-2　更正登記清冊

S0700026402

登記清冊　申請人　張○三　簽章印										
土地標示	(1)坐落	鄉鎮市區	八德區							
		段	下庄子	以						
		小段		下						
	(2)地號		396	空						
	(3)面積（平方公尺）		63	白						
	(4)權利範圍		全部							
	(5)備註		更正前：張○四 更正後：張○三							

S0700026402

建物標示	(6)建　號		1516			
	(7)門牌	鄉鎮市區	八德區			
		街　路	大興街			
		段巷弄	18			
		號　樓	15			
	(8)建物坐落	段	下庄子			
		小　段		以		
		地　號	396	下		
	(9)面積（平方公尺）	地面　層	46.81	空		
		第二　層	62.91	白		
		層				
		地平面騎樓	16.10			
		共　計	125.82			
	(10)附屬建物	用　途				
		面　積（平方公尺）				
	(11)權利範圍		全部			
	(12)備　註		更正前：張○四 更正後：張○三			

表 10-3　土地登記申請書（預告登記）

S0700018401

收件	日期	年 月 日 時 分	收件者章	
	字號	字第 號		

連件序別（非連件者免填）	共 件	第 件

登記費	元	合計	元
書狀費	元	收據	字 號
罰鍰	元	核算者	

土　地　登　記　申　請　書

(1) 受理機關	桃園市 縣 ○○地政事務所 □跨所申請	資料管轄機關	縣市 地政事務所	(2) 原因發生日期	中華民國 105 年 2 月 1 日

(3)申請登記事由（選擇打∨一項）	(4)登記原因（選擇打∨一項）
□ 所有權第一次登記	□ 第一次登記
□ 所有權移轉登記	□ 買賣 □ 贈與 □ 繼承 □ 分割繼承 □ 拍賣 □ 共有物分割 □
□ 抵押權登記	□ 設定 □ 法定 □
□ 抵押權塗銷登記	□ 清償 □ 拋棄 □ 混同 □ 判決塗銷 □
□ 抵押權內容變更登記	□ 權利價值變更 □ 權利內容等變更 □擔保物減少
□ 標示變更登記	□ 分割 □ 合併 □ 地目變更 □
∨ 預告登記	∨ 預告登記

(5)標示及申請權利內容　詳如□ 契約書 □登記清冊 □ 複丈結果通知書 □ 建物測量成果圖 ∨同意書

(6) 附繳證件			
	1.同意書 1 份	4.土地所有權狀 1 份	7. 份
	2.身分證影本 2 份	5.建物所有權狀 1 份	8. 份
	3.印鑑證明 1 份	6 份	9. 份

(7)委任關係	本土地登記案之申請委託 鄭○○ 代理。 複代理。 委託人確為登記標的物之權利人或權利關係人並經核對身分無誤，如有虛偽不實，本代理人(複代理人)願負法律責任。 代理人印	(8)聯絡方式	權利人電話	（03）38***12
			義務人電話	（03）38***11
			代理人聯絡電話	（03）38***11
			傳真電話	（03）38***00
			電子郵件信箱	***** @ yahoo.com.tw
(9)備註			不動產經紀業名稱及統一編號	
			不動產經紀業電話	

S0700018401

(10)	(11) 權利人或義務人	(12) 姓名或名稱	(13) 出生年月日	(14) 統一編號	(15) 住所 縣市	鄉鎮市區	村里	鄰	街路	段	巷	弄	號	樓		(16) 簽章
申請人	權利人（請求權人）	江○○	31.7.11	H10*****00	桃園市	○○區	○○	1	○○路				11			印
	義務人（登記名義人）	蔡○○	51.7.10	B22****00	桃園市	○○區	○○	1	○○路				12			印鑑章
	代理人	鄭○○	40.1.5	C10*****01	桃園市	○○市	○○區		○○路				71			代理人印

本案處理經過情形（以下各欄申請人請勿填寫）	初審	複審	核定	登簿	校簿	書狀列印	校狀	書狀用印
				地價異動	通知領狀	異動通知	交付發狀	歸檔

表 10-4　預告登記同意書

預　告　登　記　同　意　書

茲為請求權人　張○弘　聲請保全下列不動產所有權移轉之請求權，立同意書人爰依土地法第 79 條之 1 規定同意所有下列之不動產向地政機關辦理預告登記，恐口無憑，立此為據。

此致

蔡○嬌　君

立同意書人：　江○弘　（蓋章）

土　地　標　示

鄉鎮市區	段	小段	地號	地目	面積（平方公尺）	權利範圍	備　註
東	德高		8**		1717	428/10000	

建　物　標　示

建　號	門			牌	基地座落			權利範圍	備　註
	鄉鎮市區	路　街	段巷弄	號　樓	段	小段	地號		
9351	東	仁和		34	德高		8**	428/1000	

中華民國　年　月　日

表 10-5　土地登記申請書（塗銷預告登記）

S0700033401

收件	日期	年　月　日　時　分	收件者章	
	字號	字第　　號		

連件序別（非連件者免填）	共　件	第　件		

登記費	元	合計	元
書狀費	元	收據	字　號
罰鍰	元	核算者	

土　地　登　記　申　請　書

(1) 受理機關	桃園 縣市 八德地政事務所 ☐跨所申請	資料管轄機關	縣市 地政事務所	(2) 原因發生日期	中華民國 105 年 2 月 1 日

(3)申請登記事由（選擇打∨一項）	(4)登記原因（選擇打∨一項）
☐ 所有權第一次登記	☐ 第一次登記
☐ 所有權移轉登記	☐ 買賣 ☐ 贈與 ☐ 繼承 ☐ 分割繼承 ☐ 拍賣 ☐ 共有物分割 ☐
☐ 抵押權登記	☐ 設定 ☐ 法定 ☐
☐ 抵押權塗銷登記	☐ 清償 ☐ 拋棄 ☐ 混同 ☐ 判決塗銷 ☐
☐ 抵押權內容變更登記	☐ 權利價值變更 ☐ 權利內容等變更 ☐擔保物減少
☐ 標示變更登記	☐ 分割 ☐ 合併 ☐ 地目變更 ☐
∨ 塗銷登記	∨ 塗銷預告登記

(5)標示及申請權利內容	詳如☐ 契約書 ☐登記清冊 ☐ 複丈結果通知書 ☐ 建物測量成果圖 ∨同意書

(6) 附繳證件	1.同意書 1 份	4.　份	7.　份
	2.印鑑證明 1 份	5.　份	8.　份
	3.戶口名簿影本 2 份	6.　份	9.　份

(7)委任關係	本土地登記案之申請委託　鄭○○　代理。　　複代理。 委託人確為登記標的物之權利人或權利關係人並經核對身分無誤，如有虛偽不實，本代理人(複代理人)願負法律責任。代理人印	(8)聯絡方式	權利人電話	（03）38***12
			義務人電話	（03）38***11
			代理人聯絡電話	（03）38***12
			傳真電話	（03）38***11
			電子郵件信箱	***** @ yahoo.com.tw
(9)備註			不動產經紀業名稱及統一編號	
			不動產經紀業電話	

S0700033401

(10) 申請人	(11) 權利人或義務人	(12) 姓名或名稱	(13) 出生年月日	(14) 統一編號	(15) 住所 縣市	鄉鎮市區	村里	鄰	街路	段	巷	弄	號	樓		(16) 簽章
	權利人	林○○	35.*.11	H20*****00	桃園市	八德區	○○	2	○○路	1			21			印
	代理人	鄭○○	45.*.15	C10*****01	桃園市	桃園區	○○		○○路				71			代理人印

本案處理經過情形（以下各欄申請人請勿填寫）	初審	複審	核定	登簿	校簿	書狀列印	校狀	書狀用印
				地價異動	通知領狀	異動通知	交付發狀	歸檔

表 10-6 塗銷預告登記同意書

塗銷預告登記同意書

立同意書人原與下列標示之不動產所有權人　　　　　　　辦理預告登記，並經　　　　地政事務所

年　　　字第　　　　　　號登記在案，現因預告登記原因業經消滅，同意向貴地政事務所塗銷預告

登記，並立此同意書為據。

此致

新北市板橋地政事務所

不動產標示：

土地標示					建物標示	
市區	段	小段	地號	權利範圍	建號	權利範圍

立同意書人：　　　　　　　　　（蓋章）

統一編號：

中華民國　　　　年　　　　月　　　　日

※依土地登記規則第 34 條、第 146 條規定檢附。

第 11 章　塗銷登記及消滅登記

第一節　塗銷登記

一、意義

依本土地登記規則登記之土地權利，因權利之拋棄、混同、終止、存續期間屆滿、債務清償、撤銷權之行使或法院確定判決等，致權利消滅時，應申請塗銷登記。（土地登記規則 143 Ⅰ）

塗銷登記係因法定或約定原因使權利消滅，但是該標的物仍存在，並未消滅。

二、塗銷登記與消滅登記之區別

表 11-1　塗銷登記與消滅登記差異表

	塗銷登記	消滅登記
意義	法定或約定原因使權利消滅	土地、建物權利的標的物滅失
標的物	仍存在	不存在
申請勘測	不需申請	需申請
登記方式	所有權部或他項權利部註明塗銷原因	登記於標示部，所有權部、他項權利部截止登記
新登記之辦理	可以辦理	無法辦理

三、塗銷登記之種類

㈠ 土地權利之塗銷登記

1. 拋棄

民法第 764 條規定：「物權除法律另有規定外，因拋棄而消滅。」登記名義人如拋棄土地或建物之所有權或他項權利時，其權利即歸消滅。另預告登記之請求權人亦得拋棄其請求權，如拋棄後均應依規定辦理塗銷登記。

因拋棄申請登記時，有以該土地權利爲標的物之他項權利者，應檢附該他項權利人之同意書，同時申請他項權利塗銷登記。私有土地所有權之拋棄，登記機關應於辦理塗銷登記後，隨即爲國有之登記。（土地登記規則 143 Ⅱ）

建築物法定空地所有權人，無論是否仍有該建築物或坐落基地所有權，皆不得單獨拋棄其法定空地所有權：建築物法定空地，依建築法第 11 條規定，係屬建築基地之一部分，其於建築基地建築使用時，應留設一定比例面積之空地，旨在維護建築物便於日照、通風、採光及防火等，以增進建築物使用人之舒適、安全與衛生等公共利益，故該法條第 3 項明定應留設之法定空地，負有「非依規定不得分割、移轉，並不得重複使用」之使用負擔，從而所有權人應無從拋棄該空地所有權，而由國庫原始取得，進而免除該土地上原有之使用負擔，其所爲之拋棄行爲，乃屬違反建築法應保留空地以維護公同利益之規定及意旨，亦即民法第 148 條第 1 項所禁止之行爲，牴觸權利濫用禁止原則，且有迂迴脫法行爲之嫌，與上開建築法第 11 條之立法精神有悖（法務部 91.5.23 法律字第 0910018530 號函參照）。是以，基於法定空地爲建築基地之一部分，爲維護建築法應保留空地以維護公同利益之規定及意旨，建築物法定空地所有權人，無論是否仍有該建築物或坐落基地所有權，皆不宜單獨拋棄其法定空地所有權。（內政部中華民國 92.2.19 內授中辦地字第 0920081845 號函）

2. 混同

指同一標的物上兼有之兩種權利歸於一人時，其中一種權利因而消滅。辦理塗銷登記時，於土地及建物之他項權利部登記，登記原因爲「混同」。

⑴ 所有權與他項權利混同

同一土地或建物之所有權及他項權利歸屬於一人時，「他項權利」因混同而消滅。例如：抵押權與所有權之混同，抵押權因而消滅。民法第 762 條：「同一物之所有權及其他物權，歸屬於一人者，其他物權因混同而消滅。但其他物權之存續，於所有人或第三人有法律上之利益者，不在此限。」如甲於乙所有的土地上有地上權，將其地上權爲標的設定抵押權與丙，其後甲向乙購得此土地，則丙（第三人）於地上權存續有法律上之利益，如地上權消滅，則丙之抵押權因標的物消滅而消滅，不利於丙，故地上權不能因混同而消滅。

⑵ 他項權利與以該他項權利為標的物之他項權利混同

所有權人以外之物權及以該物權爲標的物之權利，歸屬於一人者，其權利因混同而消滅（民法 763）。例如：甲以其地上權抵押於乙，乙爲實行抵押權而取得地上權，則乙之抵押權因混同而消滅。

⑶ 土地或建物權利與預告登記之請求權之混同

土地法第 79 條之 1 第 1 款規定保全關於土地權利移轉之請求權辦理預告登記者，請求權人取得原被預告登記之土地或建物之所有權或他項權利時，因混同而消滅，應辦混同塗銷登記。

3. 存續期間屆滿

他項權利因約定之存續期間屆滿而消滅，依法應辦塗銷登記。登記原因爲「存續期間屆滿」。

4. 債務清償

債之關係消滅者，其債權之擔保及其他從屬之權利亦同時消滅（民法 307）。故抵押權所擔保之債權如因清償等原因消滅時，抵押權亦隨同消滅。

5. 撤銷權之行使

地上權人積欠地租達 2 年之總額者，除另有習慣外土地所有人得終止其地上權。（民法 836）

因爲以上原因，辦理他項權利塗銷登記時：他項權利塗銷登記，除權利終止外，得由他項權利人、原設定人或其他利害關係人提出土地登記規則第 34 條所列文件，單獨申請之。

前項單獨申請登記有下列情形之一者，免附第 34 條第 1 第 2 款、第 3 款之文件：

⑴ 永佃權或不動產役權因存續期間屆滿申請塗銷登記。

⑵ 以建物以外之其他工作物爲目的之地上權，因存續期間屆滿申請塗銷登記。

⑶ 農育權因存續期間屆滿 6 個月後，申請塗銷登記。

⑷ 因需役不動產滅失或原使用需役不動產之物權消滅，申請其不動產役權塗銷登記。（土地登記規則 145）

6. 法院之判決

依本規則登記之土地權利，除本規則另有規定外，非經法院判決塗銷確定，登記機關不得爲塗銷登記（土地登記規則 7）。已登記之土地或建物權利如有無效或得撤銷之原因，經眞正權利人訴請法院判決，應予辦理塗銷登記，訴訟上和解或調解塗銷者亦同。

㈡ 限制登記之塗銷登記

1. 預告登記的塗銷應經原請求權人之同意

預告登記之塗銷，應提出原請求權人之同意書。前項請求權人除符合第 41 條第 2 款、第 4 款至第 8 款、第 10 款、第 15 款及第 16 款規定之情形者外，應親自到場，並依第 40 條規定程序辦理。預告登記之請求權爲保全土地權利移轉者，請求權人會同申辦權利移轉登記時，於登記申請書備註欄記明併同辦理塗銷預告登記者，免依前 2 項規定辦理。（土地登記規則 146）

2. 其他限制登記的塗銷應經原囑託機關之囑託

查封、假扣押、假處分、破產登記或其他禁止處分之登記，應經原囑託登記機關或執行拍賣機關之囑託，始得辦理塗銷登記。但因徵收、區段徵收或照價收買完成後，得由徵收或收買機關囑託登記機關辦理塗銷登記。（土地登記規則147）

㈢ 錯誤登記之塗銷

依本規則登記之土地權利，有下列情形之一者，於第三人取得該土地權利之新登記前，登記機關得於報經直轄市或縣（市）地政機關查明核准後塗銷之：

1. 登記證明文件經該主管機關認定係屬僞造。
2. 純屬登記機關之疏失而錯誤之登記。

前項事實於塗銷登記前，應於土地登記簿其他登記事項欄註記。（土地登記規則144）

四、應備文件

㈠登記申請書。

㈡登記清冊。

㈢塗銷登記證明文件

1. 權利拋棄或債務清償：原設定權利人出具之證明書。
2. 土地權利之消滅或其他原因：原因證明文件。
3. 法院判決：法院判決書及判決確定證明書。
4. 定有存續期間的地上權塗銷免附。

㈣所有權狀或他項權利證明書：定有存續期間的地上權塗銷免附。

㈤申請人身分證明。

㈥印鑑證明：義務人爲自然人未能親自到場核對身分者檢附之。

㈦他項權利證明書：他項權利的塗銷登記，應檢附之。

㈧同意書：預告登記之塗銷，應提出原預告登記請求權人之同意書。

第二節　消滅登記

一、意義

㈠ 標的物消滅的原因

土地或建物因天然或人為原因，全部或部分滅失，由所有人或其他權利人向地政機關申辦之標的物消滅登記。土地及建物為所有權或他項權利所附屬之標的物滅失，他項權利亦隨同消滅。例如：土地因天然變遷成為湖澤，或為可通運之水道，或建物因地震、颱風、火災而毀損等；或者因人為因素，例如：建物之拆除等，使建物滅失，應申請土地或建物的消滅登記。

㈡ 消滅登記

土地登記規則第 148 條：「土地滅失時應申請消滅登記；其為需役土地者，應同時申請其供役不動產上之不動產役權塗銷登記。前項土地有他項權利或限制登記者，登記機關應於登記完畢後通知他項權利人、囑託機關或預告登記請求權人。」

因為土地標的物消滅後，附著於土地的他項權利已經無法繼續存在，因此應於辦理土地消滅登記時，通知他項權利人辦理塗銷登記。

二、土地消滅登記之相關規定

㈠ 私有土地因天然原因而消滅

私有土地因天然變遷成為湖澤或可通運之水道時，依土地法第 12 條第 1 項規定，其所有權視為消滅，應辦理消滅登記，由土地所有權人申請，經該管地政機關會同水利機關勘定無誤後辦理之。其屬共有者，准由部分共有人申請，地政機關受理登記之申請時，除應依上開規定辦理勘定外，並應於登記完竣後將消滅事實通知其他共有人及權利關係人限期繳納土地權利書狀。（內政部 75.6.25 台內地字第 418876 號函）

㈡ 私有土地的消滅係法律事實，不須登記即生效力

私有土地淹沒於河水水域中，依土地法第 12 條規定，其所有權視爲消滅。私有土地所有權消滅者爲國有土地，亦爲土地法第 10 條第 2 項所明定。土地消滅爲一法律事實非法律行爲，不待登記即生效力，故私有土地消滅劃爲河川地後，土地登記簿上雖未辦理消滅登記，其權利行使及管理使用仍應適用水利法有關規定辦理。（內政部 69.10.1 地司發字第 1419 號）

㈢ 土地滅失致面積有增減時

土地權利之標的物，經部分流失、水流變更致面積有增減，或土地因全部坍沒流失或建物因倒塌、焚毀而消滅時，應依規定辦理面積增減及滅失登記。

㈣ 設有他項權利之土地消滅登記，應通知他項權利人

土地滅失時應申請消滅登記；其爲需役土地者，應同時申請其供役不動產上之不動產役權塗銷登記。

前項土地有他項權利或限制登記者，登記機關應於登記完畢後通知他項權利人、囑託機關或預告登記請求權人。（土地登記規則 148）

三、建物消滅登記之相關規定

(一) 建物滅失是法律事實

建物滅失爲法律事實而非法律行爲，建物滅失，該建物上所有權隨之消滅，並不待滅失登記始發生物權喪失之效力。

(二) 建物滅失登記應先勘查或檢附拆除執照

建物拆除滅失經申請登記機關勘查屬實後，申請建物消滅登記，無須繳附建物拆除執照。（70.9.9 內政部台內地字第29164號函）

(三) 建物滅失，申請拆除執照

舊建物拆除執照與新建物建造執照併案申請，免先辦理舊建物滅失登記，設有他項權利者，其申請拆除執照應經他項權利關係人之同意。（內政部 72.6.11 台內營字第 159334 號函）

(四) 建物滅失登記之代位申請

建物全部滅失時，該建物所有權人未於規定期限內申請消滅登記者，得由土地所有權人或其他權利人代位申請；亦得由登記機關查明後逕爲辦理消滅登記。

前項建物基地有法定地上權登記者，應同時辦理該地上權塗銷登記；建物爲需役不動產者，應同時辦理其供役不動產上之不動產役權塗銷登記。

登記機關於登記完畢後，應將登記結果通知該建物所有權人及他項權利人。建物已辦理限制登記者，並應通知囑託機關或預告登記請求權人。（土地登記規則 31）

四、消滅登記之應備文件

㈠土地或建物測量申請書。

㈡消滅登記申請書。

㈢登記清冊。

㈣複丈或測量結果通知書。

㈤申請人身分證明。

㈥土地或建物所有權狀。

附錄表格

表 11-1　土地登記申請書（抵押權全部塗銷）

抵押權塗銷登記範例（金融機關）

S0700017401

收件	日期	年　月　日　時　分	收件者章	
	字號	字第　　號		

連件序別（非連件者免填）	共　件	第　件

登記費	元	合計	元
書狀費	元	收據	字　號
罰鍰	元	核算者	

土地登記申請書

(1) 受理機關	桃園市 縣 ○○地政事務所 ☐跨所申請	資料管轄機關	縣市 地政事務所	(2) 原因發生日期	中華民國 105 年 1 月 25 日

(3)申請登記事由（選擇打ˇ一項）	(4)登記原因（選擇打ˇ一項）
☐ 所有權第一次登記	☐ 第一次登記
☐所有權移轉登記	☐ 買賣 ☐ 贈與 ☐ 繼承 ☐ 分割繼承 ☐ 拍賣 ☐ 共有物分割 ☐
☐抵押權登記	☐ 設定 ☐ 法定 ☐
☑抵押權塗銷登記	☑ 清償 ☐ 拋棄 ☐ 混同 ☐ 判決塗銷 ☐
☐ 抵押權內容變更登記	☐ 權利價值變更 ☐ 權利內容等變更 ☐
☐ 標示變更登記	☐ 分割 ☐ 合併 ☐ 地目變更 ☐
☐	☐

(5)標示及申請權利內容	詳如 ☐契約書 ☑ 登記清冊 ☐ 複丈結果通知書 ☐ 建物測量成果圖 ☐

(6) 附繳證件	1.抵押權塗銷同意書 1 份	4.　份	7.　份
	2.身分證影本 1 份	5.　份	8.　份
	3.他項權利證明書 1 份	6.　份	9.　份

(7)委任關係	本土地登記案之申請委託　王○○　代理。　複代理。 委託人確為登記標的物之權利人或權利關係人並經核對身分無誤，如有虛偽不實，本代理人(複代理人)願負法律責任。 代理人印	(8) 聯絡方式	權利人電話	（04）2222-****
			義務人電話	（04）2222-****
			代理人聯絡電話	（04）2222-****
			傳真電話	（04）2222-****
			電子郵件信箱	*****@yahoo.com.tw
(9)備註			不動產經紀業名稱及統一編號	
			不動產經紀業電話	

S0700017401

(10)	(11) 權利人或義務人	(12) 姓名或名稱	(13) 出生年月日	(14) 統一編號	(15) 住所 縣市	鄉鎮市區	村里	鄰	街路	段	巷	弄	號	樓		(16) 簽章
申請人	權利人	王○○	49.10.10	F12*****00	臺北市	○○區	○○里	9	○○路	3			11			印
	代理人	王○○	48.5.5	C10*****01	臺中市	○○區			○○路	1			36			代理人印

本案處理經過情形（以下各欄申請人請勿填寫）	初審	複審	核定	登簿	校簿	書狀列印	校狀	書狀用印
				地價異動	通知領狀	異動通知	交付發狀	歸檔

表 11-2　抵押權塗銷登記清冊

S0700017402

登記清冊　申請人 王○河　簽章 印									
土地標示	(1)坐落	鄉鎮市區	八德區	以					
		段	大忠	下					
		小段		空					
	(2)地號		○○○	白					
	(3)面積（平方公尺）		334.2						
	(4)權利範圍		58/10000						
	(5)備註								

S0700017402

建物標示	(6)建號		906			
	(7)門牌	鄉鎮市區	八德區			
		街路	○○路		以	
		段巷弄		共		
		號樓	○號○樓	有	下	
	(8)建物坐落	段	大忠	部		
		小段		分	空	
		地號	16	900		
	(9)面積（平方公尺）	第八層	83.44	建	白	
		層		號		
		層		範		
		層		圍		
				2/10000		
		共計	83.44			
	(10)附屬建物	用途	陽臺			
		面積（平方公尺）	10.21			
	(11)權利範圍		全部			
	(12)備註					

表 11-3 建物測量申請書（滅失）

收件日期	年 月 日	收件者章		測量費	新臺幣 元	收費者章
收件字號	字第 號			收據號碼	字第 號	

建物測量申請書

受文機關	苗栗 縣/市 銅鑼 地政事務所	建物略圖
申請原因	☐建物第一次測量 ☐建物增建 ☐建物分割 ☐建物合併 ☑建物滅失☐基地號勘查☐門牌號勘查 ☐申請未登記建物基地號及門牌號勘查☐其他（ ）	
附繳證件	身分證影本乙份 拆除執照影本乙份 建物所有權狀影本乙份	

建物標示	建號	基地坐落				建物門牌							主要用途	主要構造
		鄉鎮市區	段	小段	地號	街路	段	巷	弄	號	樓			
	64	銅鑼鄉	福興		428-2 428-3	中正路				168			人行道、店舖	鋼筋混凝土造

委任關係	本建物測量案之申請，委託 倪○○ 代理及指界認章，如有不實願負法律責任。

申請人姓名	出生年月日	住址										權利範圍	身分證統一編號	簽章
		市縣	鄉鎮市區	村里	鄰	街路	段	巷	弄	號	樓			
張○○	56.05.18	苗栗	銅鑼鄉			中正路				○	○			印
李○○		苗栗	銅鑼鄉			中正路				○	○			印

申請日期	中華民國 93 年 1 月 10 日
備註	

簽收測量定期通知書	年 月 日 簽章	核發成果或移辦登記	

審查意見及核章	承辦人	檢查	課長	主任

申請人或代理人電話：037-232786 傳真電話： e-mail：

表 11-4　建物測量及標示變更登記申請書（建物滅失）

測量日期	年 月 日 時 分	收件者章	測量費	新臺幣 元	收費者章	登記日期	年 月 日 時 分
收件字號	字第 號		收據	字第 號		收件字號	字第 號

收件者章	登記費	元	合計 元
	書狀費	元	收據 字 號
	罰鍰	元	核算者

建物測量及標示變更登記申請書

(1)受理機關	基隆 ~~縣~~ 市 安樂地政事務所	(2)原因發生日期	中華民國 年 月 日

(3)申請測量原因（選擇打∨一項）

☐ 建物第一次測量　☐ 申請未登記建物基地號及門牌號勘查　☐ 其他（　　　）

(4)申請測量原因（選擇打∨一項）	(5)申請標示變更登記事由及登記原因（選擇打∨一項）
☐ 建物分割　☐ 建物合併　☐ 基地號勘查 ☐ 門牌號勘查	標示變更登記（☐ 分割　☐ 合併　☐ 基地號變更 ☐ 門牌整編）
☑ 建物滅失	消滅登記（☑ 滅失　☐ 部分滅失）
☐ 建物增建	所有權第一次登記（☐ 增建）
☐ 其他（　　　）	登記（☐　　　）

(6)建物略圖

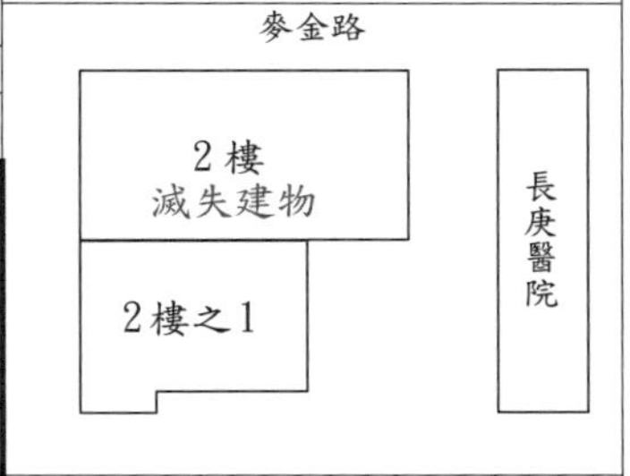

(7)建物標示	建號	基地坐落：鄉鎮市區	段	小段	地號	建物門牌：街路	段	巷	弄	號	樓		主要用途	主要構造
	10**	安樂區	麥金	二	51*	麥金				4*-12	2		集合住宅	RC造

(8)附繳證件		
1. 身分證影本 1 份	4. 份	7. 份
2. 建物所有權狀 1 份	5. 份	8. 份
3. 建物拆除執照 1 份	6. 份	9. 份

(9)委任關係	本建物測量及標示變更登記案之申請委託 李○○ 代理(　　　複代理)及指界認章。委託人確為登記標的物之權利人或權利關係人，並經核對身分無誤，如有虛偽不實，本代理人(複代理人)願負法律責任。㊞	(11)聯絡方式	聯絡電話	(02)2432--****
			傳真電話	(02)2431-****
(10)備註			電子郵件信箱	kee***g@mail.gov.tw

(12)申請人	(13)權利人或義務人	(14)姓名或名稱	(15)出生年月日	(16)統一編號	(17)住所 縣市	鄉鎮市區	村里	鄰	街路	段	巷	弄	號	樓		(18)權利範圍	(19)簽章
	權利人	林○○	30.06.05	A12345****	臺北	中山			南海				4*-12	2		全部	印
	代理人	李○○	45.10.10	A12765****	基隆	安樂			安樂				1*	2			印

(20)簽收測量定期通知書	96 年 6 月 14 日 簽章 印	(21)核發成果	

(22)本案處理經過情形（以下各欄申請人請勿填寫）	測量人員	測量成果檢查	測量成果核定	登記初審	登記複審	登記核定				
	登簿	校簿	書狀列印	校狀	書狀用印	地價異動	通知領狀	異動通知	交付發狀	歸檔

第12章 其他登記

第一節　更名登記及管理者變更登記

一、意義

㈠土地權利登記後，權利人之姓名或名稱有變更者，應申請更名登記。設有管理人者，其姓名變更時，亦同。

㈡權利人或管理人爲自然人，其姓名已經戶政主管機關變更者，登記機關得依申請登記之戶籍資料，就其全部土地權利逕爲併案辦理更名登記；登記完畢後，應通知權利人或管理人換發權利書狀。（土地登記規則149）

㈢更名登記前後，權利主體不變，爲同一主體，僅權利人之姓名或管理人名稱發生變更，並非移轉行爲，自不發生土地增值或契稅課徵之問題。更名登記屬於附記登記之範圍。

㈣登記前後若權利主體不同，則爲所有權移轉登記，而非更名登記。

二、更名登記的種類

㈠ 自然人之更名登記

1. 自然人

戶籍登記之姓名變更，依姓名條例第 7 條的規定：財產之取得、設定、喪失、變更、存儲或其他登記時，應用本名，其未使用本名者，不予受理。

2. 胎兒爲繼承人之更名

胎兒爲繼承人時，應由其母以胎兒名義申請登記，俟其出生辦理戶籍登記後，再行辦理更名登記。（土地登記規則 121）

㈡ 法人之更名登記

1. 法人或寺廟在未完成法人設立登記或寺廟登記前，取得土地所有權或他項權利者，得提出協議書，以其籌備人公推之代表人名義申請登記。其代表人應表明身分及承受原因。

登記機關爲前項之登記，應於登記簿所有權部或他項權利部其他登記事項欄註記取得權利之法人或寺廟籌備處名稱。

第一項之協議書，應記明於登記完畢後，法人或寺廟未核准設立或登記者，其土地依下列方式之一處理：

⑴ 申請更名登記爲已登記之代表人所有。

⑵ 申請更名登記爲籌備人全體共有。（土地登記規則 104）

2. 法人或寺廟於籌備期間取得之土地所有權或他項權利，已以籌備人之代表人名義登記者，其於取得法人資格或寺廟登記後，應申請爲更名登記。（土地登記規則 150）

3. 公司依公司法規定核准變更其組織更改名稱，得向地政機關申請登記為新公司名義。

㈢ 公有土地管理機關更名登記

公有土地管理機關變更者，應囑託登記機關為管理機關變更登記（土地登記規則 151）。變更原因為撥用或移交。

㈣ 管理人變更登記

1. 祭祀公業管理人之變動，應由新管理人檢具：⑴派下全員證明書，⑵規約（無者免），⑶選任之證明文件，向民政機關（單位）申請備查，無須公告，如對該管理人之變動有異議者，應逕向法院提起民事確認之訴。（祭祀公業土地清理要點 16）

2. 寺廟管理人登記後，附寺廟登記證、管理人戶籍謄本及寺廟變動登記表或主管機關核准變更證明文件，申辦寺廟管理人變更登記。

3. 遺產管理人登記後，附法院解任原管理人之裁定書、親屬會議選任會議紀錄或法院指定或裁定之文件、管理人戶籍謄本，申辦遺產管理人變更登記。

4. 申辦失蹤人之財產管理人變更登記，附所有權人失蹤證明文件、法院裁定書及管理人戶口謄本。

㈤ 夫妻聯合財產之更名登記

1. 依民法親屬編施行法第 6 條之 1 之規定，中華民國 74 年 6 月 4 日以前結婚，並適用聯合財產制之夫妻，於婚姻關係存續中以妻之名義在同日以前取得不動產，而有下列情形之一者，於本施行法中華民國 85 年 9 月 6 日修正生效 1 年後，適用中華民國 74 年民法親屬編修正後之第 1017 條規定：

⑴婚姻關係尚存續中且該不動產仍以妻之名義登記者。

⑵ 夫妻已離婚而該不動產仍以妻之名義登記者。

2. 民法第 1017 條規定：夫或妻之財產分爲婚前財產與婚後財產，由夫妻各自所有。不能證明爲婚前或婚後財產者，推定爲婚後財產；不能證明爲夫或妻所有之財產，推定爲夫妻共有。

夫或妻婚前財產，於婚姻關係存續中所生之孳息，視爲婚後財產。夫妻以契約訂立夫妻財產制後，於婚姻關係存續中改用法定財產制者，其改用前之財產視爲婚前財產。

3. 夫妻聯合財產中，民國 74 年 6 月 4 日以前以妻名義登記之不動產，於民國 86 年 9 月 26 日以前，夫或妻一方死亡或夫妻均死亡，而仍以妻之名義登記者，除妻之原有財產或特有財產外，得提出夫妻聯合財產更名登記審查要點第三點規定之文件，申請更名登記爲夫所有。（夫妻聯合財產更名登記審查要點 1）

㈥ 農地所有權之更名登記

1. 宗教團體取得農地之更名登記

農業發展條例修正施行前，登記有案之寺廟、教堂、依法成立財團法人之教堂（會）、宗教基金會或農民團體，其以自有資金取得或無償取得而以自然人名義登記之農業用地，得於本條例中華民國 92 年 1 月 13 日修正施行後 1 年內，更名爲該寺廟、教堂或依法成立財團法人之教堂（會）、宗教基金會或農民團體所有。（農業發展條例 17）

⑴ 有關宗教團體以自有資金取得而以自然人名義登記之農業用地辦理更名登記爲寺廟、教堂（會）所有者，應提出下列文件：

① 土地登記規則第 34 條規定之文件。

② 民政機關核發之更名證明文件。

⑵ 地上農舍仍應循一般移轉規定辦理。（內政部 89.12.28 台

內中地字第8971992號函）

⑶依89年1月28日修正公布生效前土地稅法第39條之2第1項規定取得免徵土地增值稅之農業用地，其原免徵之土地增值稅仍應依法補徵，惟應就個案審酌當事人有無信賴保護原則之適用。（財政部89.12.29台財稅第0890458800號函）

2. 登記方式

⑴登記原因標準用語以「回復」爲登記原因。

⑵辦理回復所有權登記及分割登記，免附農業用地作農業使用證明書。

⑶回復登記免納登記費。但應依規定繳納書狀工本費。

⑷辦理回復所有權及更名登記後應通知國稅局及稅捐稽徵處。

⑸辦理回復所有權及更名登記之土地，如有他項權利登記者，登記完畢後應通知他項權利人；如有限制登記者，應由權利關係人先行辦理塗銷限制登記。

三、更名登記應備文件

㈠登記申請書。

㈡登記清冊。

㈢登記原因證明文件。

㈣權利書狀。

㈤身分證明及印鑑證明或其他替代方式。

㈥寺廟或教堂所有之農地更名，附民政機關核發之更名證明文件。

第二節　住址變更登記

一、意義

登記名義人、他項權利人、管理人之住址變更，應向該管地政機關申辦住址變更登記。

二、住址變更的原因

㈠遷居。

㈡行政區域調整。

㈢街道名稱變更。

㈣門牌號重編。

三、登記之申請方式

㈠ 單獨申請

登記名義人之住址變更者，應檢附國民身分證影本或戶口名簿影本或戶籍謄本，申請住址變更登記。如其所載身分證統一編號與登記簿記載不符，或登記簿無記載統一編號者，應加附有原登記住址之身分證明文件。登記名義人爲法人者，如其登記證明文件所載統一編號與登記簿記載不符者，應提出其住址變更登記文件。（土地登記規則152）

㈡ 逕爲登記

登記名義人住址變更，未申請登記者，登記機關得查明其現在住址，逕爲住址變更登記。（土地登記規則153）

四、應備文件

㈠登記申請書。

㈡登記清冊。

㈢住址變更證明文件。

㈣權利書狀。

㈤身分證明文件。

第三節　書狀換給及補給登記

一、意義

㈠ 權利書狀換給登記

土地或建物所有權狀或他項權利證明書損壞可申請換給，由登記名義人向地政機關申請權利書狀換給登記。例如：

1. 權狀損壞或汙損時。

2. 土地因逕爲分割、實施土地重劃或地籍圖重測等致地段地號重編時，登記名義人可攜原土地所有權狀向該管地政機關，逕爲或申請換發土地所有權狀。

3. 共有土地權利人原持有之土地權狀及共有人保持證，各共有人可申請換給。

4. 建物附表之權利人可申請換給建物所有權狀。

㈡ 權利書狀補給登記

登記名義人因不愼或其他原因致所有權狀或他項權利證明書滅失時，得依土地法第 79 條第 2 款及土地登記規則第 155 條之規定檢附有關文件，向地政機關申請補給，經地政機關公告 30 日，期滿無人提出異議後補給之。

二、申請人

土地所有權狀或他項權利證明書損壞或滅失，應由登記名義人申請換給或補給。

三、登記程序

申請土地所有權狀或他項權利證明書補給時，應由登記名義人敘明其滅失之原因，檢附切結書或其他有關證明文件，經登記機關公告 30日，並通知登記名義人，公告期滿無人提出異議後，登記補給之。

前項登記名義人除符合第 41 條第 2 款、第 7 款、第 8 款、第 10 款、第 15 款及第 16 款規定之情形者外，應親自到場，並依第 40 條規定程序辦理。（土地登記規則 155）

四、應備文件

㈠土地登記申請書。

㈡登記清冊。

㈢登記原因證明文件（土地法 79）

1. 破損之權利書狀：書狀損壞申請換給者應檢附原土地所有權狀或原他項權利證明書。

2. 補給原因證明文件或切結書：書狀因滅失請求補給者，應敘明滅失原因，檢附有關身分證明證明文件。

㈣身分證明文件。

㈤地政規費收據

書狀工本費一張 80 元，逕爲分割登記時免納書狀費。

㈥委託書及印鑑證明：委託他人者檢附。

爲利登記機關執行土地登記規則第 155 條規定，當事人依第 41 條第 16 款規定，申請補發權利書狀者，得依下列規定辦理：（內政部 93.3.1 內授中辦地字第 09307232521 號函）

1. 公法人申請土地所有權狀或他項權利證書補給登記時，由管理機關敘明其滅失之原因，檢附切結書或其他有關證明文件，委派執行公務之承辦人員親自到場辦理。

2. 私法人申請土地所有權狀或他項權利證明書補給登記時，其代表人因故無法親自到場辦理時，由代理人檢附法人登記文件及其代表人之資格證明、法人及代表人印鑑證明及切結書（敘明其無法親自到場之理由及滅失之原因）或其他有關證明文件辦理；代理人非地政士者並應加捺指印。

3. 自然人申請土地所有權狀或他項權利證明書補給登記時，因故無法親自到場辦理時，由代理人檢附本人印鑑證明及切結書（敘明滅失之原因及加捺指印）或其他有關證明文件辦理，代理人非地政士者並應加捺指印。

4. 登記機關執行上開規定，得視實際需要，照相存證或請申請人提供其他必要相關資料佐證，並於權利書狀補給公告期間內，配合電子閘門查對資料，以確認當事人同意辦理登記之眞意。

第四節　使用管理登記

一、意義

共有人間就共有物之使用、管理、分割或禁止分割等約定、決定或法院裁定事項，或區分地上權人與設定之土地上下有使用、收益權利之人就相互間使用收益限制之約定事項，向該管登記機關申請使用管理登記。

二、原因

㈠共有物之管理，除契約另有約定外，應以共有人過半數及其應有部分合計過半數之同意行之。但其應有部分合計逾 2/3 者，其人數不予計算。

依前項規定之管理顯失公平者，不同意之共有人得聲請法院以裁定變更之。

前 2 項所定之管理，因情事變更難以繼續時，法院得因任何共有人之聲請，以裁定變更之。（民 820 Ⅰ～Ⅲ）

㈡不動產共有人間關於共有物使用、管理、分割或禁止分割之約定或依第 820 條第 1 項規定所為之決定，於登記後，對於應有部分之受讓人或取得物權之人，具有效力。其由法院裁定所定之管理，經登記後，亦同。（民 826-1 Ⅰ）

㈢區分地上權人得與其設定之土地上下有使用、收益權利之人，約定相互間使用收益之限制。其約定未經土地所有人同意者，於使用收益權消滅時，土地所有人不受該約定之拘束。前項約定，非經登記，不得對抗第三人。（民 841-2）

三、登記方式

㈠依照土地登記規則第 155 條之 1：共有人依民法第 826 條之 1 第 1 項規定申請登記者，登記機關應於登記簿標示部其他登記事項欄記明收件年月日字號及共有物使用、管理、分割內容詳共有物使用管理專簿。

共有人依民法第 820 條第 1 項規定所為管理之決定或法院之裁定，申請前項登記時，應於登記申請書適當欄記明確已通知他共有人並簽名；於登記後，決定或裁定之內容有變更，申請登記時，亦同。

㈡依照土地登記規則第 155 條之 2：區分地上權人與設定之土地上下有使用、收益權利之人，就相互間使用收益限制之約定事項申請登記時，登記機關應於該區分地上權及與其有使用收益限制之物權其他登記事項欄記明收件年月日字號及使用收益限制內容詳土地使用收益限制約定專簿。

前項約定經土地所有權人同意者，登記機關並應於土地所有權部其他登記事項欄辦理登記；其登記方式準用前項規定。

㈢依照土地登記規則第 155 條之 3：登記機關依前 2 條規定辦理登記後，應就其約定、決定或法院裁定之文件複印裝訂成共有物使用管理專簿或土地使用收益限制約定專簿，提供閱覽或申請複印，其提供資料內容及申請人資格、閱覽費或複印工本費之收取，準用第 24 條之 1 及土地法第 79 條之 2 規定。

㈣使用管理登記後的變更或塗銷登記：依照土地登記規則第 155 條之 4，依第 155 條之 1 或第 155 條之 2 規定登記之內容，於登記後有變更或塗銷者，申請人應檢附登記申請書、變更或同意塗銷之文件向登記機關提出申請。

前項申請爲變更登記者，登記機關應將收件年月日字號、變更事項及變更年月日，於登記簿標示部或該區分地上權及與其有使用收益限制之物權所有權部或他項權利部其他登記事項欄註明；申請爲塗銷登記者，應將原登記之註記塗銷。

前項登記完畢後，登記機關應將登記申請書件複印併入共有物使用管理專簿或土地使用收益限制約定專簿。

四、應備文件

㈠登記申請書。

㈡登記清冊。

㈢申請人身分證明文件（無法以電腦處理達成查詢者，申請人爲自然人者，應檢附身分證影本或戶口名簿影本；申請人爲法人者，應檢附法人登記證明文件及其代表人之資格證明，其爲公司法人者，應檢附法人登記機關核發之設立、變更登記表或其抄錄本、影本）。

㈣法院裁定書及裁定確定證明書或共有人之協議書。

㈤立協議書人印鑑證明（立協議書人未能親自到場核對身分時檢附）。

㈥土地、建物所有權狀（檢附法院裁定書及裁定確定證明書辦理者免附）。

㈦其他依法令規定應檢附之文件經申請案件受理機關載明要求加以補齊。

附錄表格

表 12-1　土地登記申請書（更名）

S0700020401

收件	日期	年　月　日　時　分	收件者章	
	字號	字第　號		

連件序別（非連件者免填）	共　件	第　件

登記費	元	合　計	元
書狀費	元	收　據	字　號
罰　鍰	元	核算者	

土　地　登　記　申　請　書

(1) 受理機關	桃園市 縣 ○○地政事務所 □跨所申請	資料管轄機關	縣 市 地政事務所	(2) 原因發生日期	中華民國 105 年 1 月 30 日

(3)申請登記事由（選擇打 V 一項）	(4)登記原因（選擇打 V 一項）
□ 所有權第一次登記	□ 第一次登記
□所有權移轉登記	□買賣 □ 贈與 □ 繼承 □ 分割繼承 □ 拍賣 □ 共有物分割 □
□ 抵押權登記	□ 設定 □ 法定 □
□ 抵押權塗銷登記	□ 清償 □ 拋棄 □ 混同 □ 判決塗銷 □
□ 抵押權內容變更登記	□ 權利價值變更 □ 權利內容等變更 □
□ 標示變更登記	□ 分割 □ 合併 □ 地目變更 □
V 更名登記	V 更名

(5)標示及申請權利內容　詳如 □ 契約書 V 登記清冊 □ 複丈結果通知書 □ 建物測量成果圖 □

(6) 附繳證件			
	1. 法人設立（變更）登記表 1 份	4.　份	7.　份
	2. 土地所有權狀 1 份	5.　份	8.　份
	3 建物所有權狀 1 份	6.　份	9.　份

(7)委任關係	本土地登記案之申請委託　卓○○　代理。　複代理。 委託人確為登記標的物之權利人或權利關係人並經核對身分無誤，如有虛偽不實，本代理人(複代理人)願負法律責任。 代理人印	(8) 聯絡方式	權利人電話	（03）33***11
			義務人電話	（03）33***56
			代理人聯絡電話	（03）36***11
			傳真電話	（03）33***00
(9)備註			電子郵件信箱	***** @ yahoo.com.tw
			不動產經紀業名稱及統一編號	
			不動產經紀業電話	

S0700020401

(10)	(11) 權利人或義務人	(12) 姓名或名稱	(13) 出生年月日	(14) 統一編號	(15) 住所 縣市	鄉鎮市區	村里	鄰	街路	段	巷	弄	號	樓		(16) 簽章
申	權利人	○○股份有限公司		12345678	雲林縣	○○市	○	2	○○街	1			51			印
請	代表人	張○○	58.*.12	B20*****88	雲林縣	○○市	○○	2	○○街	1			60			印
人																
	代理人	卓○○	51.*.1	H12*****00	桃園市	○○區	○○	11	○○路				71			代理人印

本案處理經過情形（以下各欄申請人請勿填寫）	初審	複審	核定	登簿	校簿	書狀列印	校狀	書狀用印
				地價異動	通知領狀	異動通知	交付發狀	歸檔

表 12-2　更名登記清冊

S0700020402

登　記　清　冊　　申請人 一二股份有限公司　簽章 印
代表人張○○ 印

土地標示	(1)坐落	鄉鎮市區	八德區						
		段	下庄子	以					
		小段		下					
	(2)地號		○○○	空					
	(3)面積(平方公尺)		63	白					
	(4)權利範圍		全部						
	(5)備註		變更後：一二股份有限公司						

S0700020402

建物標示	(6)建號		1516			
	(7)門牌	鄉鎮市區	八德區			
		街路	福國			
		段巷弄				
		號樓	○○○	以		
	(8)建物坐落	段	下庄子	下		
		小段		空		
		地號	1-263	白		
	(9)面積（平方公尺）	地面層	46.81			
		第二層	62.91			
		層				
		地平面騎樓	16.10			
		共計	125.82			
	(10)附屬建物	用途				
		面積（平方公尺）				
	(11)權利範圍		全部			
	(12)備註		變更後：一二股份有限公司			

表 12-3　土地登記申請書（住址變更）

S0700022401

收件	日期	年　月　日　時　分	收件者章	
	字號	字第　　號		

連件序別（非連件者免填）	共　件	第　件

登記費	元	合　計	元
書狀費	元	收　據	字　號
罰　鍰	元	核算者	

土　地　登　記　申　請　書

(1) 受理機關	桃園 縣 市 八德地政事務所 □跨所申請	資料管轄機關	縣 市 地政事務所	(2) 原因發生日期	中華民國 105 年 2 月 1 日

(3)申請登記事由（選擇打∨一項）	(4)登記原因（選擇打∨一項）
□ 所有權第一次登記	□ 第一次登記
□ 所有權移轉登記	□ 買賣 □ 贈與 □ 繼承 □ 分割繼承 □ 拍賣 □ 共有物分割 □
□ 抵押權登記	□ 設定 □ 法定 □
□ 抵押權塗銷登記	□ 清償 □ 拋棄 □ 混同 □ 判決塗銷 □
□ 抵押權內容變更登記	□ 權利價值變更 □ 權利內容等變更 □
□ 標示變更登記	□ 分割 □ 合併 □ 地目變更 □
☑ 住址變更登記	☑ 住址變更

(5)標示及申請權利內容　詳如 □契約書 ☑登記清冊 □ 複丈結果通知書 □ 建物測量成果圖 □

(6) 附繳證件	1. 身分證明文件影本 1 份	4.　份	7.　份
	2. 土地所有權狀 1 份	5.　份	8.　份
	3.　份	6.　份	9.　份

(7)委任關係	本土地登記案之申請委託 謝○○ 代理。　　複代理。 委託人確為登記標的物之權利人或權利關係人並經核對身分無誤，如有虛偽不實，本代理人(複代理人)願負法律責任。代理人印	(8) 聯絡方式	權利人電話	(03) 36***31
			義務人電話	(03) 36***33
			代理人聯絡電話	(03) 56***33
			傳真電話	(03) 36***33
(9)備註			電子郵件信箱	*****@yahoo.com.tw
			不動產經紀業名稱及統一編號	
			不動產經紀業電話	

S0700022401

(10)	(11)	(12)	(13)	(14)	(15) 住所											(16)
申請人	權利人或義務人	姓名或名稱	出生年月日	統一編號	縣市	鄉鎮市區	村里	鄰	街路	段	巷	弄	號	樓		簽章
	權利人	王○○	56.*.1	H22*****00	臺北市	○○區	○○	11	○○街		31		1	1		印
	代理人	謝○○	45.*.5	E20*****01	桃園市	○○區	○○	5	○○路				26			代理人印

本案處理經過情形（以下各欄申請人請勿填寫）								
	初審	複審	核定	登簿	校簿	書狀列印	校狀	書狀用印
				地價異動	通知領狀	異動通知	交付發狀	歸檔

表 12-4　住址變更登記清冊

S0700022402

登記清冊　申請人 閻○榕　簽章 印										
土地標示	(1)坐落	鄉鎮市區	八德區	以						
		段	下庄子	下						
		小段		空						
	(2)地號		396	白						
	(3)面積（平方公尺）		7999							
	(4)權利範圍		121/10000							
	(5)備註		變更前： 八德區大仁街○號 變更後： 八德區大義街○號							

S0700022402

建物標示	(6)建號					
	(7)門牌	鄉鎮市區	以			
		街路				
		段巷弄	下			
		號樓				
	(8)建物坐落	段	空			
		小段				
		地號	白			
	(9)面積（平方公尺）	層				
		層				
		層				
		層				
		共計				
	(10)附屬建物	用途				
		面積（平方公尺）				
	(11)權利範圍					
	(12)備註					

表 12-5　土地登記申請書（書狀換給）

S0700031401

收件	日期	年　月　日　時　分	收件者章	
	字號	字第　　號		

連件序別（非連件者免填）	共　件	第　件

登記費	元	合計	元
書狀費	元	收據	字　號
罰鍰	元	核算者	

土　地　登　記　申　請　書

(1)受理機關	桃園 市　縣 八德地政事務所　□跨所申請	資料管轄機關	市　縣　地政事務所	(2)原因發生日期	中華民國 105 年 2 月 1 日

(3)申請登記事由（選擇打∨一項）	(4)登記原因（選擇打∨一項）
□ 所有權第一次登記	□ 第一次登記
□ 所有權移轉登記	□ 買賣 □ 贈與 □ 繼承 □ 分割繼承 □ 拍賣 □ 共有物分割 □
□ 抵押權登記	□ 設定 □ 法定 □
□ 抵押權塗銷登記	□ 清償 □ 拋棄 □ 混同 □ 判決塗銷 □
□ 抵押權內容變更登記	□ 權利價值變更 □ 權利內容等變更 □
□ 標示變更登記	□ 分割 □ 合併 □ 地目變更 □
☑ 書狀換給登記	☑ 書狀換給

(5)標示及申請權利內容　詳如　□契約書　☑登記清冊　□ 複丈結果通知書　□ 建物測量成果圖　□

(6)附繳證件			
	1. 身分證影本 1 份	4.　份	7.　份
	2. 土地所有權狀 1 份	5.　份	8.　份
	3. 建物所有權狀 1 份	6.　份	9.　份

(7)委任關係	本土地登記案之申請委託　謝○○　代理。　　複代理。 委託人確為登記標的物之權利人或權利關係人並經核對身分無誤， 如有虛偽不實，本代理人(複代理人)願負法律責任。代理人印	(8)聯絡方式	權利人電話	(03) 36***31
			義務人電話	(03) 36***33
			代理人聯絡電話	(03) 36***31
			傳真電話	(03) 36***85
			電子郵件信箱	*****@yahoo.com.tw
(9)備註			不動產經紀業名稱及統一編號	
			不動產經紀業電話	

S0700031401

(10)	(11) 權利人或義務人	(12) 姓名或名稱	(13) 出生年月日	(14) 統一編號	(15) 住所											(16) 簽章
					縣市	鄉鎮市區	村里	鄰	街路	段	巷	弄	號	樓		
申請人	權利人	閻○○	53.*.1	H22*****00	臺北市	大安區	○○	1	○○路		31	7	1	1		印鑑章
	代理人	謝○○	45.*.5	E20*****01	桃園市	桃園區	○○	5	○○路				26			代理人印

本案處理經過情形（以下各欄申請人請勿填寫）	初審	複審	核定	登簿	校簿	書狀列印	校狀	書狀用印
				地價異動	通知領狀	異動通知	交付發狀	歸檔

表 12-6　書狀換給登記清冊

S0700030402

登記清冊　申請人 閻○榕　簽章 印									
土地標示	(1)坐落	鄉鎮市區	八德區						
		段	下庄子	以					
		小段		下					
	(2)地號		○○○	空					
	(3)面積（平方公尺）		63	白					
	(4)權利範圍		全部						
	(5)備註								

S0700030402

建物標示	(6)建號		1516			
	(7)門牌	鄉鎮市區	八德區			
		街路	大興街			
		段巷弄	○○			
		號樓	○○			
	(8)建物坐落	段	下庄子			
		小段		以		
		地號	396	下		
	(9)面積(平方公尺)	地面層	46.81	空		
		第二層	62.91	白		
		層				
		地平面騎樓	16.10			
		共計	125.82			
	(10)附屬建物	用途				
		面積(平方公尺)				
	(11)權利範圍		全部			
	(12)備註					

表 12-7　土地登記申請書（書狀補給）

S0700031401

收件	日期	年　月　日　時　分	收件者章	
	字號	字第　　號		

連件序別（非連件者免填）	共　件	第　件

登記費	元	合計	元
書狀費	元	收據	字　號
罰鍰	元	核算者	

土　地　登　記　申　請　書

(1)受理機關	桃園 市 縣 八德地政事務所 □跨所申請	資料管轄機關	縣 市 地政事務所	(2)原因發生日期	中華民國 105 年 2 月 1 日

(3)申請登記事由（選擇打 V 一項）	(4)登記原因（選擇打 V 一項）
□ 所有權第一次登記	□ 第一次登記
□ 所有權移轉登記	□ 買賣 □ 贈與 □ 繼承 □ 分割繼承 □ 拍賣 □ 共有物分割 □
□ 抵押權登記	□ 設定 □ 法定 □
□ 抵押權塗銷登記	□ 清償 □ 拋棄 □ 混同 □ 判決塗銷 □
□ 抵押權內容變更登記	□ 權利價值變更 □ 權利內容等變更 □
□ 標示變更登記	□ 分割 □ 合併 □ 地目變更 □
V 書狀補給登記	V 書狀補給

(5)標示及申請權利內容　詳如　□契約書　V登記清冊　□ 複丈結果通知書　□ 建物測量成果圖　□

(6)附繳證件			
	1. 切結書 1 份	4.　份	7.　份
	2. 身分證影本 1 份	5.　份	8.　份
	3. 印鑑證明 1 份	6.　份	9.　份

(7)委任關係	本土地登記案之申請委託　謝○○　代理。　　複代理。 委託人確為登記標的物之權利人或權利關係人並經核對身分無誤，如有虛偽不實，本代理人(複代理人)願負法律責任。代理人印	(8)聯絡方式	權利人電話	(03) 36***31
			義務人電話	(03) 36***33
			代理人聯絡電話	(03) 36***31
			傳真電話	(03) 36***85
			電子郵件信箱	*****@yahoo.com.tw
(9)備註			不動產經紀業名稱及統一編號	
			不動產經紀業電話	

S0700031401

(10)	(11) 權利人或義務人	(12) 姓名或名稱	(13) 出生年月日	(14) 統一編號	(15) 住所 縣市	鄉鎮市區	村里	鄰	街路	段	巷	弄	號	樓		(16) 簽章
申請人	權利人	閻○○	53.*.1	H22*****00	臺北市	大安區	○○	1	○○路		31	7	1	1		印鑑章
	代理人	謝○○	45.*.5	E20*****01	桃園市	桃園區	○○	5	○○路				26			代理人印

本案處理經過情形（以下各欄申請人請勿填寫）							
初審	複審	核定	登簿	校簿	書狀列印	校狀	書狀用印
			地價異動	通知領狀	異動通知	交付發狀	歸檔

表 12-8　書狀補給登記清冊

S0700031402

登記清冊　申請人　閻○榕　簽章 印鑑章										
土地標示	(1)坐落	鄉鎮市區	八德區	八德區						
		段	大義	大義	以					
		小段			下					
	(2)地號		○○○	○○○	空					
	(3)面積(平方公尺)		47	47.5	白					
	(4)權利範圍		全部	全部						
	(5)備註									

S0700031402

建物標示	(6)建號		414			
	(7)門牌	鄉鎮市區	八德區			
		街路	○○東路			
		段巷弄				
		號樓	3	以		
	(8)建物地落	段	大義			
		小段		下		
		地號	○○○、○○○			
	(9)面積（平方公尺）	地面層	35.37	空		
		第二層	46.97			
		層		白		
		層				
		地平面騎樓	11.60			
		共計	93.94			
	(10)附建屬物	用途				
		面積（平方公尺）				
	(11)權利範圍		全部			
	(12)備註					

表 12-9　書狀補給切結書

切結書

立切結書人所有下列不動產之□所有權狀 □他項權利證明書，因　　　　　　　　　　　　　　，
於民國　　年　　月　　日滅失屬實，特申請補發，並切結如有不實，致他人權益受損害者，立切結書人願負法律責任。

此致

○○地政局（○○○地政事務所）

不動產標示（如有不敷使用時，可另附相同格式之清冊）

土地標示					建物標示		
鄉鎮市區	段	小段	地號	權利範圍	建號	門牌	權利範圍

立切結書人：

中華民國　　　　年　　　　月　　　　日

家圖書館出版品預行編目(CIP)資料

土地登記／陳淑美著. -- 六版. -- 臺北市 :
五南圖書出版股份有限公司, 2024.02
面； 公分.

ISBN 978-626-366-877-5 (平裝)

1.CST: 土地登地

554.283 112021170

1K29

土地登記

作　　者 — 陳淑美
發 行 人 — 楊榮川
總 經 理 — 楊士清
總 編 輯 — 楊秀麗
主　　編 — 侯家嵐
責任編輯 — 吳瑀芳
文字校對 — 許宸瑞
封面設計 — 陳亭瑋、封怡彤
出 版 者 — 五南圖書出版股份有限公司
地　　址：106臺北市大安區和平東路二段339號4樓
電　　話：(02)2705-5066　　傳　　真：(02)2706-6100
網　　址：https://www.wunan.com.tw
電子郵件：wunan@wunan.com.tw
劃撥帳號：01068953
戶　　名：五南圖書出版股份有限公司

法律顧問：林勝安律師

出版日期：2002年 9 月初版一刷
2005年10月二版一刷
2017年 9 月三版一刷
2019年 3 月四版一刷
2021年10月五版一刷
2023年 3 月五版二刷
2024年 2 月六版一刷
定　　價：新臺幣600元

經典永恆·名著常在

五十週年的獻禮——經典名著文庫

五南，五十年了，半個世紀，人生旅程的一大半，走過來了。
思索著，邁向百年的未來歷程，能為知識界、文化學術界作些什麼？
在速食文化的生態下，有什麼值得讓人雋永品味的？

歷代經典·當今名著，經過時間的洗禮，千錘百鍊，流傳至今，光芒耀人；
不僅使我們能領悟前人的智慧，同時也增深加廣我們思考的深度與視野。
我們決心投入巨資，有計畫的系統梳選，成立「經典名著文庫」，
希望收入古今中外思想性的、充滿睿智與獨見的經典、名著。
這是一項理想性的、永續性的巨大出版工程。
不在意讀者的眾寡，只考慮它的學術價值，力求完整展現先哲思想的軌跡；
為知識界開啟一片智慧之窗，營造一座百花綻放的世界文明公園，
任君遨遊、取菁吸蜜、嘉惠學子！